司法部法治建设与法学理论研究部级科研项目成果

# 邻接权制度体系化研究

王超政◎著

知识产权出版社

全国百佳图书出版单位

——北京——

**图书在版编目（CIP）数据**

邻接权制度体系化研究/王超政著. —北京：知识产权出版社，2021.8
ISBN 978-7-5130-7756-9

Ⅰ.①邻…　Ⅱ.①王…　Ⅲ.①著作权—研究—中国　Ⅳ.①D923.414

中国版本图书馆 CIP 数据核字（2021）第 201408 号

**责任编辑**：高　超　　　　　**责任校对**：潘凤越
**封面设计**：臧　磊　　　　　**责任印制**：孙婷婷

**邻接权制度体系化研究**

王超政　著

| | |
|---|---|
| **出版发行**：知识产权出版社 有限责任公司 | **网　　址**：http://www.ipph.cn |
| **社　　址**：北京市海淀区气象路 50 号院 | **邮　　编**：100081 |
| **责编电话**：010-82000860 转 8383 | **责编邮箱**：morninghere@126.com |
| **发行电话**：010-82000860 转 8101/8102 | **发行传真**：010-82000893/82005070/82000270 |
| **印　　刷**：北京建宏印刷有限公司 | **经　　销**：各大网上书店、新华书店及相关专业书店 |
| **开　　本**：720mm×1000mm　1/16 | **印　　张**：12 |
| **版　　次**：2021 年 8 月第 1 版 | **印　　次**：2021 年 8 月第 1 次印刷 |
| **字　　数**：196 千字 | **定　　价**：68.00 元 |

ISBN 978-7-5130-7756-9

# 序 言（一）

王超政博士的这本新作，是在他博士论文的基础上又思考多年的成果。作为他的导师，我见证了本书从选题构思到完成博士论文，再到他参加工作后仍继续思考本书所论问题的全过程。在写作过程中，他也曾多次向我表示邻接权制度研究之艰、之惑。但功夫不负有心人，在他的坚持与努力下，呈现在读者面前的是一部全面、深入又系统的邻接权制度研究成果。

在知识产权法律体系中，著作权法可以说是法律关系最为复杂、法律内容最为丰富、法律变动最为频繁的一部法律。而在著作权法体系中，邻接权又是理论研究的薄弱地带。无论是邻接权的权利类型，还是邻接权的权利配置都呈现出混乱无序的样态。本书运用体系化的方法，完成了邻接权制度的"内部体系"与"外部体系"的构建。本书从历史维度对邻接权制度功能价值进行确认，通过对邻接权制度产生的历史偶然性与制度妥协性的剖析，发掘出表演者、录音制作者和广播组织等邻接权人的"作品传播者"的身份只是作者权理论为其披上的华丽外衣，其真实身份乃是产业投资者，邻接权制度的功能价值就在于保护产业投资者的投资成果。至此，本书完成了邻接权制度的"内部体系"的构建。基于此种认识，本书也纠正了"等级关系理论"的错误之处，邻接权人利益的保护不应让位于著作权人的利益保护，两者的利益关系应当通过权利限制制度加以实现。而在"外部体系"构建时，基于邻接权保护投资者投资成果的功能价值认定，本书批判了"主体进路"下的权利类型化受限和权利配置不足的窘境，提出应当回归到财产权制度构建所采用的"客体进路"上来，通过邻接权客体的界定打通了权利类型扩增的可能性，同时本书将"以用设权"的原则贯彻于邻接权的权利配置中，由此完成了邻接权制度"外部体系"的构建。

伴随着我国著作权产业的繁荣，产业主体在著作权法律制度的发展过程中也将发挥越来越大的作用，此点在我国著作权法第三次修改中依然显现。对于如何实现著作权法对作品创作者的利益保护与产业投资者的利益保护恰当的制度安排，本书的相关论述与观点能够提供一些助益。

是为序。

2021 年 4 月 15 日

# 序 言（二）

　　王超政博士的论文即将付梓，他约我作序。对于他的这篇论文，我见证了从选题到开始写作，再到后期继续修改的全过程。他在进行博士论文选题时，恰逢我博士毕业回到中南财经政法大学工作，之后我们经常在一起讨论其中的疑难，从那时就可以看出超政博士对学术研究的热爱和对这个选题的执着。即便后来论文成功通过答辩，他仍未放弃对这篇论文的提升。经过他多年的打磨，终于有了呈现在读者面前的这本著作。

　　我国著作权法是综合借鉴作者权法与版权法立法经验的产物，其本意是为了制定出一部博采众长、更加完善的著作权法律制度体系，然而由于时间的仓促和本土研究积累的不足，此种融合并不成功。在此背景下，作者权法特有的邻接权制度，也始终存在正当性与制度构建路径的争议。超政博士的研究也恰恰围绕这些问题展开，尤其是对邻接权制度诞生原因的追问，在当下著作权法理论和实践中具有重要意义。

　　本书的最大特色，是对邻接权制度"内部体系"与"外部体系"的构建。在传统"作品传播者权"的认知下，邻接权的类型扩张变得不可能，而基于该认知所推导出的"等级关系理论"更是严重阻碍了邻接权人的权利配置，导致其利益保护总是让位于著作权。为此，超政博士从历史发展轨迹中探寻邻接权制度产生的原因，揭示出邻接权制度诞生的历史偶然性与制度妥协性，并指出现有进路忽视了权利客体的界定，并由此引发制度体系的混乱。通过对财产权制度体系构建的一般原理的分析，超政博士提出了邻接权制度体系构建对"客体进路"的回归，主张在明确界定邻接权客体之后，基于"以用设权"的原则完成对邻接权的权利配置，完成了理论和制度上的双重创新。

在研究视角和方法上，超政博士借助体系化的方法，先由上而下地推导出邻接权客体的特质，而后由下而上地论证其合理性，充分展现了本书在分析邻接权客体与著作权客体的共同上位概念上的特色。正是对"表达"特质的确认，让邻接权制度所保护的"投资成果"不再缥缈。上述理论探讨之所以说是最大的尝试，就在于王超政博士所提出的邻接权客体的界定容易引发争议与质疑，尤其是关于"新表达形式"的论述，很容易让人产生与"无独创性"特质自相矛盾的疑问，也容易引发"新表达形式"如何与独创性表达相界分的疑问。对此，需要读者细细品味。

时值著作权法第三次修改完成，但是与启动修法工作之初的大刀阔斧和十年的慢慢进程相比，最终的文本仍显保守与不足，尤其是邻接权部分的修正回避了有关权利客体的规定，更遑论赋予其专有性的广播权。因此，本土邻接权制度乃至整个著作权法的完善，仍任重道远。相信本书的问世，会为我国邻接权制度体系从理论到制度层面的完善提供新的灵感。

2021 年 4 月 16 日

# 缩略语一览表

| 全称 | 缩略语 |
| --- | --- |
| 《中华人民共和国著作权法》（2020 年修正） | 《著作权法》（2020） |
| 《中华人民共和国著作权法》（2010 年修正） | 《著作权法》（2010） |
| 《中华人民共和国著作权法实施条例》 | 《著作权法实施条例》 |
| 《中华人民共和国物权法》 | 《物权法》 |
| 《与贸易有关的知识产权协定》 | TRIPS 协定 |
| 《保护文学和艺术作品伯尔尼公约》 | 《伯尔尼公约》 |
| 《保护表演者、音像制品制作者和广播组织罗马公约》 | 《罗马公约》 |
| 《保护录音制品制作者禁止未经许可复制其录音制品公约》 | 《录音制品公约》 |
| 《关于播送由人造卫星传播载有节目的信号的公约》 | 《卫星公约》 |
| 《世界知识产权组织版权条约》 | WCT |
| 《世界知识产权组织表演和录音制品条约》 | WPPT |
| 《视听表演北京条约》 | 《北京条约》 |

# 目 录
CONTENTS

## ‖ 导言 ‖
## 邻接权制度何以要体系化

### 一、体系化思维对法学的意义及实现

#### (一) 体系化思维与法学的科学名分

以可以理解的方式将公平正义实现到人间，为当今法律学所追求的目标。为达成此目的，法学利用体系思维将法律规范体系化，其具体的表现为模仿自然科学的方法将法律规范概念化、体系化。❶ 只不过，论及法律制度的体系化往往还会涉及法学的科学名分之争。该问题早在 16 世纪就被哲学家们和法学家们考究过。❷ 但对该问题的争论至今仍未停止。与自然科学相比，作为社会科学内容的法学研究对象的特殊性，使人不敢轻易地将其与自然科学等同。对法律学之科学性的怀疑，常存在于法律判断中，盖以为法律判断为价值判断，非对于存在的认知，而与价值判断有关者见仁见智，其客体不具备科学化所必需之客观性。❸ 只不过，法学最求科学性，只是为了获得体系化的思维方法，因为"科学的统一仅仅在于它的方法，而不在于它的材料"。❹ 况且，对于法学来讲，"恰恰是为了保持严格性才必然

---

❶ 黄茂荣. 法学方法与现代民法 [M]. 北京：法律出版社，2007：508.
❷ 阿图尔·考夫曼，温弗里德·哈斯默尔. 当代法哲学和法律理论导论 [M]. 郑永流，译. 北京：法律出版社，2002：447.
❸ 黄茂荣. 法学方法与现代民法 [M]. 北京：法律出版社，2007：510.
❹ 卡尔·皮尔逊. 科学的规范 [M]. 李醒民，译. 北京：华夏出版社，1999：399.

成为非精确的科学"。❶ 正如李琛教授所言，"科学的名分并不重要，法学力求科学化，不过是为了借用体系化工具。……法学的科学性问题不是无谓的名分之辨，而是关于方法论的思索"。❷ 对于法学来讲，"体系化的功能，不仅在于可对所拟处理的资料获得较好之鸟瞰，以及较佳之掌握的可能性；而且为确保所认识之真知，体系化亦构成其唯一之可能途径，盖非经体系化，不能科学地思考或处理问题，并检证自然思考或处理问题之经验中所取得的知识"。❸

### （二）科学研究中的体系化思维

汉斯·波塞尔教授对康德所下的关于科学的定义进行了解读，他认为康德在《自然科学的形而上学基础》中对科学所下的定义含有我们对科学的理解中的几个主要成分：第一点，也是最主要的一点，是科学与知识有关，而"知识"这一概念已经要求作为知识系统，科学中的所有的表达与陈述必须是有根有据、有头有脚的，因为所谓的知识就是被证明是真的陈述。第二点，科学并不是单一陈述的堆积，尽管堆积中的每个陈述都是正确的。在科学中，这些陈述必须构成一个系统。也就是说，科学可以被理解为通过采用一定方法或程序而达到的某种结果。第三点，这一系统必须具有说理性与论证性，即康德所指出的，是个"按照一定的原则而建立的完整的"知识系统。❹ 而根据瓦托夫斯基对科学所下的定义，我们也可以对凡能以"科学"称之者所必备的要素进行分析，许多分析结果还可以与前文所提到的"科学"定义相互印证。瓦托夫斯基把科学归结为一种有组织的或系统化的知识体，科学家所观察的对象是零散的、无系统的、非体系化的，而在这种无序之中却内在地包含着受客观规律支配的秩序，科学家所要做的就是揭示这些规律，从而把这种内在秩序表象出来，将零散、无体系的现象用规律勾连起来，变得可理解，内在秩序被整体地表象出来的结果，便是体系化的知识。瓦托夫斯基所说的"知识体"则内在地包括了

---

❶ 海德格尔. 林中路 [M]. 孙周兴，译. 上海：上海译文出版社，1997：76.
❷ 李琛. 论知识产权法的体系化 [M]. 北京：北京大学出版社，2005：16.
❸ 黄茂荣. 法学方法与现代民法 [M]. 北京：法律出版社，2007：525.
❹ 汉斯·波塞尔. 科学：什么是科学 [M]. 李文潮，译. 上海：上海三联书店，2002：11.

将科学当成一个"整体"的态度，即使形成了确定的知识，科学也非孤立的知识的集合，这些知识被逻辑地联系起来，形成一个整体。此点与汉斯·波塞尔教授解读的第二点是相同的，即均为系统化的知识完整的知识系统。

在以上分析中，可以发现体系化与整体性有共同的来源，或者说有共同的手段，即逻辑性。整体由部分组成，而每一部分与其他部分之间，以及部分与整体之间，都存在着逻辑上的联系，部分必须要在整体之中得到解释和验证才能对该部分予以确信。而体系化的实现必须基于对观察、实验的结果进行逻辑的整理与推演。如对观察、实验的结果进行分类，其本身就是一种逻辑整理，其别在分类标准的支撑下取得逻辑上的联系；各类别进行归纳、演绎从而形成上下层级结构，使部分与整体的关系得以形成，进而可以对部分在整体中的妥当性与整体本身的和谐性进行逻辑上的检验；对观察、实验及整理的结果进行计算、分析和推理，以便得出深一层的结论；当有未知的部分以及把知识体系应用于实践时，就可以进行逻辑上的演算。以上所述种种可称为合逻辑性，然而科学的逻辑性至少还有一层含义，即逻辑自足性，意指科学体系一旦形成，就可以自己为基础，自己建立有效性依据，而与价值、地域、民族及整个实践层面脱离，自成体系，自我决定地向前发展。

科学的此种逻辑性、整体性思维以及逻辑自足性被充分地运用于法学研究以及法律制度的构建之中。为了能够从事有效的科学验证（合理化），法律制度体系化构建试图将现代的科学方法引入法律学及法律实务。借助于科学的逻辑性思维来构筑法律的规范体系，有助于提高法学的客观性，对不同的法律见解，也可以提供分辨优劣的标准。❶ 然而，由于法律科学的研究对象涉及人的价值判断等诸问题，观察之结果与观察之对象间，每易发生互相干扰之情形，甚难臻于客观。❷ 因此，法律体系的构建，并不仅是借鉴科学的体系化思维便可以完成，其中还涉及法律体系构建的依据问题。由此，便产生了法律体系的构建应以何种路径来实现的分歧。

---

❶ 伯恩·魏德士. 法理学［M］. 丁晓春，吴越，译. 北京：法律出版社，2005：125.

❷ 杨仁寿. 法学方法论［M］. 北京：中国政法大学出版社，1999：40.

### (三) 法律制度体系化构建的实现

体系的建立依据, 即法被组织成整体的根据, 它回答 "各色各样的个体如何经由关联组成一个统一体"。[1] 对于如何构建法体系, 法学发展至今被普遍认可的体系构建理论主要有三个, 即概念法学派、利益法学派以及价值法学派。

#### 1. 概念法学派的体系构建

诞生于 19 世纪的概念法学是将科学的形式逻辑思维运用到法学的代表, 自其诞生以来便一直支配着法律科学和法律实务。概念法学派所构建的法律体系的统一性来自将个体加以抽象化而获得的一般概念。[2] 在这个法律体系中, 形式逻辑具有重要的地位。根据形式的概念法学开创者普赫塔 (Puchta) 的看法, 为了将所有的法律规定都纳入体系之中, 必须舍弃个别规定的特征, 形成更为抽象的概念, 然后逐步归向一个基本概念, 从而构成一个统一体, 可以将此种概念体系类比为金字塔。最一般、最抽象的概念立于该金字塔的顶端, 从上而下, 便能够取得涵盖最广之鸟瞰。如果从金字塔的底层拾级而上, 逐步向上攀登, 缩小该金字塔所属高度的底面积。底面积越小, 位阶越高, 鸟瞰度越佳; 反之, 底面积越大, 位阶越低, 鸟瞰度越差。底面积相当于一个抽象概念的内容, 位阶高度则相当于其适用范围。如果能将所有概念逐次涵摄于较高位阶概念下, 也就是最一般的概念之下, 那么一个理想的逻辑体系便可以达成。[3]

概念法学的贡献在于形成一种——以较特殊的概念应隶属于适用范围较广, 表达内容较少的概念之下为原则而构成的抽象的概念体系。它不仅能指示概念在整个体系中应有的位置, 也能将具体的案件事实涵摄于法律规范的构成要件之下。[4] 然而, 在追求法律科学体系的道路上, 概念法学派却显得过于极端化, 其试图把概念精练成各种绝对的实体性概念, 并作为严

---

[1] 李琛. 论知识产权法的体系化 [M]. 北京: 北京大学出版社, 2005: 40.
[2] 黄茂荣. 法学方法与现代民法 [M]. 北京: 法律出版社, 2007: 564.
[3] 黄茂荣. 法学方法与现代民法 [M]. 北京: 法律出版社, 2007: 527.
[4] 卡尔·拉伦茨. 法学方法论 [M]. 陈爱娥, 译. 北京: 商务印书馆, 2003: 42—43.

格规范结构中演绎推理的可靠和恒久不变的支柱。❶ 概念法学派认为，精深地界定各种概念，并将它们组织成一个连贯的逻辑体系，是法律科学的研究对象和终极目的。❷ 概念法学派的此种观点遭到了批判，尤其是 19 世纪中后期所产生的自由法学派的批判，其认为概念法学的这种观点是虚幻的且与事实不相符合的。他们指出，任何一种实在的法律制度必然都是虚幻的和有缺陷的，而且根据逻辑推理的过程，也并不总能从现存法律规范中得出令人满意的判决。❸ 正如卡多佐法官所指出的，"当概念被视为真实存在并以全然无视后果的方式被发展到其逻辑极限时，概念就不再是仆人而是暴君了"，并且他还指出，"从很大程度上来讲，当概念导致压制或不正义时，我们就应当把它们视为可以重新阐述和可以加以限制的临时假定来对待"。❹ 卡多佐的此种观点预示着法律科学体系构建依据的转向。

2. 利益法学派的体系构建

与概念法学利用有因果力的规范概念的逻辑推演来构建法律体系不同，利益法学派将利益作为法律的产生之源，认为利益决定着法律规则的创建，利益以及对利益的衡量是制定法律规则的基本要素。而利益法学派所称之利益包括私人利益与公共利益，也包括物质上的利益与理想上的利益。立法者应予保障的利益有如人类生活本身，是极为多样的，而且可以将之安排在许多不同的类型中，其中最为重要的利益可称为生活利益。❺ 在上述利益之外，利益法学派也承认说明利益。对利益法学而言，为了能较好地掌握、管理法律资料，以帮助记忆并获得更好的鸟瞰，与概念法学一样必须重视说明的问题。只不过利益法学派强调应将"说明问题"与"规范地寻找问题"，亦即客观存在之法律资料的认识相互区别。菲利普·赫克（Phillpp Heck）认为，

---

❶ 概念法学派中持最为绝观观点的代表人物竟然宣称说，法律概念是以先验的方式输入人脑之中的，而且在法律秩序形成以前，它们就以一种潜意识的形式存在了。换言之，并不是法律秩序创造了有助于实现其目的的概念，而恰恰是这些概念创造了法律秩序并产生了法律规则。参见 E. 博登海默. 法理学：法律哲学与法律方法 [M]. 邓正来，译. 北京：中国政法大学出版社，2004：507.

❷ 吕世伦. 法的积淀与变迁 [M]. 北京：法律出版社，2001：558.

❸ E. 博登海默. 法理学：法律哲学与法律方法 [M]. 邓正来，译. 北京：中国政法大学出版社，2004：150.

❹ E. 博登海默. 法理学：法律哲学与法律方法 [M]. 邓正来，译. 北京：中国政法大学出版社，2004：507.

❺ 黄茂荣. 法学方法与现代民法 [M]. 北京：法律出版社，2007：535.

将这两种问题加以区分，较之概念法学将之混为一体当更能分别满足说明的利益以及规范的找寻需求。❶ 在此基础上，利益法学派将法律概念分为"编纂概念"和"利益概念"两种。❷ 虽然利益法学派在体系构建时也离不开概念的使用，但与概念法学派不同的是，利益法学派认为一般概念固然扮演联想具体概念之桥梁的角色，但在两个概念使用上的时序，既不能推导出一般概念对于具体概念的发生有与之对应的因果上的关联，也不能推导出一般概念在逻辑上的任何优先性，"具有优先性的应该是生活，亦即利益状态"。❸ 而且，每一个概念在任何时候都有被补充、修正，甚至演变成另外一个新概念的可能。

由此，利益法学派修正了概念法学派依据"绝对的、先验的概念"构建法律体系的做法，将"利益"引入了法律体系的构建之中，并将"利益冲突的裁断"作为构成法律体系的基本成分。利益法学派认为，不仅是既存的，而且那些正要去探求的法律规定，皆属于对"利益冲突的裁断"。❹ 虽然法律规定是在裁断利益的冲突，但这些基于利益的权衡所作的裁断之间并不是孤立的，每一个裁断都可能与法律体系的全部内容有关，因为此种关联紧密程度的不同，相对的问题所涉范围也有宽窄的差异。为了寻求适当的规范，必须探讨它们相互之间的关联。如果能够认识到裁断之间的共同特征而加以总结并表达出来，那么在抽象程度上，可以向上达到愈来愈抽象的类型概念。从而能够将既存的事务上的关联，以概念架构，亦即以概念体的形式将之表现出来。其总结的过程为类型化，类型化使内部体系以不同的具体化程度显示出来。❺ 因此，利益法学派所要建构的体系是以事务关联为基础，将冲突裁断类型化后联结起来的内部体系。内部体系以内容为基础，偏重存在于事务中的利益，而概念法学派依据概念的逻辑推理所构建的体系则被称为"外部体系"。对内部体系的研究，成为利益法学派与概念法学派的最大区别。

---

❶ 黄茂荣. 法学方法与现代民法 ［M］. 北京：法律出版社，2007：541.
❷ 所谓的编纂概念，是指为了掌握并序列法律资料，而自既存之实证法秩序，舍弃其次要的并强调其共同的主要特征所形成的概念，如私权、侵权行为等；而利益概念则是指经由对于利益的研究所形成的概念。参见黄茂荣. 法学方法与现代民法 ［M］. 北京：法律出版社，2007：547.
❸ 黄茂荣. 法学方法与现代民法 ［M］. 北京：法律出版社，2007：532.
❹ 黄茂荣. 法学方法与现代民法 ［M］. 北京：法律出版社，2007：534.
❺ 黄茂荣. 法学方法与现代民法 ［M］. 北京：法律出版社，2007：568.

### 3. 价值法学派的体系构建

虽然利益法学派摒弃了概念法学派那种依据绝对的、先验的概念，通过严格的逻辑推理形成法律体系的做法，引入了以法律所保护的利益为基础，以利益冲突裁断的关联性为纽带进行法律体系的构建，但是后来的价值法学派仍对其一些观点进行了批判。价值法学派认为，"利益法学派虽然指出了自法律所立基之目的或各种目的，以及法律所保护之利益的认识，可以经由法律解释探得某些规范意旨，但这种方法终究有其限界"。❶ 因为在利益法学从事概念或类型的建构时，其使用的概念或类型的共同特征的加减，事实上已取向于由一定的法律原则或价值所决定的目的，只是当时还隐而未宣。❷ 因此，价值法学派认为，应当以法律原则作为纽带来构建整个法律体系。

价值法学派的贡献在于指出法律概念的储藏价值的功能，或发现隐藏于法律概念后面的价值，并以之为基础开展对法律概念与法律原则之间的关系的讨论。通过法律概念所储藏的价值可以将负荷相同的法律原则的法律规定联系在一起，而且也可以检查法律原则实际上是否获得贯彻，在这个基础上，大大提高了认识法律原则间的冲突并加以权衡、调整的能力，由此以价值为基础来构建法律体系成为可能。而作为法律体系联结纽带的法律原则可以由个案归纳而出，也可以由上位价值具体化而出。不论以归纳或具体化的方法，其结果都会形成体系的标准架构——树状结构。因此，法律原则可以作为体系之建构的基础。❸

三大法学派的产生皆有自身的背景，而且呈递进的趋势，即在概念法学派产生并发展至极端之后，利益法学派便在对其批判中产生，而价值法学派则是对利益法学派更深层次的扩展。虽然在法律体系上的依据不同，但从前述三大法学派观点的分析中我们可以发现在法律体系的构建上三者之间还是存有相通之处的。

首先，三大法学派都承认概念在法律体系构建上的重要性。概念法学派是利用科学的逻辑思维最充分者，乃至于产生了法律概念是绝对的、先验的

---

❶ 黄茂荣. 法学方法与现代民法 [M]. 北京：法律出版社，2007：551.
❷ 黄茂荣. 法学方法与现代民法 [M]. 北京：法律出版社，2007：570.
❸ 黄茂荣. 法学方法与现代民法 [M]. 北京：法律出版社，2007：594.

这一观点，并以严格的逻辑推理来构建法律体系，虽然此种观点存在一些弊端，但由其所构建的法律体系在形式上却是有其无可置疑的功用，此种功用既体现在立法上，也体现在法学研究中。也正因如此，利益法学派在构建法律体系时特意创造了"说明利益"来为其观点作补充，并以"编纂概念"来构建法律体系。唯其与概念法学不同的是，利益法学派认为其所指的概念是通过对事务的类型化得来的，是利益的反映。而价值法学派同样也没能避开对概念的探讨，其最大的贡献之一就在于指出了法律概念的储藏价值的功能，或发现隐藏于法律概念后面的价值，并以之为基础开展对法律概念与法律原则之间的关系的讨论，而后进一步以之为基础构成其以法律原则为纽带的体系理论。所以，法律体系的构建离不开概念，通过抽象一般概念所构建起来的体系被称为"外部体系"。然而，外部体系虽然特别强调概念的逻辑构造，忽略价值判断，但在法律概念的构成上，还是从伦理及技术理性的角度将一定的价值纳入法律概念之中。❶

其次，三大法学派都承认在法律体系的构建上需要有联结纽带将体系结成部分并联结成一个整体。概念法学派在承认概念的绝对性与先验性的基础上，依靠严格的逻辑关系将之统一到法律体系之下，利益法学派则通过"利益冲突的裁断间的关联"将利益统摄到法律体系之中，价值法学派则通过法律原则将储藏有价值内容的概念联结为一个互不矛盾的体系。然而在这种纽带的选择上，价值法学派无疑具有相当的理论先进性。概念法学派对逻辑的追求使其抛弃了法律目的从而使法律脱离了现实生活需求；利益法学派则因未能深入挖掘利益冲突裁断背后所隐藏的价值取舍而存在局限性；价值法学派则直击要害地统合了法律体系的形式要求与内在的价值追求，并避免了法律体系的封闭与僵化。因此，在法律体系的构建上，我们应以法律原则为纽带，将法律概念统合起来，形成目的明确、价值统一的"内部体系"。

## 二、制度体系化是解决邻接权制度混乱的关键

### （一）邻接权的诞生与制度体系混乱的根源

邻接权制度是作者权法系国家特有的制度，其出现既是历史的偶然，也

---

❶ 黄茂荣. 法学方法与现代民法［M］. 北京：法律出版社，2007：594.

是制度上的妥协。言其偶然，是因为邻接权制度的产生源于信息传播技术的发展而催生的新利益保护需求。言其妥协，是因为邻接权制度是欧洲大陆国家严守"作者权理论"所做的不得已选择。

邻接权制度产生的历史偶然性，源于传播技术与著作权制度之间的紧密联系。传播技术既是著作权制度产生的诱因，也是著作权制度发展的动力。伴随着录音、摄像技术和无线电广播技术的问世，作品使用增添了新方式，不仅能以更多方式固定作品，也能以更多方式传播作品。著作权人继而产生了新的保护需求，诸如表演权、广播权相继纳入著作权之中。在完善作者利益保护的同时，新传播技术催生出的新主体利益保护需求也随之产生，其中最具代表性的就是表演者。录音、录像技术使得几个世纪以来都以暂时性为存在形态的表演行为变成可以永久存在的东西，其不仅能被储存而且能被无限次地复制、销售和使用。表演者原本可以通过对现场表演的控制来获取一定回报，却因为新技术的出现丧失了对自己表演的控制能力。同样的情况也存在于录音制作者和广播组织身上。对于录音制作者来说，广播电台、电视台大量利用录音制品来填充它们的节目，而广播组织投入大量时间、精力、技能和资金制作的节目也被他人随意地转播、录制或在公共场所放映。在上述主体寻求保护的过程中，其所处的时代背景将他们捆绑在一起：其一，催生上述主体利益保护诉求的时间与信息传播技术出现的时间非常接近。最早被发明出来的是录音技术，1877年爱迪生发明了留声机；随之而来的是摄影技术，1890年爱迪生又发明了"活动电影摄影机"；最后则是无线电广播技术，1895年马可尼与波波夫分别实现了无线电的发送和接受。无论是表演者、录音制作者和广播组织都是在相近的时间里探寻合适的法律保护途径。其二，上述主体利益的保护诉求因都涉及作品的使用而纠缠在一起。对于表演者来说，其表演的内容主要是作者创作出来的作品；而录音制作者所录制的则主要是表演者的表演；对于广播组织来说，其广播的内容更多的是录音制作者所录制的录音制品。由此可以发现，表演者、录音制作者和广播组织三者之间，存在着后者总是在利用前者的劳动成果的问题。而对处于源头的表演者，表演内容往往都是作品，继而引发了录音制作者和广播组织也会卷入作品使用的问题之中。因此，对上述主体利益的保护，放在一起确实是最为合适的。虽然对表演者的保护是最早被讨论的，但是录音制作者和广播组织的保护问题同样也被提及。

邻接权制度的产生之所以说是制度上的妥协，是因为在选择上述三者的利益保护路径时采取的是实用主义路线。邻接权制度不是体系化构建的结果，而是体系化坚持的无奈选择。在新的保护需求诞生之初总是会出现阻力，这种阻力促使人们去类比已经得到认可的权利。由于表演者、录音制作者和广播组织均与作品的使用有关，在解决其保护问题时更多地选择了在著作权法制度内进行保护。然而在 1948 年修订《保护文学和艺术作品伯尔尼公约》（简称《伯尔尼公约》）的布鲁塞尔会议上，对于表演者、录音制作者和广播组织能否纳入《伯尔尼公约》产生了很大的争议。具体来说，对表演者、录音制作者和广播组织纳入《伯尔尼公约》存在两个困难：一是《伯尔尼公约》所规制的作品必须具有独创性，而表演者的表演、录音制作者制作的录音制品以及广播组织制作的广播节目均是技术、资金投入的成果，不符合"独创性"要求；二是《伯尔尼公约》所保护的作者均是自然人，除表演者外，录音制作者和广播组织均不是自然人。对作品独创性的要求、对作者"自然人"身份的要求均是"作者权理论"的具体反映。因为建立在自然法思想基础之上的"作者权"只承认创作作品的自然人才能够成为作者，著作权法保护的是作者富有个性化特征的独创性作品。为了对上述三类主体提供保护，立法者只能在著作权之外单独设立一种制度，由于表演者、录音制作者和广播组织均与作品的使用有关，该制度的设计被放在著作权法之中，被保护的主体也被赋予"作品传播者"身份。

（二）邻接权制度功能的模糊性与"内部体系"的构建

自邻接权制度诞生以来，即披上了"作品传播者权"的外衣。之所以如此，根源就在于其诞生时的制度妥协性。正如前文所述，之所以构建一个新的制度来保护表演者、录音制作者和广播组织，一是因为主体身份不符合作者的要求，二是因为客体不具备独创性。著作权制度基于这两个理由将表演者、录音制作者和广播组织排除的同时，也为邻接权制度提供了正当性的前提基础。

由于邻接权制度在最初构建时已接纳了自然人、法人等不同形态的主体，因此，在主体类型的接纳上并不存在制度与理论的障碍。对于客体的要求，邻接权保护的是"作品传播者"的劳动成果，且该劳动成果不具有独创性。然而，在邻接权制度最初构建时，"不具有独创性"这一要点却被忽略了。其原因在于，当时人们仍极力想为邻接权人争取作者的身份，以求能获得著作权法的保护。例如，在论断表演者的身份时，往往将其定性为"作品演绎者"，赋予其著作权人的身份。即便在认识到表演者的劳动成果并不具有"独创性"、不能置于著作权中进行保护时，也将表演者定性为"作品的传播者"。这样，表演者就与著作权制度有了关联性：一个是作品的创作者，另一个是作品的传播者。在其享有的权利上，邻接权的设置也就可以类比著作权制度，也可以让邻接权人继续留在著作权法内。此外，此种认定也与"作者权理论"所坚持的"保护作者的智力成果"有了一致性，避免在著作权法内直接对投资者进行保护，从而在满足新利益保护需求时维持"理论的纯洁性"，避免被"投资者"所玷污。

"作品传播者权"的认定导致对邻接权制度的构建被局限在"作品传播者"的视域范围内，也导致对邻接权人的错误界定。以表演者为例，《保护表演者、音像制品制作者和广播组织罗马公约》（简称《罗马公约》）将表演者界定为表演文学艺术作品的人，如果表演的不是文学艺术作品就不能被认定为表演者。此种认定直接与我们的日常生活经验相悖。也正是此种"作品传播者"的定位，导致邻接权与著作权之间产生"等级关系"。因为在重视作者"独创性"智力创作保护的"作者权法系"之中，那种仅仅投入体力劳动或资金、技术设备的人当然是无法与其平起平坐的。加之对邻接权人分走作者"蛋糕"的担忧，著作权与邻接权之间的"等级关系"成为各国著作权立法的航标。[❶] 而且"作品传播者权"的认定也无法包容邻接权制度新增的客体类型，诸如德国著作权法中的特定版本、达不到摄影作品要求的一般照片、非独创性数据库、达不到电影作品独创性要求的电影制品和活动图像均是该理论无法进行合理化解释的。

基于此种情形，邻接权的权利属性需要重新进行认识，邻接权制度功能也需要重新进行定位。也只有对邻接权制度的功能价值有了正确的认知，邻

---

❶　刘铁光. 著作权与邻接权之间的等级关系：《罗马公约》的前因后果 [J]. 贵州社会科学，2011（5）：132.

接权制度体系的构建才能达成；否则，只会在迷途上越走越远，诸如将邻接权客体界定为独创性表达的理论也会层出不穷。换言之，邻接权制度体系化的首要任务是进行"内部体系"的构建。通过内部体系的构建，明确邻接权制度的功能价值，并将之贯穿于外部体系的概念界定之中，邻接权制度才能达成体系的构建，不再出现为了顾及著作权人的利益而对邻接权人应当得到保护的利益视而不见的情况。

### （三）邻接权客体的缺失与"外部体系"的构建

邻接权制度的诞生源于信息传播技术的进步，也源自产业投资者的利益诉求，但该制度的诞生也有其特殊之处，即邻接权的权利配置始终是在与著作权的协调之中进行的。正是对利益协调的关注，邻接权制度在进行构建时走上了围绕权利主体进行权利设置的"主体进路"。该制度构建路径导致邻接权人权利配置的不足。由于邻接权制度在构建时将重点放在了主体利益的保护上，由此遇到了与已经存在的权利主体之间的利益冲突问题，尤其是传统邻接权制度中的三大主体均与作品的使用相关，于是协调邻接权人与著作权人之间，以及不同的邻接权人之间的利益冲突就成为邻接权配置的首要问题，其后果就是邻接权人权利配置不足。但是，在协调过程中却遇到了一个难题，即邻接权人需要保护的利益与著作权人需要保护的利益如何区分的问题。例如，著作权人为了反对邻接权人保护所提出的"蛋糕理论"，就将著作权人应受保护的利益与邻接权人应受保护的利益混杂在一起，认为对邻接权人的保护会使其利益受损，因为作品能够创造的利益是一定量的，如果将其中一部分分切给邻接权人，著作权人的利益必然受损。当然，"蛋糕理论"是以静态的利益观来衡量动态的利益变化得出的错误结论。在邻接权人使用作品的过程中，不仅通过自己的劳动创造出了一块新的"蛋糕"，而且通过自己的劳动把著作权人的蛋糕也做大了。虽然邻接权人的劳动成果对作品的增值作用已经被认可，但邻接权人与著作权人之间的利益冲突却一直存在着。因此，在对邻接权人赋权时，始终将著作权人利益的保护置于优先位置，在"绝不触动著作权保护"的前提下来考虑邻接权人应当享有哪些权利。虽然表演者、录音制作者和广播组织均为邻接权人，但并不代表他们之间的关系是和谐的。《罗马公约》在制定过程中遇到的最大的难题就是对录音制品再度使用规则的制定上，甚至因为该问题导致罗马会议筹备工作期间的讨论（1956 年于日内瓦，1957 年于摩纳哥，1960 年于海牙）的延长。❶

此外，在主体进路下，邻接权制度体系的构建是混乱的。目前邻接权制度的内容早已经突破了《罗马公约》所构建的制度体系，但是基于财产权制度体系构建的一般机制，邻接权制度体系愈发混乱。财产权制度的构建总是围绕权利客体展开的，财产权制度的变革也因应客体的变化而展开。邻接权制度在扩增时，也是基于权利客体的保护展开的，如德国著作权法中的特定版本、达不到摄影作品要求的一般照片、非独创性数据库、达不到电影作品独创性要求的电影制品和活动图像的邻接权保护；意大利著作权法中的舞台布景、书信、肖像、工程设计图、作品的标题和外观等。由此，邻接权制度中便存在基于权利主体进行制度构建的邻接权类型，如表演者权、录音制作权、广播组织权；也有基于权利客体进行制度构建的邻接权类型，如特定版本的邻接权保护、照片的邻接权保护、达不到电影作品独创性要求的电影制品和活动图像的邻接权保护等。

因此，邻接权制度的构建也需要由"主体进路"转回到"客体进路"上，从而可以在明确的客体基础上为邻接权人创设权利。客体进路的回归也可以避免因利益平衡的需要将邻接权置于著作权之下，而是基于客体进行"以用设权"，充分保护邻接权人的利益。因此，"客体进路"的回归是实现"外部体系"构建的必由之路。基于客体上所承载的利益，人们才能够基于客观对象的特质进行概念界定，并构建出具有逻辑一致性的概念体系和规则体系。

### 三、制度体系化是邻接权制度体系构建的科学路径

邻接权制度的"内部体系"与"外部体系"的缺失，导致邻接权制度已然成为一个大箩筐，对于著作权制度无法接纳的新客体就被直接置于其中，并通过改造邻接权制度的功能以获取被该制度接纳的正当性。例如，在面对技术冲击带来的新问题时，人们便有了不同的选择。对于体育赛事直播、游

---

❶ 克洛德·马苏耶. 罗马公约与录音制品公约指南 [M]. 刘波林，译. 北京：中国人民大学出版社，2002：36.

戏画面、人工智能产出物的保护，就出现了著作权保护和邻接权保护的不同制度构建。例如，对于人工智能产出物的法律保护，有学者认为其应当作为作品来保护，❶ 也有学者认为其并不具备独创性而应当置入邻接权制度之中；❷ 对于体育赛事直播画面，有学者认为其应当被认定为作品，❸ 也有学者认为应当将其置于邻接权制度之中。❹ 然而，在论述为何选择邻接权制度解决新问题时，理由却各有不同。例如，对于体育赛事直播画面的保护，有学者认为不应通过降低连续画面的独创性要求而将其纳入作品之中，应当通过完善广播组织的规定来对其进行保护；❺ 对人工智能产出物的保护，人工智能程序的操作者对生成内容的贡献度以及对内容生成与传播的控制力，与广播组织对广播节目、录音录像制作者对录音录像制品的贡献度和控制力是相类似的。❻ 因此，即便在保护新客体时都选择了邻接权制度，但立论基础也各有不同。对体育赛事直播画面的保护，是通过独创性的高低来判定其应归于邻接权制度之中；而对人工智能产出物，则是通过与广播组织的类比来获取邻接权保护的正当性。

邻接权制度之所以会成为任人拿捏的工具性存在，源于邻接权制度功能认识上的模糊性。此种模糊性导致在具体的制度构建中，邻接权的客体界定、权利设置都存在很大的不确定性，为学者因需解读邻接权制度留下了空间。因此，邻接权制度的完善必须从邻接权制度功能的确定出发，如此才能确定邻接权的客体，从而寻得制度构建的基石和权利类型化的依据，进而才可以确定应当赋予邻接权人何种权利，以实现对其的恰当保护。

基于此，本书由邻接权制度功能的探讨出发，通过邻接权制度的功能

---

❶ 熊琦. 人工智能生成内容的著作权认定 [J]. 知识产权，2017（3）：3—8；易继明. 人工智能创作物是作品吗？[J]. 法律科学：西北政法大学学报，2017（5）：137.

❷ 许明月，谭玲. 论人工智能创作物的邻接权保护：理论证成与制度安排 [J]. 比较法研究，2018（6）：42；陶乾. 论著作权法对人工智能生成成果的保护：作为邻接权的数据处理者权之证立 [J]. 法学，2018（9）：3.

❸ 崔国斌. 体育赛事直播画面的独创性标准选择 [J]. 苏州大学学报，2019（4）：1—12.

❹ 王迁. 论体育赛事现场直播画面的著作权保护：兼评"凤凰网赛事转播案"[J]. 法律科学，2016（1）：182；管育鹰. 体育赛事直播相关法律问题探讨 [J]. 法学论坛，2019（6）：71.

❺ 王迁. 论体育赛事现场直播画面的著作权保护：兼评"凤凰网赛事转播案"[J]. 法律科学，2016（1）：182.

❻ 陶乾. 论著作权法对人工智能生成成果的保护：作为邻接权的数据处理者权之证立 [J]. 法学，2018（9）：12.

价值认定为邻接权制度的"内部体系"构建提供基点。通过对邻接权制度产生背景的溯源，揭示出邻接权保护文化产业主体的投资成果的功能。由于作者权只能由作者享有，决定了自然人以外的主体无法获得该项权利，只不过此种制度设计也限制了作者权制度的发展，尤其是在面对因新技术带来的利益保护需求时，此种限制更为明显。首先，只承认自然人为作者的观念限制了著作权主体的扩张。技术的发展催生了新的作品类型，而新作品类型的出现导致了作品创作方式也发生了变化，传统的作品创作模式正在被一种"社会的""开放的"创作模式所取代。而在此种新的创作模式中，投资者起着重要的作用，如果不承认投资者的权利主体地位，无疑会增加作品在使用、传播过程中的交易成本，是不利于新型作品的保护的。❶因此，作者权制度必然要解决作品在创作过程中的非自然人主体的制度安排问题。其次，强调作品的独创性导致不具备独创性的劳动成果无法被纳入著作权法律制度之中。在涉及与作品的传播、利用而形成的劳动成果保护时，由于其与作品的相似性和关联性，在著作权法中加以保护似乎更加合适。无论是表演者的表演，还是录音制作者录制的声音，或与作品相关或与作品相似，唯独因为上述劳动成果不具备作品的那种"人格的个性化"表达而无法纳入著作权制度之中。因此，如何保护因技术发展带来的新型客体也就成了一个亟须解决的问题。正是在此种背景下，邻接权制度产生了。由此可以发现，在作者权制度之下，对作者的保护和对与作品利用、传播相关投资者的保护是由不同的制度来实现的。作者权保护的是创作作品的作者，并且以精神权利的保护为重心，兼顾财产性的权利；而邻接权保护的是与作品利用、传播相关的投资者，以财产权利为重心，基本不保护精神利益，唯表演者例外。在此种二元体制之下，既可以坚持作者权保护作者的精神权利和经济权利双重保护目标，也可以兼顾著作权产业领域的主体对利益的追逐。

　　将邻接权制度功能定位于保护"文化产业主体的投资成果"是对邻接权制度"内部体系"的构建，但这只是邻接权制度体系构建的第一步。下一步需要将该邻接权制度的功能内化于法律概念的界定之中，实现概念储藏价值的功能。对于邻接权制度的"外部体系"构建，本书从财产权设定

---

❶　熊琦. 著作权法中投资者视为作者的制度安排［J］. 法学，2010（9）：85.

的一般机制出发，纠正了邻接权制度体系构建的"主体进路"的错误，回归到"客体进路"上来。通过体系化的思维方法对著作权（广义）所规制的对象特质进行揭示，提炼出广义的著作权法规制的对象应当为"表达"。在表达之下，具备独创性的就是作品，不具备独创性且又应当予以保护的新表达形式就是邻接权的客体。就著作权（狭义）的客体来说，作品必须具备两个特质：一是作品是表达；二是作品具有独创性。之所以保留这两个特征，主要是出于著作权法立法目的的考量，既要保护创造性的智力成果，又要顾及社会文化的发展。作品限于表达，是为了强调保护范围不能扩展到思想，避免阻碍社会文化的延续；作品必须具有独创性，是为了凸显法律鼓励个人创造性劳动的意图。只不过就上述两个特征来说，表达是作品的固有特质，是其不同于其他财产权客体的本质特征；而独创性是著作权立法价值在概念中的贯彻。无论在作者权法，还是在版权法中，作品的界定基本一致，均包含上述两个要件，不相同之处在于由于立法目的的不同导致在"独创性"要件的要求上存在区别。也就是说，作品的概念界定是在表达这一特质之上施加"独创性"特质而实现的，这也符合概念界定中的"属加种差"这一逻辑形式。由此，我们也就可以得出，位于作品上一位阶的概念应当是"表达"。

即便自下而上来看，表达也能兼容邻接权的客体。对于著作权的客体自不待言，因为"作品是具有独创性的表达"已经成为共识。而对于各邻接权的客体而言，同样也具备表达的特质。首先，就表演者的表演而言，其仅仅是对作者所创作的作品或对那些已经以书面形式存在的作品赋予了某种形式与表达，并将这些作品转化为另外的形式而进行了再现。❶ 其次，就录音制品而言，只是改变了作品或不构成作品的声音的存在状态，把仅仅只能在空气中暂时性存在的声音转变成电磁信号或其他可以固定的形式，从而可以长久地固定在介质上。最后，就广播节目而言，虽然广播节目究竟是指节目内容，还是节目信号，或者其他的什么东西仍存争议，❷ 但不论最终如何界定广播节目，其仍然只是对已经存在的表达的使用，唯因广播组织在传播特定表达的过程中投入了自己的劳动，才获得受法律保护的正当性。

---

❶ M. 雷炳德. 著作权法［M］. 张恩民，译. 北京：法律出版社，2005：501.

❷ 王超政. 论广播组织权的客体：兼评"广播信号说"的谬误［J］. 北方法学，2018（6）：54—62.

由此可以看出，就已有的邻接权客体来说，"表达"这一上位概念完全可以涵摄邻接权的客体。

在"表达"这一上位概念的基础上，邻接权客体的界定还需要挖掘其他特质来实现概念的界定。虽然在邻接权概念的界定上已经有了"无独创性"标准，但不具有独创性仍然无法让人们获得一个明确的邻接权概念。因为无独创性并不能像独创性标准一样给予我们关于表达与个人的链接，也无法与不受著作权法保护的表达相区分。由于法律概念不是毫无目的地诞生，也不是毫无目的地被凑合在一起，法律概念是应目的而生，能够纳入概念界定中的特质也必须与法律之目的相契合。❶ 基于此，从邻接权制度所保护的文化产业主体的投资成果来看，其只是通过投入不具有独创性的劳动，或者投入标准化的技术手段形成不具有独创性的新表达形式，而此种表达形式在产业领域里更多地被称为文化制品。至此，我们完成了邻接权客体的界定，即邻接权的客体是文化制品，是文学、艺术和科学领域内不具有独创性的新表达形式。

邻接权客体界定的完成为我们基于"以用设权"进行权利配置提供了基础。基于权利客体的非物质性，著作权制度的权利配置与物权法采取的"以物设权"不同，著作权法是通过对作品利用方式的类型化实现权利配置。基于物的有体性，特定物在特定时间仅能被特定人以特定方式进行使用，虽然物的类型繁多、使用方式多样，但都不需纳入法律规制的考量范围，仅在所有权中设置一个"使用"权能便足以保护所有权人的利益。但是，著作权客体的非物质性决定了如果采取"以物设权"的权利配置模式无法有效保护著作权人的利益。作品的"非物质性"使人们对它的占有只是"虚拟占有"而非实际控制，同一作品可以物化在多个相同或不相同的载体之上，从而出现多个主体同时使用同一作品的可能。如果著作权的权能设置同所有权一样，仅有一个使用权，那么基于权利的排他性，同一时刻只能有一个主体对作品进行使用，这既与现实情况不符，也是不经济的。因此，著作权的"以用设权"的权利配置方式正是基于客体特质的合理化选择。

对于邻接权制度，其权利客体与著作权（狭义）客体具有同样的特质，

---

❶ 黄茂荣. 法学方法与现代民法 [M]. 北京：法律出版社，2007：66.

也应采取"以用设权"的模式。在此种模式下，邻接权的权利配置就不需要将"利益协调"放置于首位，即便考虑利益的平衡与协调问题，也是在权利主体地位平等的基础上所进行的利益考量的结果。

对于邻接权制度体系的立法设计，则是通过对国际立法与外国代表性国家立法进行考察的基础上展开的。只不过，由于法律人对法律中的价值追求理解或掌握得不够透彻，基于价值追求及规范知识所建构的法律体系自然受到历史条件的限制，从而在正确性上具有时空的局限性。所以，法律体系必须是开放的、动态的，而不可能是封闭的。❶ 故而现有立法经验的借鉴也只具有暂时意义，对于未来可能会出现的新客体则需通过已经构建的内部体系和外部体系的进化逐步进行接纳。

最后，就中国著作权法对邻接权制度的规制而言，虽然新著作权法的修正刚刚完成（2020 年 11 月 11 日修正案审议通过，2021 年 6 月 1 日生效），但邻接权制度的相关内容仍有进一步完善之处。此次修法之初所提出的修改草案一稿、二稿、三稿及送审稿均对现行法进行了大刀阔斧的修正，对著作权法虽有完善，但也仍留有颇多遗憾。故而基于本国立法的实际情况，运用已经构建起来的"内部体系"和"外部体系"，审视《中华人民共和国著作权法》（2020）中的邻接权，既可以为邻接权制度的完善提供些许有益见解，也可以为新法的适用提供些许思路和方法。

---

❶ 黄茂荣. 法学方法与现代民法 [M]. 北京：法律出版社，2007：621.

# ‖ 第一章 ‖

# 历史视域下的邻接权制度功能探源

在法律制度体系中，知识产权法与科技、经济有着特殊的联系：在工业经济时代，它是近代科学技术与商品经济的产物，为资产者提供了取得财产的新方式；在知识经济时代，它是现代科学技术进步与市场经济发展的推动器，成为"知本家"获取知识财产的保护神。❶ 而作为知识产权制度组成部分的邻接权制度也同样如此，邻接权的产生与发展既是科技推动的结果，也与产业投资者的利益诉求息息相关。科技的发展创造了新的保护客体，利益的诉求推动着权利的扩展，但是由于历史的偶然性与制度的妥协性导致邻接权制度体系的无序扩张，也导致了应对科技变革与经济发展的困难。

## 一、邻接权制度产生的科技动因

传播技术领域的革命带来了著作权法的产生和发展，而作为著作权制度组成部分的邻接权制度，也具备相同的特质。如果说印刷技术催生了著作权制度，那么录音、录像和广播技术的发明则催生了邻接权制度。

### （一）信息传播技术变革下的著作权制度之困

人类社会发展至今，信息传播技术已经历了五次变革：语言的产生是人类自开天辟地以来所经历的第一次大的信息革命；文字的产生为第二次信息

---

❶ 吴汉东. 科技、经济、法律协调机制中的知识产权法 [J]. 法学研究，2001（6）：128.

革命；造纸和印刷术的发明为第三次信息革命；电报、电话和广播的使用为第四次信息革命；现代信息技术的发明是第五次信息革命。❶ 每一次信息传播技术的变革对人类社会的发展都产生了重要的推动作用。语言的产生是人类历史上最伟大的信息技术革命，语言使人类描述信息、交流信息的方式得到了巨大的改进；文字的诞生弥补了人脑容易遗忘的不足，实现了信息的长时期存储和远距离交流；印刷术的产生使知识可以大量生产、存储和流通，进一步扩大了信息交流的范围；电报、电话和广播的使用使信息传递的速度大大提高；现代信息技术的应用使人们对信息的处理能力、处理速度产生了质的飞越，其一天的信息量可能是以前几十年甚至几百年都不能办到的。

著作权诞生于第三次信息传播技术变革之中。东、西方知识产权法学者都毫无例外地认为著作权是随着印刷术的采用而出现的。❷ 在印刷术被发明出来之前，作品的复制完全依靠手工抄写，其传播成本非常高。印刷术的应用使作品自身的价值超越了复制的成本，加之出版商需要一个合理的理由来继续垄断图书出版，围绕作品的保护进行制度构建已经具备了条件。但在具体的制度构建上，大陆法系和普通法系走上了不同的道路。

以英国为代表的普通法系国家基于"财产价值观"构建了版权法，以法国为代表的大陆法系国家基于"人格价值观"构建了作者权法。❸ 以《安娜女王法》为标志的版权法将作品看作"一项可以转移于他人的财产"，❹ 只要具有一定的价值并凝聚了独立和辛勤的劳动，哪怕是单纯的体力劳动或非常简单的脑力劳动，也可以获得版权法的保护。虽然现在的版权法已经抛弃了该标准，要求作品必须具备独创性才能获得保护，但版权法中的"独创性"对"创"的要求是极端低的，即使是由最普通和陈腐的独立努力的结果都可能受到版权保护。❺ 此外，作为一项财产，作品上的版权可以由"经济上风险的承担者以及雇主享有"。❻ 而以法国《作者权利法案》为标志的作者权法将作品视为"具有独创性并反映出某种人格的作品中体现的智力创作"，只承认

---

❶ 肖峰. 现代科技与社会 [M]. 北京：经济管理出版社，2003：201.
❷ 郑成思. 版权法（上）[M]. 北京：中国人民大学出版社，2009：2.
❸ M. 雷炳德. 著作权法 [M]. 张恩民，译. 北京：法律出版社，2005：导读，2.
❹ 吴汉东. 西方诸国著作权制度研究 [M]. 北京：中国政法大学出版社，1998：9.
❺ 王迁. 知识产权法教程 [M]. 北京：中国人民大学出版社，2019：37.
❻ M. 雷炳德. 著作权法 [M]. 张恩民，译. 北京：法律出版社，2005：导读，3.

创作了作品的自然人具有作者即原始著作权所有者的资格，只在特殊情况下才同意将原始权利赋予他人。❶ 至此，无论是版权法还是作者权法，均完成了印刷时代的制度构建。

19 世纪末 20 世纪初，第四次信息技术革命爆发，人类精神文化生活发生了翻天覆地的变化。印刷术让人们在图书的获取和阅读上实现了自由，但是欣赏音乐、戏曲、歌剧，还是要到表演现场观看艺术家们的表演。而录音、录像技术的发明改变了这种状态。1877 年，美国发明家爱迪生设计出世界上第一部留声机，音乐作品第一次能够以不同于印刷品的方式进行复制和传播。❷ 1895 年，法国路易·卢米埃尔兄弟发明"活动电影机"，并在咖啡馆的银幕上播放自己拍摄的胶片，电影就此诞生并成为大众化的娱乐方式。❸ 1906 年，费森登无线电广播实验成功，1913 年德国物理学家来历山大、迈斯纲利成功研制出电子管无线电发射机，1925 年英国科学家约翰·洛吉·贝尔德利发明机械电视机，1932 年英国科学家休恩伯格发明电子电视摄像管。上述技术在发明出来之后立即被投入使用，包括 1920 年世界上第一个取得营业执照的商业广播电台匹兹堡 KDKD 广播电台开始播音；1927 年美国贝尔电话实验室在纽约和华盛顿之间使用有线方式传送电视节目；1936 年英国广播公司在伦敦建立了世界上第一座电视台，正式播出电视节目。

在短短的几十年内，传播技术突变似的进步改变了人们使用、获取文学艺术作品的方式与途径。虽然这种改变极大地丰富了人们的文化生活，但对形成于印刷技术时代的著作权制度来说无疑是一种难以应对的"灾难"。新信息传播技术对著作权法律制度的冲击主要表现在两个方面：

第一，新信息传播技术的发明与应用催生出了新的作品使用方式。基于印刷技术构建的著作权法赋予作者控制作品复制发行的权利，而对于作品的其他利用方式，著作权法并未加以规定，事实上也无须进行规定。因为在印刷时代，作品的主要利用方式就是出版发行，虽然也存在大量的音乐、戏剧作品的表演，但受限于信息传播技术，人们只能前往剧院观看现场表演。因

---

❶ 德利娅·德普希克. 著作权和邻接权［M］. 联合国教科文组织，译. 北京：中国对外翻译出版公司，2000：24—25.

❷ 李正本. 从留声机到数字通用光盘第一讲：模拟唱片的诞生与发展［J］. 广播电视信息，1997（11）：50.

❸ 黄文达. 外国电影发展史［M］. 上海：华东师范大学出版社，2004：18.

此，著作权人只需与表演者达成协议就可以完全控制音乐、戏剧的表演性使用。而录音录像技术产生后，著作权人通过合同控制现场表演已不足以控制对作品的使用了，人们可以通过购买唱片、录像带足不出户就可以欣赏作品的表演。于是，对于作品表演的控制成为著作权人新的权利需求。此外，留声机、录像机、录音机的发明产生了以机械光学电磁为技术特征的"机械复制权"，摄影机、放映机以及活动照相技术的出现产生了摄制电影、电视、录像的"制片权"，等等。❶

第二，新传播技术的发明与应用催生出了新的需要保护的客体。录音技术催生出了唱片产业，摄像技术催生出了电影产业，无线电技术催生出了广播电视产业，在每一个新的产业中都出现了需要保护的客体。表演者的表演被录制者录制下来进行销售，录制者录制的唱片被广播组织用于广播，而广播组织制作的广播节目被他人擅自转播。于是，唱片、电影、广播节目成为新的需要保护的客体。但是由于作者权法对"作者精神权利"的过度强调，对这些新客体如何进行保护产生了较大的分歧，其对作品的智力创造性的要求将部分新客体接纳到著作权制度之中，如照片、电影；但身为技术性成果的唱片、广播节目却被排除在外，对它们保护的探讨则走向了邻接权制度构建之路。

### （二）信息传播技术变革与邻接权制度的产生

事实上，直至 19 世纪末，艺术家（戏剧演员、歌剧和音乐会演唱者、演奏乐曲的演奏者、马戏和各种杂耍艺人等）的艺术表演还具有暂时性，它们在被欣赏完的那一刻就消失了。表演者对其表演的权利可以简单归结为没有付费就没有表演，没有表演就没有付费。❷ 然而，留声机、电影摄制技术和无线电广播的发明，使人们不必再去观看现场表演，只需聆听唱片、观看电影即可，在广播电台、电视台建立起来后，人们更是可以足不出户地收看任何种类的文学和艺术作品。❸ 新的作品表现、传播形式的出现，必然产生新的保

---

❶ 吴汉东. 从电子版权到网络版权 [J]. 私法研究，2001（1）：421—458.

❷ MORGAN O. International Protection of Performer's Right [M]. Oxford and Portland, Oregon：Hart Publishing，2002：4.

❸ 克洛德·马苏耶. 罗马公约与录音制品公约指南 [M]. 刘波林，译. 北京：中国人民大学出版社，2002：6—7.

护需求。随着摄影技术、录音技术的发展，表演者的形象及声音都可能被摄取与录制下来，而后离开表演者的表演现场去播放和放映，甚至把摄制的成品或录制的成品拿到市场上出售牟利，表演者的精神劳动成果被别人无理地获取。于是，表演者作为一种新的应受到保护的主体出现了。❶ 对于录音制品和广播电视节目也一样，录制者及广播电台、电视台在制作录音制品和电视节目时要付出大量的劳动、时间及精力，而转录者及其他电台、电视台在复制这些制品、节目时却无须太多的投入，因此他们的权利也亟须得到保护。

对于上述新客体如何进行保护，在作者权法与版权法中的境遇完全不同。如前所述，版权法最初以"额头出汗原则"来保护作品，将表演、录音制品以作品的形式进行保护并不存在制度上的障碍。如 1911 年英国版权法将录音制品当作音乐作品保护；1937 年费城最高法院在 Waring v. WDAS Broadcasting Inc. 一案中确立了录制在录音制品上的表演与音乐作品一样都具有独创性，应当受版权法保护；美国 1971 年版权法修正案确立了录音制品是一类独立的作品。而在作者权法中，由于受法律保护的作品被认定为必须是作者"思想、感情"的表达，因此它必须具备较高的独创性才能获得法律的保护，故而当时著作权法的保护领域拘泥于书籍、地图等狭小客体范围，对于新出现的唱片、电影以及电视节目无法给予保护。❷ 如果说作品表现形式的不同导致著作权法保护的困难，那么智力创造性的要求则完全将唱片、电影和电视节目排除在外。表演者一般表演他人创作的作品，甚至有人表演的并不属于任何人的作品（如杂技演员的表演）；广播者播送的也是表演者所演的他人的作品，或直接播送他人的作品（如文字作品）；录制者则录的是表演者表演的他人作品。❸ 因此，对上述劳动成果的保护无法适用已有的著作权法。

在邻接权制度产生之前，人们只能依据已有的法律来保护上述劳动成果，如合同法、劳动法、反不正当竞争法等，但效果不尽如人意。例如，根据法律，表演者能就其在话筒前面的表演许可他人进行录制；他的表演往往受合同约定的条件制约，最初许可是就录制唱片授予的，因为他必须就每张唱片重复表演。后来，录制品可以重复到很多复制品上，表演者不得不分别就录

❶ 郑成思. 版权法（上）[M]. 北京：中国人民大学出版社, 2009：17.

❷ 吴汉东. 从电子版权到网络版权 [J]. 私法研究, 2001 (1)：421—458.

❸ 郑成思. 版权法（上）[M]. 北京：中国人民大学出版社, 2009：17.

制和复制授予许可。绝大多数合同中都包含这两种授权。但从表演者已经同意制作和销售的唱片被第三人（以他从未许可也无法控制的方式）使用的那一刻起，在表演者与其正被他人利用的劳动成果之间，就再也没有任何法律联系存在了。换言之，尽管经过表演者的许可，但他的"现场表演"一旦被固定在唱片或电影声带上，其他人就能够以合同中未曾预见的方式进行利用；对此，不论是表演者还是录音制作者都很难加以控制。❶ 对于广播电台、电视台也同样如此，虽然合同法、劳动法一定程度上可以保护其利益，但是第三方对其广播节目的录制、转播却无权禁止，虽然竞争法可以制止其竞争对手的使用，但这也不足以保护其利益。由此，表演者、录音制作者以及广播电台、电视台需要某种权利，以控制对其表演和录制品的使用。表演者、录音制作者以及广播组织开始了保护自己权利的努力。也正是在这种需求下，邻接权诞生了。

当然，邻接权的诞生存在着一个过程，这个过程与表演者、录音制作者以及广播组织的权利保护相联系。起初并不存在"邻接权"的概念，对表演者、录音制作者和广播组织的保护都是循序渐进而形成的。英国是世界上著作权立法最早的国家，但直到其 1911 年的著作权法，才将唱片列为保护对象；1925 年又颁布《戏剧音乐表演者权保护法》，首次规定了表演者权。英国现行著作权法，即《大不列颠及北爱尔兰联合王国 1988 年版权、外观设计与专利法》，在立法技术上将作品传播者视为原创作者，规定了唱片制作者、广播组织的权利，但对表演者的权利则适用《表演者保护法》。法国最早立法保护原创作者的表演权，但自 1791 年的《表演权法》和 1793 年的《作者权法》以来，近两百年的立法均没有邻接权的规定，直至 1985 年颁布的《关于著作权和表演者、唱片制作者、视听传播企业的权利的法律》才确立了完整的邻接权制度。在日本，1920 年修订的著作权法，规定表演者和唱片制作者可就其演奏、歌唱、唱片等取得著作权，即将他们视作原创作者来保护。这一状况直到 1970 年著作权法才得以改变，邻接权始在该法中加以专章规定。❷

---

❶ 克洛德·马苏耶. 罗马公约与录音制品公约指南 [M]. 刘波林，译. 北京：中国人民大学出版社，2002：7.

❷ 吴汉东. 从电子版权到网络版权 [J]. 私法研究，2001 (1)：421—458.

1936 年奥地利著作权法第一次对表演者、唱片制作者等权利做出系统规定。❶

在各国不断地通过立法对表演者、唱片制作者以及广播组织提供保护的同时，相关国际公约的制定也在进行之中。早在 1908 年修订《伯尔尼公约》的柏林会议上，英国就提出了保护录音制品的问题；在 1928 年修订《伯尔尼公约》的罗马会议上，意大利政府提出保护表演者问题，此后在 1948 年该公约的布鲁塞尔大会上通过一项决议，即在《伯尔尼公约》之外制定一个新的公约以保护表演者权、录音制作权和广播组织权，决议草案将这些权利称为"rights neighboring to copyright"（著作权的邻接权）。❷ 至此，邻接权的概念正式登上历史的舞台。1949 年由世界知识产权局（BIRPI）、联合国教科文组织（UNESCO）、国际劳工组织（ILO）三个国际组织发起了一个研究项目，至 1951 年 9 月研究成果最终形成了一个邻接权公约草案。❸ 1961 年 10 月 26 日 40 个国家在罗马签署了公约的最终文本，即《保护表演者、音像制品制作者和广播组织罗马公约》（简称《罗马公约》）。

《罗马公约》的签订标志着传统邻接权制度的正式形成，即以表演者、录音制作者和广播组织为主体框架的邻接权制度，各国在制定邻接权保护制度时均以该公约为蓝本。至此，在传播技术的推动下，传统邻接权制度已经形成。此后，邻接权在传播技术——尤其是网络技术的推动下一直处于不断的发展之中。

（三）信息传播技术变革与邻接权制度的扩张

邻接权制度的产生源于科技的推动，其发展也源于科技的推动。《罗马公约》签订以来，信息传播技术又有了很大的发展。20 世纪 40 年代，有线电视首先出现在美国，由于其传播的图像质量高、内容含量大且信号稳定，随即在世界很多国家得到推广，如 20 世纪 50 年代有线电视就进入了加拿大、英国和我国香港地区。数字技术以及卫星传播技术的发展也使数字有线电视和

---

❶ 德利娅·德普希克. 著作权和邻接权 [M]. 联合国教科文组织, 译. 北京：中国对外翻译出版公司, 2000：271.

❷ 克洛德·马苏耶. 罗马公约与录音制品公约指南 [M]. 刘波林, 译. 北京：中国人民大学出版社, 2002：5.

❸ GEORGE H C B. Protection of "Neighboring Rights" [J]. Law and Contemporary Problems, 1954 (19)：158.

卫星直播电视进入社会公众的生活之中。与此同时，自 1946 年 2 月 15 日首台电子计算机诞生以来，计算机技术以及互联网技术有了很大的发展，人类的信息传播技术迎来了第五次信息技术的变革。对于诞生不久的邻接权来讲，信息传播技术的发展同样也对其产生了巨大的冲击，邻接权的客体与权利内容也处于不断变化之中。

1. 邻接权客体的扩张

基于现实需求的推动，各国对邻接权的立法早已突破了传统邻接权的内容。如《德国著作权法》中的邻接权制度包括对特定版本、照片、艺术表演人、录音制品制作人、广播电视企业、数据库制作人的保护；❶《法国知识产权法典》的邻接权制度包括表演艺术者权利、录音制作者权利、录像制作者权利、视听传播企业权利，以及对卫星播放和有线转播的规定，同时将数据库制作者单独进行规定；❷《意大利著作权法》规定的邻接权包括录音制作者的权利，电影、视频作品或者系列动画片制作者的权利，广播电台和电视台的权利，表演者和演奏者的权利，作者财产权消失后首次发表或者向公众传播的作品相关的权利，对进入公有领域的作品进行评论和学术研究的版本相关的权利，对舞台布景设计的权利，对摄影作品的权利，有关书信和肖像的权利，对工程设计图的权利。❸ 此外，荷兰 1993 年制定的专门邻接权法规定了四项邻接权，包括表演者权、唱片制作者权、广播组织权以及电影制作者对其首次固定的电影的权利。我国著作权法规定了四项邻接权，包括版式设计权、表演者权、录音制作者权和广播组织者权。

2. 邻接权权利内容的扩张

邻接权的内容在应对传播技术的过程中得到了极大的丰富。如在《罗马公约》所界定的"广播"这一概念，就仅仅包括通过无线电波传播供公众接收的声音或图像和声音。而《世界知识产权组织表演和录音制品条约》（WPPT）则将邻接权人的权利扩展至网络环境。邻接权在第五次信息技术变革中所增加的权项可以概括为以下三个方面：

（1）对广播权的定义进行修正，将有线广播与卫星广播纳入广播权之中。

---

❶ 十二国著作权法翻译组. 十二国著作权法 [M]. 北京：清华大学出版社，2011：171—176.
❷ 十二国著作权法翻译组. 十二国著作权法 [M]. 北京：清华大学出版社，2011：90—96.
❸ 十二国著作权法翻译组. 十二国著作权法 [M]. 北京：清华大学出版社，2011：302—312.

在《罗马公约》大会期间，有人建议将有线播放也包括到定义中，但该提案遭到否决，因为当时还认为，只有通过电磁波或其他无线系统的播放才是广播。❶ 随着有线广播与卫星广播的进一步普及，越来越多的国家将有线广播与卫星广播纳入广播权的规制范围内。如《葡萄牙著作权法》第 179 条第 9 款规定，"播放是指通过有线或无线方式，尤其借助于电磁波、光纤、电缆或卫星，将声音或图像单独或一起播放，供公众接收"。

（2）赋予邻接权主体向公众提供权以维护其在互联网上的合法权益。世界知识产权组织 1996 年 12 月通过的两个新条约，即《世界知识产权组织版权公约》（WCT）和《世界知识产权组织表演和录音制品条约》（WPPT），从与以前不同的角度提出了在线传播问题。依据《世界知识产权组织表演和录音制品条约》第 10 条（表演者）和第 14 条（录音制作者）的规定，他们应享有授予以有线或无线方式向公众提供固定在录音录像制品和其他制品上的表演专有权，公众可以通过有线或无线方式在自己选定的地点和时间获得。

（3）将邻接权人❷采取的技术措施纳入法律保护之中。著作权法中的技术措施是指权利人以有效技术控制对作品接触、复制或传输的保护手段。根据 WPPT 的规定，缔约各方应规定适当的法律保护和有效的法律补救办法，制止规避由表演者或录音制作者为行使本条约所规定的权利而使用的、对就其表演或录音制品进行未经该有关表演者或录音制作者许可或未由法律准许的行为加以约束的有效技术措施。❸

## 二、邻接权制度产生的经济动因

一切法律问题归根结底都是经济关系的反映，任何法律无不体现经济方面的基本规律和原则。❹ 邻接权制度的产生除科技变革的推动外，当然也包括经济利益的追求。科技的发展为邻接权的产生与发展提供了外在的条件，而对经济利益的追逐是权利人永恒的内在追求，更是邻接权制度发展的直接动

---

❶ 德利娅·德普希克. 著作权和邻接权［M］. 联合国教科文组织, 译. 北京：中国对外翻译出版公司, 2000：312.

❷ 技术措施的保护当然包括对著作权人采取的技术措施的保护，由于此处讨论的是邻接权人的技术措施保护问题，故在行文时仅提及了邻接权人。

❸《世界知识产权组织表演与录音制品条约》（WPPT）第 18 条。

❹ 吴汉东. 科技、经济、法律协调机制中的知识产权法［J］. 法学研究, 2001（6）：140.

力。技术的发展催生了作品利用、传播的新方式，实现了人们异时、异地观看表演、聆听音乐的梦想，也造就了新产业的诞生。在留声机发明之后，唱片制作技术以及复制技术的不断改进，唱片制造业逐渐兴起，仅在 1929 年就有近 3000 万张唱片被生产出来。❶ 而后，随着电影放映机的发明，全世界许多国家都有电影放映，电影作为新的娱乐产业得到社会公众的接受和喜爱。如在 1896 年底，法国的卢米埃尔、梅里爱、百代、高蒙，美国的爱迪生和比沃格拉夫公司，都已在电影企业中奠定了基础，每天晚上都有几千名观众拥挤在漆黑的电影院里。❷ 1920 年，英国和美国的商业广播电台分别开始广播，之后收音机受到公众极大的喜爱，无线电广播事业渐成规模。❸ 产业组织的兴起必须伴随着对利益的追求。

（一）表演者的失业与表演者权的产生

早在 2400 年前的古希腊就已经有了戏剧表演。❹ 但是，直到录音录像技术出现之前，表演者的地位都是非常低下的，如在漫长的中国古代社会，戏剧、歌舞表演艺人被称为"优伶"，他们没有独立的人格和社会地位。❺ 在欧洲，表演者的地位起起落落，但总体来看还是处于社会底层。如在公元前 4 世纪，随着雅典悲剧的衰落和喜剧的兴起，演员变得更重要了，演员公会有很多特权待遇；而在罗马文化中，演员并不是丧失体面的职业，一些著名演员还被授予骑士头衔；但基督教产生后，演员的地位就随着教会的态度而不断变化，直到 19 世纪末，演员仍然被认为是遭到社会遗弃的人。❻ 但是，录音录像技术产生之后，表演者的地位因为新产业的需求而变得重要。由于唱片的录制和电影的摄制均需要表演者的参与，唱片、电影在为唱片公司、电影公司带来大量收益的同时，表演者的知名度和社会地位也不断提高，尤其

---

❶ 德利娅·德普希克. 著作权和邻接权［M］. 联合国教科文组织，译. 北京：中国对外翻译出版公司，2000：274.

❷ 乔治·萨杜尔. 世界电影史［M］. 徐昭，胡承伟，译. 北京：中国电影出版社，1982：9.

❸ ASHBY A L. Legal Aspects of Radio Broadcasting［J］. The American Law School Review, 1930（8）：443.

❹ 亚里士多德. 诗学［M］. 陈中梅，译注. 北京：商务印书馆，1996：48.

❺ 原晓爽. 表演者权利研究［M］. 北京：法律出版社，2010：32—36.

❻ 原晓爽. 表演者权利研究［M］. 北京：法律出版社，2010：37—39.

是好莱坞创建的"明星制度"● 更是凸显了表演者在电影产业中的重要性。由此，表演者才有能力争取自身利益的保护。

录音、录像技术在提升表演者的社会地位的同时，也对表演者自身产生了不利影响。代表表演者的组织认为，对表演的录制事实上与现场表演产生了竞争，减少了音乐家和表演者被雇佣的机会。而录音制品在广播电台、电视台以及公共场所越来越多的使用也无情地减少了表演者被雇佣的机会。● 国际劳工局 1939 年发表的一份报告提供了若干统计数字，表明形势的严重性和危机的普遍性。法国在 1932 年大约有 10 万名戏剧表演者，但拥有一项职业的艺术家则仅有 1500 人。1935 年在美国行政当局拟订的需要提供紧急救济的清单上列有 15000 名失业音乐家的名字，而该清单远未包括所有的失业情况。对日本脑力劳动者失业状况的一项调查表明，在 1936 年音乐工作者失业的比例为 41%，产业技术员的失业比例则只有 16%。● 由此，为了维护自己的生存及利益，表演者进行不懈的努力以寻求法律的保护。

最早给予表演者保护的是德国，在其 1910 年的《文学和音乐作品保护法》中第一次对表演者进行保护，只不过表演者是作为作品改编者受到保护的。● 此后，1920 年的日版著作权法修正案也延续了德国的做法。只不过将表演者视为作品的改编者引起了很大的争议，尤其是德国在 1932 年公布的著作权法修正案草案中就抛弃了将表演者视为作品改编者的理论，认为"那种对演奏者活动的再创造性质的假定是与在著作权下给予保护的原则相矛盾的，因为这种保护只适用于一项创造性活动取得的结果——作品，但在任何情况下都不适用于一部已问世作品的简单复制（演奏或演出）和机械录制（录音制品录制），即使以巧妙的方式完成这种复制，情况依然如此"。● 由此开始，

---

● 所谓"明星制度"，是指电影界以制造电影明星偶像为获取高利润的惯例。参见中国大百科全书总编辑委员会《电影》编辑委员会/中国大百科全书出版社编辑部：中国大百科全书（电影卷）[M]. 北京：中国大百科全书出版社，1991：290—291.

● THOMPSON E. Performers and Technological Change 25 after the Rome Convention [J]. International Labour Review, 1986 (25)：576.

● 德利娅·德普希克. 著作权和邻接权 [M]. 联合国教科文组织, 译. 北京：中国对外翻译出版公司，2000：276.

● 1910 年德国《文学和音乐作品保护法》第 2 条第 2 款规定，个人表演通过机械复制的方式录制在录音制品上的，表演者是改编者，其成果作为改编作品保护。

● 德利娅·德普希克. 著作权和邻接权 [M]. 联合国教科文组织, 译. 北京：中国对外翻译出版公司，2000：283.

对表演者保护的理论也发生了转向，基于劳动理论和自主理论的观点逐渐被人们所接受。

劳动理论认为演奏或表演首先是艺术家的劳动产品，他们有权要求获得这些产品的全部经济价值。表演者的权利就是对其劳动增值享有的财产权利。❶ 而自主理论认为，"表演者或演奏者的权利源于一种与个人活动不可分的、应当受到保护的艺术活动。……这种活动可因录制和广播或公开放映而使自己与艺术家本人分开"。❷ 无论是劳动理论还是自主理论，都主张表演者应当享有一项有别于著作权的专有权利。至此，单独为表演者设定权利的立法开始出现。1936 年奥地利著作权法首次系统性地规定了邻接权，其中就包括表演者权。表演者的努力以 1961 年《罗马公约》的签订而告一段落，表演者正式进入邻接权的保护范围。❸ 事实上，邻接权的提出就是为了解决表演者的保护问题的。❹ 但《罗马公约》并未授予表演者专有性的权利，与同为受公约保护的录音制作者和广播组织相比，它的保护水平也是比较低的。❺ 在此之后，面对新技术的发展以及唱片产业、影视产业的发展，表演者的保护问题也越来越受到重视，表演者的权利得到了进一步的扩展，如 1996 年所签订的 WPPT 不仅赋予表演者专有性的权利，还增加了出租权、信息网络传播权，并将传统的复制权扩展至数字化的复制；而 2012 年签订的《视听表演北京条约》为表演者规定了包括广播权在内的更为丰富的权利。❻ 正是在表演者不断努力争取的情况下，表演者的法律保护才得以实现。

（二）唱片产业的出现与录音制作者的保护需求

随着录音技术的不断进步，录音制品的制作与发行越来越普遍。在 1909

---

❶ 德利娅·德普希克. 著作权和邻接权 [M]. 联合国教科文组织，译. 北京：中国对外翻译出版公司，2000：288.

❷ 德利娅·德普希克. 著作权和邻接权 [M]. 联合国教科文组织，译. 北京：中国对外翻译出版公司，2000：290.

❸ BELOTSKY L. Performers' Rights: Solved and Unsolved Problems [J]. Tel Aviv University Studies in Law, 1992 (11): 262.

❹ JEHORAM H C. The Nature of Neighboring Rights of Performing Artists, Phonogram Producers and Broadcasting Organizations [J]. Columbia-VLA Journal of Law & Arts, 1990 (15): 75.

❺ THOMPSON E. Performers and Technological Change 25 after the Rome Convention [J]. International Labour Review, 1986 (125): 578.

❻ 参见《视听表演北京条约》第 6—11 条的规定。

年，虽然录音制品产业刚刚起步，但是录音制品的销售额也超过了 500 万美元。到 1921 年录音制品产业发展至顶峰，仅在美国销售的录音制品的销售总额就超过了 4700 万美元。❶ 与之相伴的是著作权人权利的扩张与同行业竞争者的出现。1908 年，在《伯尔尼公约》的柏林会议上，大会通过了授予乐曲作者允许录制其乐曲以及控制对包含有其作品的录音制品公开表演的专有权。❷ 至此，录音制作者无法继续免费使用他人的作品进行录音制品的制作。但是，当时的法律并未对录音制作者提供保护，由此导致录音制作者的同行业竞争对手随意复制其制作的录音制品。因此，录音制作者寻求法律的保护，以便在其竞争对手使用自己的录音制品时获得一定的补偿，❸ 由此掀起了保护录音制作者的立法浪潮。

1911 年英国著作权法首先对音乐唱片进行保护。❹ 在大陆法系国家中，意大利最早对录音制作者进行保护，在其 1941 年的著作权法中将录音制作者的权利称为"与著作权相邻接权的权利"。❺ 为了保护产业利益，在美国联邦版权法尚未保护录音制品的情况下，美国各州即在普通法中以盗用财产和不正当竞争来保护录音制作者的权利，甚至颁布了专门的民事和刑事条款。❻ 在 1948 年《伯尔尼公约》布鲁塞尔会议上，大会提出了两项新的建议，一项是保护表演者的，另一项即是保护录音制作者和广播组织的。虽然上述三者没有被纳入《伯尔尼公约》的保护范围，但是大会通过一项决议，即在《伯尔尼公约》之外制定一个新的公约以保护表演者、音像制品制作者和广播组织。这个公约就是 1961 年通过的《罗马公约》。

(三) 广播电视产业的出现与广播组织的保护需求

在传统邻接权的三大主体中，广播组织的出现是最晚的，主要原因除广

---

❶ DIAMOND M, ADLER J H. Proposed Copyright Revision and Phonograph Records [J]. Air Law Review, 1940 (11): 31.

❷ DIAMOND M, ADLER J H. Proposed Copyright Revision and Phonograph Records [J]. Air Law Review, 1940 (11): 33.

❸ DIAMOND M, ADLER J H. Proposed Copyright Revision and Phonograph Records [J]. Air Law Review, 1940 (11): 35.

❹ 沈仁干，钟颖科. 著作权法概论 [M]. 沈阳: 辽宁教育出版社, 1995: 185.

❺ 李永明. 知识产权法 [M]. 杭州: 浙江大学出版社, 2000: 184.

❻ 李明德. 美国知识产权法 [M]. 北京: 法律出版社, 2003: 156.

播技术出现的较晚以外，还因为早期的广播组织往往是国家机构（在原东欧国家）或是获得特许注册的公法人（主要在西欧国家），抑或是获得政府许可证的商业组织（主要是在美洲国家）。❶ 也正因如此，广播组织被赋予了维护公共利益和执行政府监管的职能。如在英国，英国广播公司（BBC）依据皇家宪章运营；在葡萄牙，广播完全由政府掌控。❷ 基于广播组织所处的地位，在 1948 年《伯尔尼公约》布鲁塞尔修订会议上，广播组织获得了使用著作权作品的强制许可和其他的使用者权利。随着广播、电视事业的不断发展，海量的作品、录音制品及录像制品、电影等被广播组织利用，加之著作权人早在 1928 年《伯尔尼公约》罗马文本中就已享有了广播权，著作权人已不能继续容忍广播组织继续无偿使用其作品。1913 年美国成立了第一个表演权协会——作曲家、作家与出版商协会（ASCAP），其目的就在于维护作品在使用过程中所产生的利益。ASCAP 成立以后，其成员开始了对抗广播电台的诉讼，将广播电台播放节目的行为纳入自己的掌控之下。

广播组织在面对著作权人的权利主张的同时，自身的利益也正遭受侵犯。首先是来自公海的"海盗广播"。海盗广播组织所播送的新闻和流行音乐，没有向任何人支付版税，也没有获得任何人的许可。所有的广播组织都认为这种行为是不正当的且违背权利所有者意愿的行为。其次，越来越多的宾馆、饭店和其他公共场所因为让其顾客收看电视节目而增加收费。再次，有线电视网和集体共用天线用于接收电视节目。例如，美国的集体共用天线电视将电视节目传送到私人家庭，收取一定的收视费，但却否认这些节目的广播组织权。❸ 由此，广播组织认为其投入了大量时间、精力、技能和资金制作的节目被他人无偿使用是不公平的，这种无偿使用行为也导致作者和表演者的权利无法得到保护，于是广播组织主张通过立法来保护其利益。❹ 20 世纪 50 年代，代表广播组织利益的欧洲广播联盟积极参与《罗马公约》的制定，成功地在《罗马公约》中写进了自己的权利。此后，由于技术的发展，广播组织又通过努力于 1974 年缔结了《关于播送由人造卫星传播载有节目的信号的公

---

❶ 吴汉东. 西方诸国著作权制度研究［M］. 北京：中国政法大学出版社，1998：171.

❷ ASHBY A L. Legal Aspects of Radio Broadcasting［J］. Air Law Review，1930（1）：332.

❸ 吴汉东. 西方诸国著作权制度研究［M］. 北京：中国政法大学出版社，1998：172.

❹ 克洛德·马苏耶. 罗马公约与录音制品公约指南［M］. 刘波林，译. 北京：中国人民大学出版社，2002：9.

约》（简称《卫星公约》），对其传送的广播信号给予保护。随着信息技术的发展，广播组织的权利面临着日益猖獗的侵权威胁，尤其是网络广播问题，原有的邻接权已不能适应信息技术发展的需要。从 1998 年开始，为了扩大自身的权利，在广播组织的推动下，世界知识产权组织版权及相关常设委员会连续召开了 15 次会议，讨论并提出了有关广播组织权利保护的最新法律文本《世界知识产权组织保护广播组织条约（草案）》以扩大广播组织的权利。❶可以说，广播组织的权利保护一直都是在产业组织的推动下而不断扩张的。

### 三、邻接权制度功能的初始定位

#### （一）邻接权诞生的制度妥协性

邻接权制度的产生之所以说是制度上的妥协，是因为在选择对表演者、录音制作者和广播组织三者的利益保护路径时采取的是实用主义路线。邻接权制度不是体系化构建的结果，而是体系化坚持的无奈选择。新的保护需求诞生之初总是会出现阻力，这种阻力促使人们去类比已经得到认可的权利。❷对于表演者、录音制作者的保护也同样如此。在表演者、录音制作者保护需求出现之初，各国均是在已有的制度框架下探寻保护途径，但问题真正浮出水面是在商讨表演者、音像制品制作者和广播组织的国际保护制度时。

在 1948 年修订《伯尔尼公约》的布鲁塞尔会议上，与会者提出了表演者、录音制作者和广播组织的保护问题，❸但对于表演者、录音制作者和广播组织能否纳入《伯尔尼公约》产生了很大的争议。虽然与会者考虑过在《伯尔尼公约》范围内解决他们的保护问题，但结果显而易见，上述三者并没有被纳入《伯尔尼公约》加以保护，会议最终决定在《伯尔尼公约》之外制定一个新的公约来对上述三者加以保护。❹但是，在此次修订会议中提出的反对意见有助于我们了解邻接权制度何以产生。

---

❶　胡开忠. 信息技术发展与广播组织权利保护制度的重塑 [J]. 法学研究, 2007（5）：90.

❷　德利娅·德普希克. 著作权和邻接权 [M]. 联合国教科文组织, 译. 北京：中国对外翻译出版公司, 2000：272.

❸　JEHORAM H C. The Nature of Neighboring Rights of Performing Artists, Phonogram Producers and Broadcasting Organizations [J]. Columbia-VLA Journal of Law & Art, 1990-1991：75.

❹　克洛德·马苏耶. 罗马公约与录音制品公约指南 [M]. 刘波林, 译. 北京：中国人民大学出版社, 2002：5.

由于表演、音像制品和广播的性质各不相同，它们被排除《伯尔尼公约》之外的理由也各不相同。就音像制品而言，反对将其纳入公约保护范围的理由是，它是具有"工业性质"的产品，因此不构成文学或艺术创作物。就广播而言，它通常由大型公共机构制作，难以确定其"作者"。就现场表演而言，尽管确定谁是表演人一般而言没有什么问题，但有问题的是，表演或表现其他人的作品这一行为本身是否会构成作品，表演者是否可以被视为作者。❶

简单来说，上述客体被纳入《伯尔尼公约》之中存在两个困难：首先，《伯尔尼公约》所规制的作品必须具有独创性，而表演者的表演、录音制作者制作的录音制品以及广播组织制作的广播节目均是技术、资金投入的成果，不符合"独创性"要求；其次，《伯尔尼公约》所保护的作者均是自然人，除表演者外，录音制作者和广播组织均不是自然人。

对作品独创性的要求、对作者"自然人"身份的要求均是"作者权理论"的具体反映。因为建立在自然法思想基础之上的"作者权"只承认创作作品的自然人才能够成为作者，著作权法保护的是作者富有个性化特征的独创性作品。❷ 反观建立在国家对精神劳动的奖励与扶持之上的"版权法"就不存在此种障碍。版权法在建立之初一直秉持"额头出汗原则"来保护作品，直到 1991 年的"费斯特案"，❸ 美国才转而采用"独创性"标准。即便如此，《美国版权法》对"独创性"要求也是比较低的，只需要作品体现出"最低限度的创造性"即可。在将"作品"视为财产的功利主义视角下，法人成为版权人并不存在理论上的障碍。因此，邻接权制度才仅仅出现于"作者权体系"之中。

(二) 作为遮羞布的"作品传播者权理论"

作者权制度对"人格权理论"的坚持在保护作者利益方面具有巨大的优势，但是在面对因新技术带来的利益保护需求时，优势反而变成了劣势。与之截然不同的则是版权法，由于其将作品定性为"一项可以转移于他人的财

---

❶ 山姆·里基森，简·金斯伯格. 国际版权与邻接权：伯尔尼公约及公约以外的新发展（下卷）[M]. 郭寿康，刘波林，译. 北京：中国人民大学出版社，2016：1068.

❷ M. 雷炳德. 著作权法 [M]. 张恩民，译. 北京：法律出版社，2005：48.

❸ Feist Publications v. Rural Telephone Service, 499 U. S. 340 (1991)：341-344.

产"，而对作品与人格之间的关联、版权与作者之间的关联均未作要求，在面对由企业主持制作的唱片、电影、广播节目的保护时并不存在制度上的障碍。故而作者权制度在应对上述客体的保护问题时，就出现了理论上的障碍，即作为技术成果的唱片、广播节目因不具备作品的那种"人格的个性化表达"而无法纳入著作权制度之中。由此就诞生了能够将不具有人格个性化的技术成果纳入作者权制度之中的"传播者权"理论。

　　对于传统的三个邻接权主体来说，其均具有一个共同的特质，即"作品的传播者"。因此，作者权法系国家均将邻接权与著作权相联系，并将邻接权定性为作品传播者权，认为他们在作品的传播过程中贡献出了自己的努力，法律应当为他们提供保护，但是这种保护又不能与作者的保护相同。许多学者对此也进行了论述，如法国克洛德·科隆贝教授认为，邻接权保护的对象是进行传播的行为而不是创作文学艺术作品的行为，邻接权人只是文学艺术创作的辅助者。❶ 德国 M. 雷炳德教授认为，邻接权人的贡献/投入仅仅服务于某种已经存在的智力成果——作品，发现该成果或者对这些成果进行再现或者使之变为现实。正是由于这些投入在某些方面与作者的劳动投入很相似，所以德国著作权法典才把它们与作者权联系在一起。❷ 在国内，大部分学者也秉持作者权体系的观念，认为邻接权所保护的是作品传播者的利益，如吴汉东教授认为，"邻接权是为保护表演者或演奏者、录音制作者和广播组织在其公开使用作者作品、各类艺术表演或向公众播送时事、信息及在与声音或图像有关的活动方面应得的利益而给予的权利"。❸ 郑成思教授认为，"邻接权"

---

❶　克洛德·科隆贝教授认为，"就纯逻辑而言，他们的权利应当不同于作品创作者的权利，性质不同，但是又应当是相近的权利，因为他们是不可分割的合伙人。作者需要艺术家表演他们的作品，然后又需要那些使创作能广泛传播的人的行动。创作的辅助者如果没有作品的存在，必然是巧妇难为无米之炊，英雄无用武之地。"参见克洛德·科隆贝. 世界各国著作权和邻接权的基本原则：比较法研究 [M]. 高凌瀚，译. 上海：上海外语教育出版社，1995：123—125.

❷　"从性质上看，精神方面的创作行为与精神方面的投入行为存在着一些区别。在前者的情形，个人的智慧体现在表达方式上并且获得自己独立的成果类型，进而产生了一个新的精神方面的客体。与此相反，在后者的情形，个人的劳动仅仅服务于某个精神方面的财富，而自己的精神既不纳入该精神财富的结果之中，也不对该精神财富施加影响。作为精神创作成果，作品具有主体上的独创性；与此相反，精神方面的投稿仅仅在客观上是独特的，它们仅仅在客观上的特征方面与其他成果有区别，而且并不表达任何具有独创性的智慧。因此，在精神投入方面，付出这种投入的人经常是可以替换的，这种替换不对结果产生根本性影响；但是在精神方面的创作的情形，作者本人是不可以替换的。"参见 M. 雷炳德. 著作权法 [M]. 张恩民，译. 北京：法律出版社，2005：56.

❸　吴汉东. 知识产权基本问题研究 [M]. 北京：中国人民大学出版社，2009：119.

确切的提法，应当是"作品传播者权"。●

"传播者权理论"之所以会出现，源于作者权法对"人格权理论"的偏执式的坚持。在"作者权理论"中，作品被看作作者人格的表露。尽管人格权理论受到很多的抨击，其自身也确实存在着一定的不足，但在18世纪德国古典哲学与19世纪法国浪漫主义文学运动的影响下，人格权理论成为著作权合理性的基础并延伸出独特的作者权制度。尤其是在德国开展的对作为创作者人身权利的研究受到了康德哲学思想的启迪，为欧洲大陆著作权的发展，特别为精神权利的发展做出了决定性的贡献。●

由此也就决定了作者权法最大的特点就在于将作品的创作者置于保护的核心地位，对作者精神权利的保护要优先于对经济权利的保护，因为法律保护的所有权利均源于作者是对作品保密还是将其公布于众这一首要的人身性权利。● 由此，赋予作品创作者永久的、不可转让的、不可抛弃的人身权利就成了著作权法的首要任务。当然，如果人格权理论对著作权法的影响仅限于此并不值得我们如此地惊异其影响力，人格权理论的影响还延伸到了对财产权的保护上。

首先，仅承认自然人为作品著作权的原始权利人。作品创作者所享有的财产权利来源于其自身的创作行为，并且创作者的权利和赋予他的决定权越大，作者与作品的关系越会加强，因此作品不能完全脱离其人格化。反映在具体的法律制度上就是法律只承认自然人为作者，因为只有自然人才能成为人格权理论中的主体。对因雇佣关系而创作的作品的著作权归属的规定则显示出作者权体系与版权体系的差别。作者权体系将此种作品的著作权仍然赋予了作者本人，而雇主仅仅能够从作者手中获得作品的优先许可使用权，该雇主任何一种想对该作品进行利用的行为都要受到作者著作权的牵制。相反，在版权法体系下，雇主可以在劳动合同中通过合同约定或者法律规定而原始取得作品的版权，他可以根据自己的意愿把该版权全部或者部分地许可他人使用，甚至也可以把版权全部彻底地转让给他人，而无须受到创作该作品的

---

● 郑成思. 版权法（上）[M]. 北京：中国人民大学出版社，2009：56.
● 德利娅·德普希克. 著作权和邻接权 [M]. 联合国教科文组织，译. 北京：中国对外翻译出版公司，2000；20—21.
● 德利娅·德普希克. 著作权和邻接权 [M]. 联合国教科文组织，译. 北京：中国对外翻译出版公司，2000；12.

雇员的任何牵制。❶ 当然，随着经济的发展，作者权体系国家的立法早已不再坚守如此严苛的教条式规定，在特殊情况下法律也允许将原始著作权赋予法人等主体。但是，视自然人为作者的传统观念仍然是作者权体系的基本原则。

其次，作者所享有的财产权不能转让，只能以许可的方式进行利用。对于自然人所创作的作品，作者权体系并不允许作者将自己的著作权完全转让，这对于作者与比自己强势的企业进行谈判时能使其占有一定的优势地位，但作者若出让自己的著作权，法律同样也是不允许的。按照黑格尔所创建的"财产人格"理论，我们可以认为诸如知识、技能、艺术发明等精神产品，在创造者自由意志的支配下，也可以成为私人财产。在自由意志的作用下，不仅是实在物，包括非物质性的精神产品，都可以变为属于自己的东西。黑格尔强调一个人可以把身体和精神的特殊技能以及活动能力的个别产品转让给他人，也可以把这种能力通过一定时间的使用转让给他人。但是黑格尔将受让者的权利又进行了区分，一是受让者成为控制精神产品的新所有人，即可以"将其中所展示的思想和包含的技术上的发明变成自己的东西"，同时"占有了就这样表达自己和复制该物的普遍方式和方法"；二是精神产品的创造者"坚持自己仍是复制这种作品或物品的普遍方式和方法的所有人"。❷ 虽然黑格尔在论述中使用了"转让"一词，但最后一点的论述却又将先前所论述的转让的意义发生了改变。精神产品的创造者并不是转让自己的精神产品，只是允许他人使用，因为精神产品的创造者对精神产品所有人的身份是不能完全割裂开的，而作为纽带的就是精神产品创造者的自由意志，也即人格。此种规定在市场交易中造成了极大的麻烦，如根据德国著作权法的规定，电影作品的著作权或归导演或者归包括导演在内的全体电影作者所有，因此制片人在许可他人之前，必须先取得全部作者的许可——而不是权利的转让。在这个过程中如若出现某种纠纷而发生权利不确定的情况，会导致许多交易安全问题。但是此原则在作者权体系国家仍被坚守着。❸

---

❶　M.雷炳德. 著作权法［M］. 张恩民，译. 北京：法律出版社，2005：3.

❷　吴汉东. 法哲学家对知识产权法的哲学解读［J］. 法商研究，2003（5）：81.

❸　如《德国著作权法》第29条规定，"著作权可因执行遗嘱转让或者在遗产分割中向共同继承人转让，除此之外不得转让。"参见十二国著作权法翻译组. 十二国著作权法［M］. 北京：清华大学出版社，2011：153.

在面对因科技推动而需要保护的新对象时，"人格权理论"仍被坚持下来，在为表演者争取作者身份而不得后，就将表演者定性为"作品传播者"。如此一来，表演者就与作者有了联系：一个是作品的创作者，另一个是作品的传播者。那么在其享有的权利上，邻接权的设置也是类比著作权，此种类比既可以借鉴著作权制度来构建邻接权制度，也可以让邻接权人继续留在著作权法内。此外，此种认定也与"作者权理论"所坚持的"保护作者的智力成果"有了一致性，因为它可以让著作权法避开对投资者的保护，继续坚守在"作者权理论"框架之中。由此可见，"作品传播者权"只是作者权理论的一块"遮羞布"，可以让其在满足新利益保护需求时维持"理论的纯洁性"，避免被"投资者"所玷污。

如果说在《罗马公约》构建的邻接权制度体系下，邻接权可以被定性为"传播者权"，而在保护对象不断扩充下，"传播者权"的定性已经难以正确地描述邻接权制度的功能，如《德国著作权法》规定的照片，《意大利著作权法》规定的"舞台布景设计、摄影作品、书信和肖像、工程设计图"已不再是作品传播者的劳动成果，这些劳动成果之所以被规定在邻接权制度之中，是因为它们缺乏发挥的空间，不能获得著作权法的保护。❶ 由此导致邻接权制度体系化基础的崩塌。

(三) "作品传播者权"误导下的"等级理论"

事实上，"传播者权理论"看似是承认了对邻接权人的保护，但这不过是作者权法的理论基础——自然权利理论的再一次运用，因为其始终未承认邻接权人的独立性地位，只是将其看作作者的附属，其地位永远低于作品的创作者，许多作者权法系国家的著作权法中就明文规定了对邻接权的保护不得损害或影响著作权。❷ 这一观念也直接被写入《罗马公约》之中，该公约第一条即明确规定"对邻接权的保护绝不能触动和影响对文学和艺术作品的著作权的保护"。

在《罗马公约》的缔结过程中，代表作者利益的相关协会表示对邻接权

---

❶ M. 雷炳德. 著作权法 [M]. 张恩民，译. 北京：法律出版社，2005：528.

❷ 如《法国知识产权法典》（法律部分）第 L.211-1 条规定，"邻接权不得损害著作权。因此，本编任何规定均不得解释为限制著作权所有人行使其权利"。《日本著作权法》第 90 条规定，"本章（即第四章著作邻接权）的规定，不得做影响作者权利的解释"。

保护的某些疑虑，这些疑虑主要体现在三个方面：一是有些国家并没有制定著作权法，在加入《罗马公约》后可能会出现只保护邻接权人而不保护作者的情形；二是使用者需要获取多个许可才能使用作品，包括获取作者与邻接权人的许可，当作者许可而邻接权人拒绝时，可能剥夺作者获取许可费的权利；三是如果使用者必须对同一个表演支付两个使用费，即一个给作者，另一个给邻接权人，那么使用者就会向作者支付一份较少的使用费，这就是所谓的"蛋糕理论"。❶

为解决上述顾虑，《罗马公约》在制定时做出了一系的规定：首先，《罗马公约》规定只有《伯尔尼公约》或《世界版权公约》的成员国才有资格加入该公约，从而保证了不会发现只保护邻接权不保护著作权的情形。其次，《罗马公约》制定了对著作权本身的保障条款，即公约第一条，它规定："本公约给予的保护绝对不触动和影响对文学和艺术作品的著作权的保护。因此，对本公约条款的解释不得妨害这种保护。"虽然有学者对此规定进行了解释，认为"这一条仅限于保障著作权。它并没有规定邻接权在内容上和范围上不得超出作者享有的权利，以此宣布著作权的优势地位"。❷然而，在著作权和邻接权的地位高低不确定的情况下，我们只能肯定著作权凌驾于邻接权之上，❸由此确立了邻接权与著作权之间的"等级理论"。❹最后，《罗马公约》并未赋予表演者专有性的权利，而采用了"可以制止"（the possibility of preventing）这一措辞，在对录音制作者与广播组织授权时则规定"有权授权和禁止"（the right to authorize or prohibit）。之所以有上述不同的表述，是为了避免"赋予表演者专有性的权利"，❺因为赋予表演者专有权引起了作者、录

---

❶　该理论认为同一个作品表演权的使用费只有一个蛋糕，如果邻接权人拿走一块，作者的那一块就会变小。参见 PORTER V. Beyond the Berne Convention：Copyright，Broadcasting and the Single European Market [M]. London：John Libbey & Company Ltd，1991：17.

❷　克洛德·马苏耶. 罗马公约与录音制品公约指南 [M]. 刘波林，译. 北京：中国人民大学出版社，2002：12.

❸　克洛德·科隆贝. 世界各国著作权和邻接权的基本原则：比较法研究 [M]. 高凌瀚，译. 上海：上海外语教育出版社，1995：188.

❹　德利娅·德普希克. 著作权和邻接权 [M]. 联合国教科文组织，译. 北京：中国对外翻译出版公司，2000：650.

❺　克洛德·科隆贝. 世界各国著作权和邻接权的基本原则：比较法研究 [M]. 高凌瀚，译. 上海：上海外语教育出版社，1995：181.

音制作者和广播组织的担忧。●《罗马公约》的上述做法无疑承认了邻接权与著作权之间的等级关系，从而使得邻接权一直处于著作权的阴影之下。

《罗马公约》的上述做法在各成员国的立法及后期所制定的国际公约得到继续。在各国立法方面，法国专门对邻接权与著作权的关系做了明确的规定，《法国知识产权法典》第 L211-1 条规定，"邻接权不得损害著作权。因此，本编任何规定均不得解释为限制著作权所有人行使其权利"。《日本著作权法》也有相似的规定，该法第九十条规定，"本章（即第四章著作邻接权，笔者注）的规定，不得做影响作者权利的解释"。在国际公约方面，《罗马公约》所确立的著作权与邻接权的等级模式，成为以后邻接权条约遵从的模式，这些条约包括：《日内瓦录音制品公约》《布鲁塞尔公约》、WPPT 以及 TRIPS 协定。以 WPPT 为例，条约第一条之二的规定措辞与《罗马公约》第一条的规定完全一样，论者也将其称为著作权的保障条款。●

虽然在后续的邻接权制度发展进程中，邻接权的内容得到了极大的扩充，但"等级理论"已扎根其中。仍以表演者权为例，《罗马公约》赋予表演者制止未经其同意而播放（通过广播或电视）或公开传播其表演的可能性，制止未经其同意录制其表演、复制其表演的录制品的可能性。但对于表演的二次使用行为，公约并未赋予其专有性的广播权，而是代之以"合理报酬权"●。在WPPT 中，表演者享有的权利在《罗马公约》的基础上又增加了发行权、出租权、提供已录制表演的权利。● 而在最新通过的《视听表演北京条约》中，表演者被赋予了更加广泛的权利，包括现场直播的权利、录制权、复制权、发行权、出租权、提供已录制表演的权利、广播权。● 但是，该条约同时也规定，缔约方可以对公约所设置的"广播和向公众传播的权利"进行限制，甚至声明对其予以保留。● 由此可见，国际社会虽然已经意识到应当为邻接权人提供全面的保护，却仍存犹豫。此种犹豫即为"等级理论"的恶果。

---

● 克洛德·马苏耶. 罗马公约与录音制品公约指南［M］. 刘波林，译. 北京：中国人民大学出版社，2002：27.

● 约格·莱因伯特，希尔克·冯·莱温斯基. WIPO 因特网条约评注［M］. 万勇，相靖，译. 北京：中国人民大学出版社，2008：308.

● 参见《罗马公约》第 7 条、第 12 条。

● 参见 WPPT 第 6—10 条的规定。

● 参见《视听表演北京条约》第 6—11 条的规定。

● 参见《视听表演北京条约》第 11 条第三款的规定。

# ‖ 第二章 ‖

# 产业视域下的邻接权制度功能新定位

"传播者权"的定性是作者权法偏执地坚持"人格权理论"的结果，由此也引生出了错误的"等级理论"，造成邻接权人权利配置的不足和制度体系的混乱。事实上，邻接权制度的诞生是表演者、唱片公司、广播电台、电视台等投资者争取利益保护的结果。邻接权制度的体系化构建应当在剥离"传播者权"这一遮羞布的前提下，破除邻接权与著作权之间的等级理论，才能正视其对文化产业主体投资利益的保护功能。

## 一、投资者推动下的著作权制度的异化

### （一）投资者推动下的著作权制度的产生

保护作品的制度在现代著作权法诞生之前就已经存在。据人种史学者的考证，智力作品的所有权在印刷术发明以前几百年就得到不同方式的承认。如公元 1 世纪时的古罗马著名讽刺诗人马歇尔将自己的诗歌比喻成解放了的奴隶，把抄袭自己作品的人称为骗子。6 世纪时的芬尼安向国王起诉科伦巴对自己作品的抄袭，并确定了"牛犊归母牛"的保护原则。❶ 但此种对作品的保护属于特定作品创作者的利益诉求，并未成为稳定的作品保护制度。直至 15 世纪中叶，活字印刷术在欧洲广泛流传，与作品使用相关的特许出版权制

---

❶ 吴汉东. 著作权合理使用制度研究 ［M］. 北京：中国政法大学出版社，1996：1—2.

度才构建起来。由于印刷术的使用，作品的印刷成本得以降低，印刷图书成为有利可图的产业。但随之而来的是图书出版商对图书印刷的失控，只要拥有印刷设备，就可以印刷各种图书。为了垄断某些图书的印刷和销售市场，印刷出版商寻求王室和官府的保护，加之王室也需要控制图书的出版来监视社会的言论，由王室给予许可证的特许出版制度由此诞生。

当然，特许出版权制度并不是作品保护制度，也不是作者保护制度，而是印刷出版商寻求垄断利益的产物。但与之前对作品的零星保护事例相比，特许出版权制度终究是一个较为稳定的制度。即便印刷出版商通过该制度获取了大量的垄断利润，但不可否认的是他们对于图书的出版、传播仍是有正面助力的，为社会公众获取作品提供了极大的便利。因此，特许出版权制度的出现与印刷出版商这一产业主体的推动息息相关，而且这种关系还将延续到现代著作权法律制度之中。

特许出版权诞生三百多年后，在英国爆发了资产阶级革命，资产阶级又进一步推动了第一次工业革命。这不仅是一次技术改革，更是一场深刻的社会变革，推动了经济领域、政治领域、思想领域、世界市场等诸多方面的变革。[1] 其中，依赖于特许出版权所形成的图书出版行业同样也面临着冲击。在资产阶级革命打破封建统治后，印刷出版商对图书出版的垄断丧失了垄断力，他们亟须通过合理合法的方式维持其垄断地位。于是印刷出版商借助当时人文主义思潮中的各种学说来解释其垄断的合法性。1694 年，英国国会拒绝修订许可法案，使王室丧失了对言论自由的控制。与此同时，印刷工会也丧失了垄断图书出版的特许权，仅剩下向盗版商要求损害赔偿的民事权利。[2] 于是，印刷出版商开始改变策略，不再追求自身的垄断特权，而是借助"劳动财产权学说"极力为作者争取权利。经过多年的游说，英国政府于 1709 年颁布了《安娜女王法》，成为世界上第一个保护作者权利的现代著作权法。但是，与其说该法案保护的是作者权利，不如说是延续出版商垄断利益的产物。[3]

而在欧洲大陆的法国，借由当时的人文主义思潮，以法国为代表的欧洲

---

❶ 人民教育出版社历史室. 世界近代现代史 [M]. 北京：人民教育出版社，2000：69.

❷ GOLDSTEIN P. Copyright's Highway：From Gutenberg to the Celestial Jukebox [EB/OL]. [2020-10-12]. https://trove.nla.gov.au/work/23008936.

❸ 熊琦. 著作权激励机制的法律构造 [M]. 北京：中国人民大学出版社，2011：89.

大陆国家构建了以"人格权理论"为基础的作者权法，将著作权的保护与言论自由链接在一起。❶ 但此种链接背后仍然是出版商的推动，因为承认作者权利的过程源于巴黎享有特权的印刷商、书商与各地的书商，前者强调延续特权直至期满的好处，而后者享受的特权不多或没有特权，他们以总体利益为由反对延续这种特权。巴黎的书商们对此提出的辩解理由是，"他们的权利不仅以皇家特权为基础，而且以得到作者的原稿为依据。他们主张作品属于作者，是作者将作品的所有权及其所有属性（主要属性为永久性）全部转让给书商"。❷ 因此，将著作权制度的正当性建立在保护作者自由意志的表达上只不过是为了更好地掩饰以书商为代表的投资者的利益。❸ 此后，作者权法的发展变化也佐证了投资者在制度构建中的核心作用。如根据德国著作权法的规定，著作权不可转让，但作者的权利继受人享有本法赋予作者的各项权利。❹ 但是，仅关注作者精神权利的保护是不够的，因为作品一旦公开，作者便无法控制他人对其作品的任何形式的利用。立法者在为作者设定权利的时候，就必须从法律上确保作者有能力决定是否允许他人使用或者允许他人如何使用自己的作品，确保作者有能力分享由于作品的使用而实现的经济上的收益。❺ 因此，作者权法在将精神权利置于保护中心的同时，也规定了大量的财产性的权利。只不过，权利仅能由作者享有的制度设计在面对作品的实际使用时暴露出该制度的种种缺陷。如根据德国著作权法的规定，电影作品的著作权或者归导演或者归包括导演在内的全体电影作者所有，因此制片人在许可他人之前，必须先取得全部作者的许可——而不是权利的转让。在这个过程中若出现某种纠纷而发行权利不确定的情况，会导致许多交易安全问题。为此，德国著作权法设计了详尽而又复杂的著作权的流转规则和许可使用合同。针对电影作品，德国著作权法虽然将权利赋予导演或包括导演在内的全体电影作者所有，但是也同时施加给上述权利人一项义务，即有义务授予电影制片人以各种方式利用电影作品及其译本和其他电影性质的改作或者改动

---

❶ 根据 1789 年法国《人权宣言》，"自由交流思想和意见是最珍贵的人权之一，因此所有公民除在法律规定的情况下对滥用自由应负责外，都可以自由发表言论、写作和出版"。

❷ 德利娅·德普希克. 著作权和邻接权 [M]. 联合国教科文组织，译. 北京：中国对外翻译出版公司，2000：17—18.

❸ 熊琦. 著作权激励机制的法律构造 [M]. 北京：中国人民大学出版社，2011：90.

❹ 参见《德国著作权法与邻接权法》第 29—30 条。

❺ M. 雷炳德. 著作权法 [M]. 张恩民，译. 北京：法律出版社，2005：导读，12.

的独占权利。❶ 因此，即便在极端重视作者精神权利保护的作者权法之中，投资者利益的保护也仍然备受重视。

（二）投资者推动下的著作权制度的变革

现代著作权法产生之后，继续在科技、经济的推动下不断发展。但是由于制度设计的理论基础不同，导致作者权制度与版权制度在应对科技、经济的发展时呈现出了不同的景象。建立在国家对精神劳动进行奖励与扶持思想之上的版权体系将著作权赋予了经济上的风险承担者以及雇主享有，因此面对新作品类型以及新型权利的扩张时，版权体系可以应对自如，如录音录像制品、数据库、计算机软件等的著作权可以顺利地赋予投资人。而囿于对人身权利的坚持，作者权体系在对上述客体提供保护时却遇到了困难。

首先，只承认自然人为作者的观念限制了著作权主体的扩张。在现代著作权制度产生之初，推动著作权立法的就是图书出版商对利益的追逐。英国《安娜女王法》通过后，出版商丧失了其以往所拥有的王室特许权，该法案授予"复制件"（或者手稿）的作者和所有权人以印刷和重印其作品复制件的权利，但该权利却是有限的，即如果该图书是新的，为 14 年；如果在该期限结束时，作者尚生存于世的，则再加 14 年；而旧图书的时间则是 20 年。❷ 于是，为了维持其所享有的权利，出版商试图运用洛克的劳动理论来论证永久著作权的正当性。人们引用洛克的"占有性个人主义"（possessive individualism）来解释文学财产的正当性，即"每人对他自己的人身享有一种所有权，除他自己，任何人对此没有任何权利。他的身体所从事的劳动和他的双手所进行的工作，我们可以说，是正当地属于他的"。❸ 至此，"自然权利理论"成为著作权正当性的基础，并在法国、德国不断地发展并最终形成了作者权体系。但是，投资者的保护需求并不因为"自然权利理论"的引用而退出利益的争夺，相反随着著作权产业的发展，投资者的利益需求更加迫切，他们不断地将作者所拥有的权利纳入自己的控制之下，以至于通过立法将自己也

---

❶ 参见《德国著作权法与邻接权法》第 89 条。

❷ 布拉德·谢尔曼，莱昂内尔·本特利. 现代知识产权法的演进 [M]. 金海军，译. 北京：北京大学出版社，2006：12.

❸ 布拉德·谢尔曼，莱昂内尔·本特利. 现代知识产权法的演进 [M]. 金海军，译. 北京：北京大学出版社，2006：23—27.

包装成为作者，此点在版权体系中尤为明显。随着科学技术的发展，新型作品（制品）不断涌现，作品（制品）创作的分工也更加细致，一些新型作品（制品）往往需要在多名创作者之间分工才能完成，如录音制品、电影作品、电视节目以及后来出现的数据库、计算机软件等，无不需要多人的合作与大量的资金投入，这些都不是单个自然人所能够承受和完成的。对于此种情况，以"激励理论"为基础的版权体系很自然地将著作权赋予上述作品（制品）的投资者，并不存在理论上的困境。但对于坚持自然权利理论的作者权体系来说，无论如何是无法将投资者认定为作者的，因为投资者往往是法人团体，他们并不具有自然人所享有的人格，不具有自己的意识，也就不能完成具有人格表达功能的作品的创作。由此，作者权体系面对投资者的保护需求遇到了理论上的困境。当然，目前作者权体系国家的著作权法已对该原则有了一定的突破，如将计算机软件的著作权归属给法人，但是这对于投资者的保护仍然是不够充分的。

其次，严格遵循权利不得转让原则给作品的市场流转造成了很大的障碍。随着著作权产业的发展，作品的利用方式增多，利用频率加快，而著作权产业发展也需要更加便利的权利流转方式。然而，作者权体系却不允许作者将其自己的著作权完全转让，只允许作者对自己所享有的著作权进行许可。虽然这对于保护作者自身的利益有一定的帮助，在作者面对强势的投资者时可以维护自己的利益，但这对于著作权产业的发展来讲，无疑增加了许多不必要的交易成本。反观版权体系国家的制度设计，即便作品的创作者是自然人，由于不存在人身权利的保护问题，版权人可以自由地出让其所享有的权利以实现其经济价值。甚至直接将版权赋予投资者享有。而投资者或版权的受让人则可以在毫无后顾之忧的情况下对作品进行开发利用，也正因如此，才造就了版权体系国家欣欣向荣的版权产业。

但是，将投资者视为创作者却忽视了在著作权产业环境下作者的弱势地位，尤其是在与投资者的交易中，这也是作者权体系之所以一直坚持著作权不可转让的原因之一。2002 年德国通过的《提高作者缔约地位法案》便是为了作者在与投资者签订著作权合同时其权利得到更全面的保障。❶ 而对作者的

---

❶　NORDEMANN W. A Revolution of Copyright in Germany [J]. Journal of the Copyright Society of the U. S. A, 2002 (49)：1042-1043.

弱势地位，版权法系的学者也同样表示过担心，在美国 1976 年完善雇佣作品条款时，创作者一方再次提出，创作者较之投资者而言处于弱势地位，投资者获得初始权利将使个体创作者处于不利的地位。● 因此，在对作者的保护方面，作者权体系具有天然的优势，但是对于投资者的保护，却不如版权体系那么充分。面对不断出现的新的作品类型，面对不断发展的著作权产业，对投资者的保护又势在必行。在此种背景下，邻接权制度的出现无疑解决了作者权体系面临的困境。

### (三) 投资者在著作权法中的正确定位

对于著作权领域中的投资者的保护，作者权体系与版权体系存在不同的路径，即作者权体系将之视为邻接权人或特殊权利人（如欧盟对于数据库制作者的保护则采取了此种进路），而版权体系则将之视为作者，但是版权法系的此种制度安排也存在一定的弊端。

由于大部分的投资者是以法人的身份存在，因而对投资者的保护的讨论往往会以对法人的保护的视角来进行。将"投资者视为作者"的典型规定是《美国版权法》第 201 (b) 条，该条规定对于受雇完成的作品，除非双方有相反的书面约定，否则视雇主为作者，享有作品的所有版权。同时，雇主和雇员虽然可以约定由雇员享有作品的版权，但雇主仍然是作品的作者。❷ 美国版权法的此种规定与版权体系所依据的"激励理论"是相一致的，因为将权利配置给投资者并将其视为著作权人，才能极大地降低作品创作分工中的交易成本，符合提高信息资源利用效率的立法原则，是实现著作权激励机制的有效途径。❸ 然而，仅仅从激励机制的角度来探讨著作权的归属却忽略了一个重要的问题，即一件作品之所以能够成为作品，其应具备哪些条件。对于这一问题，奉行功利主义的版权体系也承认作品应当具有独创性。在"Feist案"中，美国最高法院明白无误地指出，版权法意义上的作品是指由作者独创的，而"独创性"的意思则是作者系独立创作和体现了最低限度的创造

---

● See Copyright Law Revision: Discussion and Comments on 1964 Revision Bill (comment by Irwin Karp), 89th Cong, 1st Sess., 1965: 148.

❷ 王迁. 知识产权法教程 [M]. 北京: 中国人民大学出版社, 2016: 162.

❸ 熊琦. 著作权法中投资者视为作者的制度安排 [J]. 法学, 2010 (9): 87.

性。❶ 然而，独创性是指作品中是否含有作者的"判断"的问题。而这种"判断"只有具有思维能力的自然人才能投入。❷ 而对于投资者在作品创作过程中所付出的资金、技术乃至于组织管理工作，是无论如何也不能认定其为作品独创性的来源。对于此种规定，唯一可行的解释则是版权体系为了降低交易成本，提高作品利用效率而做出的制度设计。然而，是否只有此种选择才能实现上述目的，答案显然是否定的。

相较于版权体系的做法，作者体系并不承认投资者的作者地位，但这并不妨碍其获得作品的各项利用权。作者权体系构建了邻接权制度来保护传播作品的投资者，对于其认为不是传播者的投资者则给予特殊保护。如在法国著作权法中，单独设立一编给予数据库投资者特殊权利的保护。而在德国著作权法中，则将数据库制作者权视为邻接权的一种。因此，即便作者权体系不承认投资者的作者身份，但也实现了对其的保护。对于权利的流转问题，作者权体系虽然将著作权授予自然人创作者，但却对其权利的行使给予了一定的限制，以便利投资者对其产品的传播与使用，如在德国著作权法中，为了将一些必要的权利集中在电影制作人手中，法律规定电影制作人可以通过合同约定的途径从那些被认定为作者（包括制作电影所使用的作品以及电影作品本身的作者）的人那里取得授权。在合同约定不明的情况下，法律规定那些在电影制作方面有义务参与的人（对于那些在电影作品上取得了著作权的人）必须将自己在电影作品上的使用权、翻译权以及其他以电影形式利用的改编权等排他性权利授予电影制作人，他可以以法律明文规定的所有的使用方式对上述权利进行使用。❸ 而此种规定在法国、意大利等国的著作权法中也有所体现，如《法国著作权法》第 L. 132-24 条规定，在无相反的约定的情况下，制作者同配词或未配词的作曲者之外的视听作品作者签订合同，即导致视听作品独占使用权转让给制作者；同时，第 L. 132-26 条又规定，作者保证制作者不受干扰地行使受让的权利。《意大利著作权法》规定电影作品的作者是原著作者、编剧者、作曲者和艺术导演（第 44 条），但同时又规定，电影作品的经济使用权归组织电影作品制作的人行使（第 45 条）。从前述国家

---

❶ See Feist Publications v. Rural Telephone Service, 499 U. S. 340 at 341-344 (1991).

❷ 郑成思. 版权法（上）[M]. 北京：中国人民大学出版社，2009：41.

❸ M. 雷炳德. 著作权法 [M]. 张恩民，译. 北京：法律出版社，2005：201—203.

的著作权法的规定来看，即便不承认投资者的作者身份，但法律所作的推定也保证了投资者在利用作品时的便利，也并未因权利行使的成本过高而导致投资者在作品的使用过程中出现太多的纠纷。

从上述分析可以看出，对投资者做出何种安排是制度选择的结果，并不存在阻碍作品的创作与传播的问题。但是从整个著作权法所能实现的功能来看，作者权体系的此种制度安排无疑具有很大的优势。

首先，不将投资者视为作者，可以维护作品"独创性"要件的一贯性。由于独创性要件中所包含的"个性"或"判断"只能由自然人做出，如若承认投资者的作者身份，则无疑又需要重新对其进行解释，而解释的结果就会又回到被版权体系所抛弃的"额头出汗原则"上来。同时，不承认投资者的作者身份，也就不存在授予投资者"精神权利"的问题。由于绝大多数的投资者均是以法人的形式存在，而法人往往并不能像自然人一样享有人身权利。然而，将投资者视为邻接权人或特殊权利人，则因只需保护其经济权利而不必牵强附会地为其寻找正当性的依据。

其次，单独设立邻接权制度以及类似制度既保证了对作者精神权利的保护，又实现了对投资者所追求的经济利益的保护，不会使著作权制度的体系过于混乱，也不至于因投资者为了维护其利益而扰乱现有的法律体系。因为从现代著作权法产生至今，投资者往往是利益平衡的突破者，出于对效益最大化的追求，投资者一直不遗余力地将著作权纳入自己的控制范围内。❶ 而作者权体系的此种安排就为投资者设置了一个不可突破的屏障，从而避免作者的权益遭到侵蚀。

最后，单独设立邻接权制度以及类似制度可以直接对其经济权利进行保护，而不必寻求自然权利理论的支持。作为著作权产业的中坚力量，投资者所追求的是利润的最大化，而在这种追逐过程中，其以市场需求为导向进行作品创作与传播的投资，都是为了能够最大限度地传播、使用作品，以获取经济利益，因此赋予其财产权利便足以满足其利益的需求。至于作者所享有的精神权利，投资者早已通过商号权、商标权等形式获得了保护，因此再无必要考虑其"精神权利"的保护问题。

---

❶ LESSIG L. Free Culture: How Big Media Uses Technology and the Law to Lock Down Culture and Control Creativity [M]. New York: Penguin Press, 2004: 173.

当然，作者权体系对投资者的制度安排也存在一定的问题，由于一直以来对邻接权制度理论研究的缺失，仅仅将之视为保护传播者的制度，并未深入追究传播者的真实身份，从而导致邻接权制度的发展止步不前。因此，有必要在继承作者权体系优势的基础上，对邻接权制度进行深入研究。

## 二、投资者推动下的邻接权制度混乱

### (一) 投资者推动下的邻接权扩张

邻接权制度诞生的历史偶然性和制度妥协性导致其在诞生初始就一直被不公平地对待。"作品传播者权"的理想化外衣导致邻接权制度拓展的困难，而著作权与邻接权之间的"等级理论"更是导致了邻接权人利益保护的不足。有学者就认为，由于邻接权客体的创造性程度低于作品，其享受的法律保护水平相应地也较低。因此邻接权人享有的权利范围要少于狭义著作权人，其受法律保护的时间也短于著作权。❶ 例如，为了防止表演者的保护影响到著作权人的权利实现，在《罗马公约》中并未赋予表演者任何专有性的权利，保护的期限也仅有 20 年。虽然这种情况到了 WPPT 中有了很大的改观，但是邻接权人的权利限制却明显大于著作权人。从 1998 年开始，世界知识产权组织版权及相关权常设委员会（SCCR）讨论并提出的有关广播组织权利保护的最新法律文本《世界知识产权组织保护广播组织条约（草案）》，但该草案至今仍未通过。而在最新通过的《视听表演北京条约》中，表演者被赋予了更加广泛的权利，包括现场直播的权利、录制权、复制权、发行权、出租权、提供已录制表演的权利、广播权。❷ 但是，该条约同时也规定，缔约方可以对公约所设置的"广播和向公众传播的权利"进行限制，甚至声明对其予以保留。❸

邻接权人的扩权行动一直在进行，既有成功之处，也有裹足不前之地。但是邻接权制度的扩张的无序化和过度功利化导致邻接权制度体系的混乱。之所以会如此，源于邻接权制度诞生的特殊情形。一般情况下，制度的诞生与成熟都是基于特定的社会需求而逐步形成的。如在著作权法历史上，摄影

---

❶ 王迁. 知识产权法教程 [M]. 北京：中国人民大学出版社，2016：187.

❷ 参见《视听表演北京条约》第 6—11 条的规定。

❸ 参见《视听表演北京条约》第 11 条第三款的规定。

作品从产生到纳入著作权法的保护经历了一个多世纪的争论，争论的结果却是具有某种独创性要素的摄影作品被承认为作品。[1] 而对于不具有独创性的那些不属于艺术性的摄影，特别是那些在企业中如应付公事般制作出来的照片以及那些平庸的业余爱好者们所摄制的照片仍未给予著作权保护，而是放在了邻接权之中给予保护。[2] 但是，邻接权制度中表演者、录音制作者和广播组织的扩权却是在几十年之内完成了，如表演者所享有的权利从《罗马公约》（1961 年）中所确定的非专有性的权利，到 WPPT（1996 年）中所确定的专有性权利，直至《视听表演北京条约》（2012 年）的规定，只经历了 51 年的时间。而录音制作者的权利也从《罗马公约》到 WPPT 有了很大的改变，对于广播组织来讲更是在不断的努力之中。事实上，《罗马公约》制定过程中存在的担心一直未曾消除，面对表演者、录音制作者和广播组织的扩张，著作权人一直心存疑虑，一方面担心表演者、录音制作者和广播组织若享有过多专有权利，会对其自身的利益产生影响，降低他们自己的收入；另一方面担心会因作品上享有权利的主体过多而不利于作品的传播和使用。事实上，这也正是邻接权国际保护公约制定过程中主要考虑的问题。

此外，邻接权制度的成形源于国际规则对国内法的推动，而不是由国内制度向国际规则的演化。与之形成对比的国际版权制度的构建。在 1886 年制定《伯尔尼公约》时，对作品的保护制度已经建立了上百年的时间，即便存在版权法和作者权法的区别，但也已经形成了成熟的制度规则和丰富的实践经验。因此在保护作品的共识之下，为了阻止国际盗版，构建作品保护的国际制度成为 19 世纪国际版权关系逐步发展的主要原因。[3] 反观邻接权制度，在 1948 年提议制定邻接权公约时，对于如何保护表演者、录音制作者和广播组织，不同国家仍未能形成成熟的制度经验，在保护方式、保护手段和保护水平上各有不同。而在 1948 年《伯尔尼公约》修订时，面对无法在公约内部解决的表演者、录音制作者和广播组织的保护问题，大会决定在《伯尔尼公约》之外制定一个新的公约来解决上述问题，于是在会议决议中将上述三者应当享有的权利称为 "rights neighboring to copyright"，但这也只是一个临时用

---

❶ 吴汉东. 西方诸国著作权制度研究 [M]. 北京：中国政法大学出版社，1998：147.
❷ M. 雷炳德. 著作权法 [M]. 张恩民，译. 北京：法律出版社，2005：528.
❸ 山姆·里基森，简·金斯伯格. 国际版权与邻接权：伯尔尼公约及公约以外的新发展（上卷）[M]. 郭寿康，刘波林，译. 北京：中国人民大学出版社，2016：19.

语，该用语甚至都没有出现在决议的正式文本中。而后在世界知识产权局（BIRPI）、联合国教科文组织（UNESCO）、国际劳工组织（ILO）三个国际组织主持之下，国际社会围绕保护表演者、录音制作者和广播组织的问题制定了多个公约草案，并最终在 1961 年通过了《罗马公约》。❶《罗马公约》通过后对保护世界各国的邻接权制度起到了极大的推动作用。如德国在 1965 年根据《罗马公约》修订了著作权法，确定了表演者、录音制作者和广播组织等邻接权和作者权的区分。法国直到 1985 年才通过《关于作者权和表演者、音像制品制作者、视听传播企业的权利的法律》，在 1992 年编纂《法国知识产权法典》时才将邻接权纳入其著作权保护制度之中。日本在 1970 年之前的著作权法仍然将表演、录音制品作为作品进行保护，在修法后才将表演者、录音制作者和广播组织规定为邻接权。上述国家的立法、修法更多的是对国际公约规定的承继，对邻接权制度本身并无更多的理论研究和论证。正因如此，直至今日，"邻接权"一词的内容始终含糊不清，只因约定俗成的关系，它才为人们所接受。❷

虽然就目前的情况来看，邻接权制度正在快速发展壮大，但由于理论关注的缺乏，导致表演者、录音制作者和广播组织等传统邻接权主体以及新生的邻接权主体享有的权利随着利益需求而扩张，并未形成体系化，一旦出现新的利益需求，如近来在对于体育赛事直播、游戏画面、人工智能产出物的保护问题的探讨中，邻接权制度又再次成为任人拿捏的工具性存在。如对于体育赛事直播画面的保护，有学者认为不应通过降低连续画面的独创性要求而将其纳入作品之中，应当通过完善广播组织的规定来对其进行保护。❸ 对人工智能产出物的保护，人工智能程序的操作者对生成内容的贡献度以及对内容生成与传播的控制力，与广播组织对广播节目、录音录像制作者对录音录像制品的贡献度和控制力是相类似的。❹ 即便在保护新客体时都选择了邻接权制度，但立论基础也各有不同。对体育赛事直播画面的保护，是通过独创性

❶ 山姆·里基森，简·金斯伯格. 国际版权与邻接权：伯尔尼公约及公约以外的新发展（下卷）[M]. 郭寿康，刘波林，译. 北京：中国人民大学出版社，2016：1072—1073.
❷ M. 雷炳德. 著作权法 [M]. 张恩民，译. 北京：法律出版社，2005：271.
❸ 王迁. 论体育赛事现场直播画面的著作权保护：兼评"凤凰网赛事转播案" [J]. 法律科学，2016（1）：182—191.
❹ 陶乾. 论著作权法对人工智能生成成果的保护：作为邻接权的数据处理者权之证立 [J]. 法学，2018（4）：3—15.

的高低来判定其应归于邻接权制度之中，而对人工智能产出物，则是通过与广播组织的类比来获取邻接权保护的正当性。邻接权制度俨然成了一个大箩筐，著作权制度无法接纳的新客体就被直接置于其中，并通过改造邻接权制度的功能以获取被该制度接纳的正当性。因此，只有通过邻接权制度体系化的研究，才能既可以合理地扩张邻接权制度的内容，又可以有效地应对新的利益需求对邻接权制度产生的冲击。

（二）"作品传播者权"理论的崩塌

将邻接权视为"传播者权"的局限性在前文中已有部分论述。但是，就邻接权制度体系的构建来讲，其局限性主要体现在以下几个方面：

首先，传播者权理论使得邻接权制度陷入以主体的类型化来构建邻接权制度的路径上。传统的邻接权制度是以表演者、录音制作者和广播组织三大主体为主体的制度架构，从而使传统邻接权无法形成统一的制度体系，而是各自为战，导致不同的邻接权人在享有的权利内容方面存在很大的不同。同时这也导致忽略了权利客体在制度构建过程中的重要性，围绕每一类主体来设定权利，将利益协调作为权利配置的首要考量因素，从而导致邻接权人无法享有应当享有的权利，也使得邻接权制度的正当性一直备受怀疑。

其次，传播者的概念在科学的推动下早已发生了改变。作品的传播也不再仅仅是对作品影像、声音形式的传播，新技术的出现使作品也可以文字、图片等多媒体的形式进行传播，传播方式也不局限于单向的广播，也出现了互动式的网络传播。即便以传播者权理论作为构建邻接权制度体系的基础，也有许多新的主体需要被纳入进来。因此，"传播者权"的理论认识已不能适应于当今科技、经济以及制度的发展。

最后，传播者权理论并未真正认识到传播者的真实身份，而是作者权体系对"自然权利理论"喜好的一种映射。以保护作者为重心的作者权体系一直以"人格权利理论"来论证著作权制度的正当性、合理性。虽然此种观点并未有什么错误，但是作者权体系在坚持这种制度理论时将其过于极端化，造成在著作权领域保护的就应该只有作者，不能有投资者这种追逐利益的主体存在。因此，在投资者需要获得保护的时候，就为其披上了作品传播的外衣，使其尽量向人格权靠拢。事实上，传播者的真实身份应当是投资者，他们在传播作品的过程中投入劳动、资金、技术设备以及进行分工统筹。因此，传播者权理论在认识的层次上存在缺陷。

### （三）邻接权与著作权"等级理论"的破除

《罗马公约》所确立的此种等级原则导致了邻接权人一直处于弱保护的境地，其权利虽经 WPPT、《视听表演北京条约》有所扩充，但在各国的立法及权利的执行中始终遭到著作权人的排斥和怀疑。但是，就著作权与邻接权制度的功能与价值追求来看，邻接权与著作权之间并不存在等级关系，也不存在依附关系。

首先，两者的功能与价值并不存在冲突。著作权保护的是作品的创作者，维护其在作品上的精神利益和经济利益，而邻接权所保护的是投资者在文化产业领域的投资，保证其投资的回报以激励他们在作品的创作与传播上进行更多的投资。对邻接权的保护并不会影响到作品创作者的利益，相反还会帮助其扩大能获得的利益。例如，作者将其音乐作品著作权转让给音乐著作权协会时，著作权人并不能立即获得任何报酬，而是由该协会向表演者颁发许可证或收取版税，然后再由该协会向著作权人分配。如果没有表演者权，音乐作品作者的利益就没有保障。❶ 也就是说，邻接权人是将蛋糕做大后再从中分享部分利益，而并不是直接从原有的蛋糕中拿走部分利益。

其次，两者所保护的客体并不相同。著作权保护独创性作品，而邻接权保护的只是作品的创作与传播过程的特定投资成果。而此种投资成果并不必然与作品相联系。以表演为例，表演者的表演内容并不一定是受著作权法保护的作品，如对贝多芬生命交响曲的演奏、对京剧的表演、对杂技魔术的表演等，或是公有领域的作品，或是不构成作品的民间文学艺术表达，均与受著作权法保护的作品无关。

因此，邻接权与著作权之间并没有等级之分，它们有各自独立的权利，在邻接权人享有的权利方面不能由此加以限制，只有赋予邻接权人与著作权人平等的法律地位，邻接权人的保护才能得以真正实现，也才能为邻接权人提供激励以使其在作品的创作与传播方面进行更多的投资。

---

❶ 吴汉东. 知识产权基本问题研究（分论）[M]. 北京：中国人民大学出版社，2009：120.

### 三、投资者权益保护与邻接权制度功能重塑

#### （一）"作者权理论"下的邻接权制度定位

基于人格权理论所构建的作者权制度具有两大特点。一是该制度仅承认自然人为作品著作权的原始权利人。作品创作者享有的权利来源于自身的创作行为，作品不能完全脱离其人格化，该人格化的存在也是作品具备独创性的前提。二是著作权法所保护的作品必须具备独创性。作品是作者人格的反映，必须具备作者的个性化特征才能获得法律的保护，那些纯粹的体力劳动成果、技术性成果是不能获得作者权法保护的。

作者权制度的上述特点为作者权益的保护提供了巨大的优势。由于作者权只能由作者享有，决定了自然人以外的主体无法获得著作权，其只能通过许可的方式获得著作权的使用权。但是，此种制度设计也限制了作者权制度的发展，尤其是在面对因新技术带来的利益保护需求时，此种限制更为明显。

首先，只承认自然人为作者的观念限制了著作权主体的扩张。技术的发展催生了新的作品类型，而新作品类型的出现导致了作品创作方式也发生了变化，传统的作品创作模式正在被一种"社会的""开放的"创作模式所取代。而在此种新的创作模式中，投资者起着重要的作用，如果不承认投资者的权利主体地位，无疑会增加作品在使用、传播过程中的交易成本，不利于新型作品的保护。❶ 因此，作者权制度必然要解决作品在创作过程中的非自然人主体的制度安排问题。

其次，强调作品的独创性导致不具备独创性的劳动成果无法被纳入著作权法律制度之中。当然，并不是所有的内容都应当被纳入著作权法律制度之中，但是在涉及与作品的传播、利用而形成的劳动成果保护时，由于其与作品的相似性和关联性，在著作权法中加以保护似乎是更加合适的。无论是表演者的表演还是录音制作者录制的声音，乃至于新近的体育赛事直播节目、电子游戏画面、人工智能产出物，或与作品相关，或与作品相似，唯独因为上述劳动成果不具备作品的那种"人格的个性化"表达而无法纳入著作权制度之中，因此对于因技术发展带来的新型客体如何保护也就成了一个亟须解

---

❶ 熊琦. 著作权法中投资者视为作者的制度安排 [J]. 法学，2010（9）：85.

决的问题。正是在此种背景下，邻接权制度产生了。

由于邻接权只是用来保护"作品传播者"的一项权利，它不要求所保护的对象具备独创性，它也不要求所保护的主体必须是能进行智力创作的自然人，只要在作品传播过程中进行了"精神方面的投入""艺术方面的投入"或"技术类型的劳动投入"❶ 即可。因此，邻接权弥补了作者权对权利主体和权利客体的苛刻要求。

由此可以发现，在作者权制度之下，对作者的保护与对作品利用、传播相关投资者的保护是由不同的制度来实现的。作者权保护的是创作作品的作者，并且以精神权利的保护为重心，兼顾财产性的权利；而邻接权保护的是与作品利用、传播相关的投资者，以财产权利为重心，基本不保护精神利益，唯表演者例外。在此种二元体制之下，既可以坚持作者权对作者的双重保护目标，也可以兼顾著作权产业领域的主体对利益的追逐。唯独存在的问题是，此前由于对邻接权制度功能认识的欠缺，邻接权被定性为作者权的附庸而未能构建出一个完善的制度体系，难以发挥其保护投资者利益的功能。

### （二）"版权理论"反思下的邻接权制度功能确认

对于追求"实用主义"和"功利主义"的版权法来说，其接纳表演者、录音制作者和广播组织为权利人并无理论和制度的障碍。版权法制度下的作品被看作是"一项可以转移于他人的财产"，❷ 其关注的只是作品的财产权。因此，版权法在最初确定保护对象时采用的是"额头出汗原则"，即只要具有一定的价值并凝聚了独立和辛勤的劳动，哪怕是单纯的体力劳动或非常简单的脑力劳动，也可以获得版权法的保护。❸ 即便现在的版权法已经抛弃了该标准，要求作品必须具备独创性才能获得保护，但版权法所要求的独创性与前述作者权法的要求也有很大的不同，版权法中的"独创性"对"创"的要求是极端低的，即使是由最普通和陈腐的独立努力的结果都可能受到版权法保护。❹ 对于作者权法无法接受的邻接权人的劳动成果，无论是表演者的表演还是录音制作者制作的录音制品，在版权法中都可以被视为作品而获得法律的

---

❶ M. 雷炳德. 著作权法 [M]. 张恩民，译. 北京：法律出版社，2005：501—516.

❷ 吴汉东. 西方诸国著作权制度研究 [M]. 北京：中国政法大学出版社，1998：9.

❸ 王迁. 知识产权法教程 [M]. 北京：中国人民大学出版社，2016：31.

❹ 王迁. 知识产权法教程 [M]. 北京：中国人民大学出版社，2016：37.

保护。因此，版权法所保护的对象是要广于作者权法的。但是，一旦将邻接权制度纳入考量范围，情况就发生了变化，邻接权直接将不具有独创性的内容也纳入保护范围之内，这样作者权的保护范围加上邻接权的保护范围反而大于版权法的保护范围。由此我们可以发现，邻接权制度在作者权法中的功能就是补足作者权的短板，与版权法所追求的目标是一致的：保护经济利益。❶ 在此种审视之下，我们可以得出以下几点结论。

首先，邻接权与著作权（狭义）应当是各自独立的制度，并不存在"等级"或"依附"关系。著作权以保护作者的利益为己任，其依托于作者所创作的"智力成果"来构建具体制度，以实现对作者精神利益和经济利益的保护。邻接权则以保护邻接权人的利益为己任，也应当依托邻接权的客体进行具体的制度构建，以实现对邻接权人经济利益的保护。然而，问题在于邻接权制度功能认知的缺失导致邻接权客体并未得到正确的界定，导致邻接权人的利益无法得到保护。因此，我们应当正确认定邻接权制度功能，界定出邻接权的客体，以此为基础构建邻接权制度体系。因为客体是权利义务指向的对象，是利益的载体，在权利体系的建构方面发挥着基础性的作用。

其次，邻接权与著作权功能互补，共同实现对文学、艺术、科学领域内的相关主体的利益保护。对邻接权的保护并不会损及著作权人的利益，恰恰相反，著作权利益的实现依赖于法律对邻接权所赋予的权利，依赖于法律对该权利的保护。❷ 因此，邻接权与著作权之间的关系不仅在地位上是平等的，功能上还是互补的。著作权制度保护的是作者的智力创造成果，既包括精神利益的保护，也包括经济利益的保护；邻接权制度保护的是著作权产业领域里的投资成果，其所注重的是保证相关投资者的利益获取。相较于著作权而言，邻接权的保护仅延及"精神方面的投入""艺术方面的投入"或"技术类型的劳动投入"，并不涉及人格利益，只包含财产性权利的保护，并不涉及精神权利的保护。

由此可以看出，对邻接权保护的动因就是版权理论的"功利主义"，弥补了"严苛的作者权理论"所留下的缝隙，使得著作权法获得了相较于版权法

---

❶ 王迁. 知识产权法教程［M］. 北京：中国人民大学出版社，2016：20.
❷ 刘铁光. 著作权与邻接权之间的等级关系：《罗马公约》的前因后果［J］. 贵州社会科学，2011（5）：136.

的优势：既可以保护作者的精神利益，也可以对特定领域中的投资者提供充分的保护。只不过，此种优势的发挥，需要以正确认识邻接权制度功能为前提，以邻接权制度的体系化构建为实现路径。

### （三） 邻接权制度功能与投资者保护需求的契合

一直以来，人们对邻接权制度的认识仅限于其对作品传播者的保护，邻接权也就被赋予了保护作品传播者的功能。无论是表演者，还是录音制作者，还是广播组织，其都是传播作品的主体。也正是因为对邻接权制度功能的如此认定，邻接权制度从其诞生以来，便一直未有大的发展，仅限于以上述三大主体为主要内容。虽然有的国家的邻接权制度已经有了一定的突破，如德国、意大利等国的邻接权制度所包括的内容早已突破了传统邻接权制度的框架，但并未引起学界与立法界的重视。事实上，随着传播技术的发展，作品的传播方式早已有了新的突破。除了将作品转化为录像制品外，人们还可以利用数字技术制作多媒体制品，利用计算机技术制作数据库，这种对作品的利用同样也是对作品的传播，具有与表演者、录音制作者和广播组织相似的功用。由此，邻接权制度需要进行重新构建，以适应当今社会的需求。而重新构建邻接权制度体系的前提就在于对邻接权制度的功能进行探讨，即邻接权制度所保护的究竟是什么？

人们对邻接权的认识总是局限于表演者、录音制作者和广播组织，因为上述三个主体均与作品的传播有关，由此邻接权也被认定为是保护作品传播者的权利。许多学者对此也进行了很多的论述，例如法国的克洛德·科隆贝教授认为，邻接权保护的对象是进行传播的行为而不是创作文学艺术作品的行为，邻接权人只是文学艺术创作的辅助者。❶ 德国的 M. 雷炳德教授认为，邻接权人的贡献/投入仅仅服务于某种已经存在的智力成果——作品，发现该成果或者对这些成果进行再现或者使之变为现实。正是由于这些投入在某些方面与作者的劳动投入很相似，所以德国著作权法典才把它们与作者权联系

---

❶ 克洛德·科隆贝教授认为，"就纯逻辑而言，他们的权利应当不同于作品创作者的权利，性质不同，但是又应当是相近的权利，因为他们是不可分割的合伙人。作者需要艺术家表演他们的作品，然后又需要那些使创作能广泛传播的人的行动。创作的辅助者如果没有作品的存在，必然是巧妇难为无米之炊，英雄无用武之地"。参见克洛德·科隆贝. 世界各国著作权和邻接权的基本原则：比较法研究 [M]. 高凌瀚，译. 上海：上海外语教育出版社，1995：123—125.

在一起。❶ 在我国，大部分学者也秉持作者权体系的观念，认为邻接权所保护的是作品传播者的利益，如吴汉东教授认为，"邻接权是为保护表演者或演奏者、录音制作者和广播组织在其公开使用作者作品、各类艺术表演或向公众播送时事、信息及在与声音或图像有关的活动方面应得的利益而给予的权利"。❷ 郑成思教授认为，"邻接权"确切的提法，应当是"作品传播者权"。❸作者权体系的学者的上述论述虽然对邻接权的性质有了一定的说明，但其中却仍有未能说明之处，如克洛德·科隆贝教授所谓的"传播行为"，M. 雷炳德教授所谓的"贡献/投入"究竟何指我们并不清楚。但是我们通过对传统邻接权制度所保护的三类主体的分析或可得到更清晰的答案。

表演者之所以受到邻接权的保护，是因为"他们的行为并不具有独创性，因为他们仅仅对作者所创作的作品或者对那些已经以书面形式存在的作品赋予了某种形式与表达并且将这些作品转化为另外的方式而进行了再现，但是他们却进行了某种艺术方面的劳动投入"。❹ 也即表演者受保护的原因在于他们的"劳动投入"。

对于录音制作者来讲，"唱片以及其他类型的声音载体的制造商所付出的投入也不具有独创性，而是某种组织或技术性的，当然，他们的劳动投入也是服务于文化生活的。特别要注意的是这种投入是以巨大的资金投入为前提条件的"。❺ 也即对录音制作者提供邻接权保护的原因在于其在制作唱片或其他类型的声音载体时所付出的劳动与资金。

对于广播组织来讲，"与唱片制造商的情况类似，由广播电台或电视台所进行的播放行为也属于一种发展文化生活的组织——技术类型的劳动投入，这种劳动投入同样也需要大量的资金投入"。❻ 因此，对广播组织提供邻接权保护的原因也在于其在传播作品过程中所投入的技术性劳动与资金。

综上所述，宥于对自然权利的追求，作者权体系的学者虽然极力避免从投资的角度来论述邻接权制度所保护的对象，如 M. 雷炳德教授在论述中运用

---

❶ M. 雷炳德. 著作权法 [M]. 张恩民，译. 北京：法律出版社，2005：56.
❷ 吴汉东. 知识产权基本问题研究（分论）[M]. 北京：中国人民大学出版社，2009：119.
❸ 郑成思. 版权法（上）[M]. 北京：中国人民大学出版社，2009：56.
❹ M. 雷炳德. 著作权法 [M]. 张恩民，译. 北京：法律出版社，2005：501.
❺ M. 雷炳德. 著作权法 [M]. 张恩民，译. 北京：法律出版社，2005：514.
❻ M. 雷炳德. 著作权法 [M]. 张恩民，译. 北京：法律出版社，2005：516.

了"精神方面的投入"以区别于"精神方面的创作",但最终还是回归于对传播作品的劳动投入的论断之上。在这一点上,日本知识产权学者田村善之教授所做的表述更加清楚,他认为,"为了将作品送至公众之手以便利用,不仅创作活动,其传播也是必要的。这些传播行为要花费一定的劳务、资本等,其成果如果被他人随意使用,后面的竞争者就会有利,这有可能阻却传播行为的积极性"。❶ 因此,对表演者、录音制作者和广播组织的保护并不是因为其传播了作品,而是因为其在传播作品的过程付出了劳动投入,或者更精确的来讲,是因为他们在生产知识产品的过程中投入了劳动、技术、时间、资金等。由此,我们可以得知,邻接权制度的创立就是为了保护传播作品的投资者,包括表演者在表演中投入的劳动与时间,录音制作者、广播组织在录制、播放作品过程中投入的时间、技巧、设备与资金,都是邻接权保护的目标。❷

著作权产业的发展催生了该领域中的投资者的利益保护需求。将著作权产业中的投资者认定为权利主体,是实现著作权激励机制的有效途径。❸ 但在著作权与邻接权二分体制之下,将投资者的保护置于邻接权制度之下是更为合适的。

首先,将投资者认定为作者会造成投资者身份与作者精神利益保护之间的冲突。著作权中的人身权保护源自作者的自然人身份,这就限制了能够享有精神权利的权利人类型。虽然我国著作权法有"法人可以视为作者"的规定,但是对法人能否享有著作人身权却并未明确规定。对此,司法界与理论界几乎持有相同的看法,即法人不能享有著作人身权。❹ 既然法人可以视为作者,为何又不能享有著作人身权?而邻接权制度仅仅关注投资成果的保护,

---

❶ 田村善之. 日本知识产权法 [M]. 周超,李雨峰,李希同,译. 北京:知识产权出版社,2011:495.

❷ HUGENHOLTZ B, EECHOUD M, GOMPEL S, etc. The Recasting of Copyright & Related Rights for the Knowledge Economy [R]. Institute for Information Law University of Amsterdam The Netherlands, November 2006:116-118.

❸ 熊琦. 著作权法中投资者视为作者的制度安排 [J]. 法学,2010 (9):87.

❹ 《北京市高级人民法院关于确定著作权侵权损害赔偿责任的指导意见》(2005) 第21条:"法人或者其他组织以著作人身权或者表演者人身权受到侵害为由,起诉请求赔偿精神损害的,不予受理。"郑成思教授提出了四点理由反对将精神权利授予法人,参见郑成思. 版权法(上)[M]. 北京:中国人民大学出版社,2009:41—43. 持有同样观点的还有李明德,许超. 著作权法 [M]. 北京:法律出版社,2009:136—137.

无论是法人的投资成果还是自然人的劳动成果，都可以予以保护，并不存在人身权利方面的规定。

其次，通过邻接权制度保护著作权产业中的投资者是该制度本来就具有的功能，将邻接权制度定位为"投资者权"，只是对该功能的揭示。传统的三大邻接权主体获得保护的原因并不在于其表演者、录音制作者、广播组织的身份，而是其在表演、录音制品和广播节目的制作过程中的投入，包括表演者在表演中投入的劳动与时间，录音制作者、广播组织在录制、播放作品过程中投入的时间、技巧、努力与资金，这都是邻接权保护的目标。❶

最后，通过邻接权制度保护投资者，在实现对其利益完满保护的同时也维持了作者权制度的纯粹性。一直以来，投资者在作品创作过程的组织行为、投资行为以及风险承担行为并不是著作权法意义上的创作行为，将其视为作者被认为是"自由表达向经济资本的妥协"。❷ 但此种"妥协"在邻接权制度中并不存在，因为保护投资者的投资成果本就是邻接权制度的使命。

---

❶ HUGENHOLTZ B, EECHOUD M, GOMPEL S, etc. The Recasting of Copyright & Related Rights for the Knowledge Economy [R]. Institute for Information Law University of Amsterdam The Netherlands, November 2006: 116-118.

❷ NETANEL N W. Copyright's Paradox [M]. Oxford: Oxford University Press, 2008: 86-88.

# ‖ 第三章 ‖

# 邻接权制度体系化的路径选择

"传播者权"的界定将邻接权制度构建的重心置于主体利益的保护之上，关注的是邻接权人与著作权人之间的利益协调，不仅引发了邻接权类型扩增后的体系混乱，也引发了邻接权权利内容配置的不足，难以有效保护邻接权人的合法利益。邻接权制度体系的构建应当放弃以主体为基点的体系构建路径，回归到法律制度构建的一般路径上来。

## 一、现有邻接权制度体系构建路径的批判

### （一）邻接权制度构建的主体进路

邻接权制度的诞生源于信息传播技术的进步，也源于产业投资者的利益诉求，但该制度的诞生也有其特殊之处，即邻接权的权利配置始终是在与著作权的协调之中进行的。正是对利益协调的关注，邻接权制度在进行构建时走上了围绕权利主体进行权利设置的"主体进路"。

对于表演者的保护，在信息传播技术割裂了表演者与其表演活动的天然连接之后，对表演者的保护问题便提上日程。此时，大家探讨的是如何给予表演者以救济，因为录音录像技术的发明与应用导致了大量表演者失业。❶ 因此，在最初的时候，人们的关注点在于表演者工作机会的减少。如法国演员

---

❶ 具体内容见本书第一章第二节第一部分的论述。

和其职业团体在寻求保护时，首先考虑的是劳动法而不是著作权法，对于表演者因新技术而遭受到的失业和经济损失，表演者可以根据劳动法的规定取得适当补偿。❶ 此种情况一直延续到 1957 年法国颁布《关于保护文学和艺术作品所有权法》，该法将表演者规定为视听作品的合作作者。而后，随着对表演者保护问题探讨的深入，对表演者的保护也转向了对表演者劳动成果的保护上，尤其是在"表演者是作品的改编者"的观点被抛弃后，针对表演者的劳动设置专门的权利成为理论与立法的主流。即便如此，对于表演者的保护仍未逃离"主体进路"的保护模式。例如，作为邻接权制度典范的《罗马公约》仅仅规定了何为表演者，对于表演者权的客体是什么，公约并未作进一步的规定。之所以如此，是因为罗马会议认为没有必要下定义，"表演显然是指表演者以此身份开展的活动"。❷ 围绕表演者的身份，《罗马公约》构建出了表演者享有的权利的范围，但却顾虑重重，尤认为"这种表演者的权利即使不会导致他们（著作权人）自己根本无法就其作品行使权利，也会妨碍他们行使权利"。

"主体进路"的另一大例证便是广播组织权，直至今日，广播组织权的客体究竟为何，仍然存在极大的争议。《罗马公约》对于广播组织权的客体并未明确规定，公约虽然在第 3 条（f）界定了"broadcasting"（通常被译为"播放"❸），但在后面规定广播组织权时却使用了"broadcasts"（通常被译为"广播电视节目"）。❹ 但是，broadcasting 与 broadcasts 均具多重含义，既可以解释为"广播"，也可以解释为"广播节目"，由此导致了广播组织权的客体的模糊性。而在制定《世界知识产权组织保护广播组织条约（草案）》过程中，公约采取了"基于信号的进路"，❺ 也就是所谓的"广播信号说"，只不

---

❶ KENNEYBREW T A. Employing the Performing Artist in France [J]. Tulsa Journal of Comparative and International Law 2006（13）：249.

❷ 克洛德·马苏耶. 罗马公约与录音制品公约指南 [M]. 刘波林，译. 北京：中国人民大学出版社，2002：16.

❸ 克洛德·马苏耶. 罗马公约与录音制品公约指南 [M]. 刘波林，译. 北京：中国人民大学出版社，2002：18.

❹ 克洛德·马苏耶. 罗马公约与录音制品公约指南 [M]. 刘波林，译. 北京：中国人民大学出版社，2002：43.

❺ 作为广播组织权客体的广播信号被界定为"广播组织（或有线广播组织）播送的或代表广播组织（或有线广播组织）播送的，作为广播的载有节目的信号，包括预广播信号，而不延及其中所载的节目。" See SCCR/34/4：3.

过此种观点也存在着很大的问题。因为广播信号本身只是声音、图像的载体，而且只是其中一种载体，并不能反映广播组织的劳动成果。[1] 如果要采取该学说，那么广播组织权只需一项权利，即转播权，而且也不需要设置保护期。[2] 在客体未定的情况下，广播组织权只能被认定为是广播组织所享有的权利，但是对什么享有权利，享有哪些权利均存在巨大的争议，也正因如此，《广播组织条约》历时二十多年仍未取得进展。

　　在传统的三大邻接权当中，主客体均较为明确的便是录音制作者权。《罗马公约》在规定该权利时，对录音制品和录音制作者均进行了明确的界定。[3] 权利客体的明确有利于划定权利的范围，因为"权利的客体是立法者通过授予主体法律上的权利予以保护的利益的具体化"。[4] 也正因如此，录音制作者权享有的权利内容是非常明确的，即便在不能享有专有性权利的情况下，如《罗马公约》所设置的合理报酬权的行使，也有比较成熟的著作权集体管理制度予以配合，从而保证了录音制作者利益的实现。

（二）主体进路下的邻接权配置不足

　　"主体进路"的制度构建路径导致了邻接权人权利配置的不足。由于邻接权制度在构建时将重点放在了主体利益的保护上，由此遇到了与已经存在的权利主体之间的利益冲突问题，尤其是传统邻接权制度中的三大主体均与作品的使用相关，于是协调邻接权人与著作权人之间的利益冲突就成为邻接权配置的首要问题。但是，在协调过程中却遇到了一个难题，即邻接权人需要保护的利益与著作权人需要保护的利益如何区分的问题。例如，著作权人为了反对邻接权人保护所提出的"蛋糕理论"就将著作权人应受保护的利益与邻接权人应受保护的利益混杂在一起，认为对邻接权人的保护会使其利益受损，因为作品能够创造的利益是一定量的，如果将其中一部分分切给邻接权人，著作权人的利益必然受损。

　　当然，"蛋糕理论"是以静态的利益观来衡量动态的利益变化得出的错误

---

[1]　王超政. 论广播组织权客体的界定：兼评"广播信号说"之谬误［J］. 北方法学，2018（6）：62.

[2]　王迁. 广播组织权的客体：兼析"以信号为基础的方法"［J］. 法学研究，2017（1）：120.

[3]　参见《罗马公约》第3条第b、第c项。

[4]　方新军. 权利客体的概念及层次［J］. 法学研究，2010（2）：40.

结论。在邻接权人使用作品的过程中，不仅通过自己劳动创造出了一块新的"蛋糕"，而且通过自己的劳动把著作权人的蛋糕也做大了。如音乐作品本来是在纸上的平面抽象物，经过了歌手、演奏家的表演，就能够被更多的人获得和欣赏。在这一过程中，著作权人和表演者均是获益者。只不过，对于著作权人的蛋糕与邻接权的蛋糕如何划分并不是一件容易的事。因此，虽然邻接权人的劳动成果对作品的增值作用已经被承认，但邻接权人与著作权人之间的利益冲突却一直存在着。因此，在对邻接权人赋权时，始终将著作权人利益的保护置于优先位置，在"绝不触动著作权保护"的前提下来考虑邻接权人应当享有哪些权利。如《罗马公约》在赋予表演者权利时采用了"可以制止"（the possibility of preventing）这一措辞，而对录音制作者与广播组织授权时则规定"有权授权和禁止"（the right to authorize or prohibit）。之所以有上述不同的表述，是为了避免"赋予表演者专有性的权利"，● 因为赋予表演者专有权引起了作者、录音制作者和广播组织的担忧。❷

此外，"主体进路"下的权利配置也因邻接权人之间的利益协调考量导致权利配置不足。虽然表演者、录音制作者和广播组织均为邻接权人，但并不代表三者之间的关系是和谐的。如果纯粹从理论上来说，将这三类权利放在一起是值得商榷的，只不过三者均与作品的使用密切相关，也都与制止某些不当利用他人的成果有关。❸ 实际上，三者之间的利益关系也同样存在冲突。《罗马公约》在制定过程中遭遇到的最大的难题就是对录音制品再度使用规则的制定上，甚至因为该问题导致罗马会议筹备工作期间的讨论（1956 年于日内瓦，1957 年于摩纳哥，1960 年于海牙）的延长。● 对于是否应当赋予表演者、录音制作者一项合理报酬权，表演者、录音制作者表达了他们的关切，"使用录制品制作广播节目几乎必然要在同等程度上较少现场表演的机会"，

---

● 克洛德·科隆贝. 世界各国著作权和邻接权的基本原则：比较法研究 ［M］. 高凌瀚，译. 上海：上海外语教育出版社，1995：158.

❷ 克洛德·马苏耶. 罗马公约与录音制品公约指南 ［M］. 刘波林，译. 北京：中国人民大学出版社，2002：27.

❸ 山姆·里基森，简·金斯伯格. 国际版权与邻接权：伯尔尼公约即公约以外的新发展（下卷）［M］. 郭寿康，等，译. 北京：中国人民大学出版社，2016：1073.

● 克洛德·马苏耶. 罗马公约与录音制品公约指南 ［M］. 刘波林，译. 北京：中国人民大学出版社，2002：36.

也会导致"购买录制品的人减少"。❶ 而广播组织则提出了反对意见，因为该权利"可能迫使他们因使用商业唱片而付酬"，"多重的权利（即使只是获得报酬权）可能使他们卷入诉讼，妨害他们的活动"。❷ 而对于表演者保护的相关国际公约制定过程中的阻力也是来自影音娱乐产业的强力反对。❸ 同样，在欧盟出租权指令和 WIPO 有关邻接权条约的制定过程中，电影公司、唱片公司和广播组织也反对将出租权赋予表演者。

因此，邻接权人的赋权一直以来都处于内忧外患之中，对内要考量邻接权人之间的利益协调，对外要考量其与著作权人的利益协调，其根本原因就源于邻接权制度构建过程中选择的主体进路。在主体进路之下，只关注邻接权人应当获得保护，至于应当保护的利益是什么，邻接权人对之应当享有哪些权利并未有一个清晰的界定，从而引申出"等级理论"下保守的权利配置。

（三）主体进路下的邻接权制度体系的混乱

自《罗马公约》签订后，该公约所确定的制度框架已经成为各国邻接权立法的典范，公约所确定的三大邻接权主体，以及各主体享有的权利内容被多个国家吸收借鉴，如前已提及的德国 1965 年修订著作权法时确立的邻接权制度，日本 1970 年著作权法中的邻接权制度，法国 1992 年知识产权法典中的邻接权的规定。只不过，在之后的邻接权制度发展过程中，各国立法已经逐渐突破了《罗马公约》所构建的制度体系，邻接权制度的内容也逐渐丰富起来。例如，《德国著作权法》除了对艺术表演人、录音制品制作人、广播电视企业、数据库制作人进行保护外，也规定了特定版本、照片的保护。《意大利著作权法》中的邻接权除了规定有录音制作者、电影或者视频作品或者系列动画片制作者、广播电台和电视台、表演者和演奏者以及数据库制作者的权利外，还规定了作者财产权消失后首次发表或者向公众传播的作品、对进入公有领域的作品进行评论和学术研究的版本、舞台布景设计、摄影作品、有关书信和肖像、工程设计图的保护。

---

❶ 克洛德·马苏耶. 罗马公约与录音制品公约指南［M］. 刘波林，译. 北京：中国人民大学出版社，2002：40—41.

❷ 克洛德·马苏耶. 罗马公约与录音制品公约指南［M］. 刘波林，译. 北京：中国人民大学出版社，2002：41—42.

❸ 章忠信. 表演人权利之保护［J］. 台湾知识产权月刊，1992（2）.

扩张之后的邻接权制度显然已经不再是"作品传播者权"所能够容纳的，对于上述种种客体之所以能够成为邻接权的客体，原因就在于邻接权的各项客体"仅仅是一些特殊的精神方面的劳动投入，这种精神方面的劳动投入仅仅在客观上的特征方面与其他的成果有区别，而且并不表达任何具有独创性的智慧"。❶ 由此，"独创性缺失"成为邻接权制度体系扩张的新标准。而我国学者在论述邻接权与著作权的区别时，也往往从"独创性缺失"的角度进行认定，"邻接权的客体'独创性'不足，不构成作品的其他劳动成果"。❷以"独创性缺失"为标准对邻接权制度的扩充虽然解决了独创性较低，甚至独创性缺失的新客体的保护，虽然能够解决这些客体的法律保护问题，但是邻接权制度也成为一个大箩筐，只要是著作权制度无法接纳的新客体就被置于其中。❸ 这不仅导致邻接权制度演变成了"任人拿捏"的工具性存在，更导致了邻接权制度体系的混乱。依"独创性缺失"标准而构建的邻接权制度呈现出"主体进路"和"客体进路"共存的局面，从而导致邻接权制度体系构建标准的割裂。对于传统邻接权的规制仍建立在主体的保护之上，而对于后续扩展出的新邻接权则围绕客体对象进行权利配置，这导致"主体进路"下的邻接权人的利益保护问题仍未得到解决。

## 二、邻接权制度体系化构建的路径选择

### （一）财产权制度体系构建的一般原理

财产权制度的构建总是围绕权利客体展开的，财产权制度的变革也因客体的变化而展开。在前资本主义时期，财产权制度一直沿袭着罗马财产法的"物—物权—物法"的体系架构。❶ 而后随着人类社会生活的不断发展，尤其是 17 世纪以来，财产的范畴从单纯的"实体物"扩展到了一切可以作为财产看待的技术、信息、商机、产权等非物质的对象，由此也引发了"财产的非

---

❶ M. 雷炳德. 著作权法 [M]. 张恩民，译. 北京：法律出版社，2005：56.

❷ 王迁. 知识产权法教程 [M]. 北京：中国人民大学出版社，2016：189.

❸ 王超政. 著作邻接权制度功能的历史探源与现代构造 [J]. 华中科技大学学报（社会科学版），2020（4）：95.

❶ 吴汉东. 财产权的类型化、体系化与法典化：以《民法典（草案）》为研究对象 [J]. 现代法学，2017（3）：31.

物质化革命"。❶ 知识产权制度的建立则是"财产非物质化革命"的典范。❷ 作为罗马法以来私权领域中最具革命意义的制度创新，知识产权客体的"非物质性"是其区别于财产所有权的本质特征。❸ 也正是基于该"非物质性"的特性，无论是知识产权的权利属性，还是知识产权制度构建，都有别于传统的以"物"为基础构建的"物法"体系。❹ 如在权利属性方面，所有权具有"永续性"，在法律上并没有存续时间的限制，只要其客体物没有灭失，所有权就会受到法律的保护。但是作为所有权的"物"的存续在客观上是有限的，所有权的"永续性"存在事实上的不可能。而知识产权的存续是有时间限制的，其原因在于知识产权客体是非物质性的客观存在，可以永续存在，但知识产权的永续性存在不利于科学文化的发展和知识产品的传播、适用。因此，基于利益平衡的考量，可以永续存在的知识产权反而受到法律的限制。在权能设计方面，知识产权并不是单一形式的权利，而是组合形式的"权利束"，是一系列独立和特殊利益的组合。之所以如此，根源仍是知识产权客体的非物质性。知识产品的非物质性使其可以在一定时空条件下为若干主体共同利用，而权项的分割可以让不同的主体在各自范围内以最低的成本获得使用该知识产品的权利。当然，也正是基于客体的非物质性引发的知识产权财产上的多种权利形态与多重主体设定，传统的财产权理论与规则才捉襟见肘，从而构建出有别于"物权制度"的知识产权制度。

财产权制度之所以围绕权利客体进行制度构建，是因为权利客体是对权利设立在何种基础之上的说明，是权利主体利益的具体化。❺ 就权利的核心意义来讲，其内含着权利人的自由意志，因为权利是法律为了保护特定主体的特定利益而赋予其基于自己的自由意志为一定行为或不为一定行为的可能性。问题在于自由意志是一种抽象性的存在，故而有必要通过一些客观的要素将这种自由意志从外部显现出来。"人为了作为理念而存在，必须给它的自由以

---

❶ 吴汉东. 财产的非物质化革命与革命的非物质财产法 [J]. 中国社会科学, 2003 (4)：125—128.

❷ 吴汉东. 科技、经济、法律协调机制中的知识产权法 [J]. 法学研究, 2001 (6)：145.

❸ 吴汉东. 知识产权法 [M]. 北京：北京大学出版社, 2014：7, 15.

❹ 在古罗马财产权体系中，罗马人以"物"作为客体范畴，在此基础上设计了以所有权形式为核心的"物权"制度，建立了以物权制度、债权制度为主要内容的"物法"体系。参见吴汉东. 财产的非物质化革命与革命的非物质财产法 [J]. 中国社会科学, 2003 (4)：122.

❺ 方新军. 权利客体的概念及层次 [J]. 法学研究, 2010 (2)：40.

外部的领域。"❶ 而作为"自由意志"的人也必须通过将"自由意志"贯彻于物内以实现从"纯粹主观性"向"现实的意志"的转变。由此,所有权也就成为"自由意志"的外部定在。虽然黑格尔将所有权的客体局限在"外在的东西",也就是"物"之上,但对于精神技能、科学知识、艺术甚至宗教方面的东西,以及发明等是否也是物提出了疑问,因为它们是"自由精神所特有的,是精神的内在的东西,而不是外在的东西"。只不过,黑格尔在提出疑问的同时,也肯认了"精神同样可以通过表达而给它们以外部的定在,而且把它们转让,这样就可以把它们归在物的范畴之内了"。❷ 通过这种追问式的探讨可以得知,作为"财产非物质化革命"典范的知识产权也同样是自由意志的外部定在。只不过,作为自由意志外部定在的权利仍然是抽象存在,为了从外部将其显现出来又引入了客体要素,从而使权利获得其自身的外部定在。由此,权利客体也就成为主体的自由意志和利益的交汇点。❸ 因此,权利客体自然而然地也就成为财产权制度构建的基点。

权利客体不仅体现着权利主体的自由意志与利益,同时也为权利内容的确定提供了依据。作为主体利益具体化的权利客体,其利用方式也决定着权利主体利益需要保护的范围。例如,物权法以"物"设权,❹ 所有类型的物权皆拥有排他性,任何相冲突的排他性权利都不能同时存在于一个物上,不构成冲突的物权类型则按照排他效力的强弱排序。只不过,基于物的有形性,在同一时空下物仅能以一种方式被利用,因此必须坚守"一物一权"的基本原则,保证相冲突的物权不能同时出现在同一物之上,只有如此设置于物上的权利才能够有效实现。例如,房屋可以用于自住,也可以用于出租,可以用来当作住宅,也可以用来当作仓库。但基于物的有形性,其在同一时空之下仅能被特定人用于某特定用途,而无法为多人同时使用。作为自用住宅的房屋不能同时出租给他人用作仓库。相比之下,著作权法以"用"设权,即以作品的利用方式创设权利类型,即按照著作权客体的利用方式设计不同的权能,而且权能之间也没有明显的效力位阶。原因在于作为著作权客体的作

---

❶ 黑格尔. 法哲学原理 [M]. 范扬, 张企泰, 译. 北京: 商务印书馆, 1979: 50.
❷ 黑格尔. 法哲学原理 [M]. 范扬, 张企泰, 译. 北京: 商务印书馆, 1979: 51—52.
❸ 方新军. 权利客体的概念及层次 [J]. 法学研究, 2010 (2): 40.
❹ 吴汉东. 知识产权法 [M]. 北京: 北京大学出版社, 2014: 55.

品是一种非物质性的存在，其可以同时为多人以不同的方式进行利用。如出版社出版一部小说并不妨碍电影公司将同一部小说拍摄成电影，也不妨碍游戏公司将其制作成电脑游戏。

### （二）客体进路在制度体系构建上的比较优势

围绕权利客体进行制度构建是财产权制度构建的常态，无论是传统的物权法制度，还是新生的知识产权法制度，无一不是以"客体进路"进行制度构建的典范。虽然在法律制度构建上，不乏以主体为核心进行制度构建的范例，但此种法律制度往往是以对特定主体提供特殊保护为目的。如劳动法以劳动关系为主要调整对象，旨在维护劳动者的合法权益和促进社会生产力的发展。而劳动法对劳动者利益的保护，围绕劳动者在劳动关系中可能涉及的各种因素而展开，如为维护劳动者的利益，劳动合同法对劳动合同的订立、变更、履行等内容进行了详细规定，为了保障劳动者利益的实现，特别设置了劳动争议仲裁这一前置程序。虽然劳动合同、劳动争议仲裁涉及合同法、仲裁法的特定内容，但都因为其与劳动者这一特殊主体存在关联而被整合到了劳动法之中。此外，以"主体进路"进行立法的还包括消费者权益保护法、妇女权益保障法等，它们与劳动法一样，均是因为特定主体的特定利益需要特殊保护。

在民事法律领域之中，民事主体的身份天然具有平等性，其作为民事法律关系的参与者，与其他民事主体并无特殊利益需要特别保护。但是，居于"主体进路"所构建的邻接权制度，不仅在权利的位阶上进行了划分，将著作权置于邻接权之上，也将著作权人的利益置于邻接权人的利益之上，这明显是与民法的本质属性相悖的。此外，相较于以主体为中心的"主体进路"，"客体进路"还具有以下优势：

首先，"客体进路"聚焦于权利主体利益的具体化，能够有效地保护权利主体的利益。作为主体自由意志与利益交汇点的权利客体，其保护的水平也意味着对权利主体的保护水平。与抽象的意志不同，权利客体均为具体化的存在，为主体自由意志提供了明确的外部定在。这样，对于主体需要保护的利益便有了客观化的标准。以人格权中的隐私权为例，隐私权是指自然人享有的私人生活安宁和不愿为他人知晓的私密空间、私密活动、私密信息不受任何组织或者个人刺探、侵扰、公开的权利。❶ 对隐私权的保护，不仅涉及维护个人的人格尊严问题，更是涉及人们的言论自由。因为隐私权的目的在于维护公民生活的秘密，防止任何人侵犯；而言论自由权的目的则在于维护公民"说"和"知"的权利，依法议论和获取信息，满足其"评说"的需要。公民一方面希望知道和评论更多别人的事情，另一方面不希望自己的事情让别人知道。于是，言论自由权和隐私权之间便不可避免地产生了冲突。❷ 因此，对人格尊严的保护就是通过对隐私内容的确实来获得外部定在的。

其次，"客体进路"以主体利益保护为首要任务，可以为权利主体提供全面的保护。不同于主体进路将"利益协调"置于考量的首位，客体进路在将权利主体利益具体化后，围绕该权利的客体构建了完善的权利体系。如物权法围绕"物"设置了一个具有最高效力位阶的所有权，立基于对物的全面支配，所有权具有占有、使用、收益、处分四项权能。只不过，对所有权的全面整体支配不能仅体现在这四项权能之上，它已经穷尽了目前我们能想得到的支配方式。❸ 在所有权之下，围绕物的使用价值与价值，构建了用益物权与担保物权，从而使所有权人可以更加全面地享有物的利益。而在著作权法中，基于作品可以同时为不同的人以不同的方式进行利用，著作权以权利束的形式存在，而不能像所有权那样仅保留四项基本权能。由此，著作权法通过以"用"设权，即法律根据客体的利益方式创设权力类型与范畴，既可以实现权利人利益的最大化，也可以有效降低作品使用人的成本，进一步扩大作品的使用范围。❹

（三）邻接权制度体系化与客体进路的实现

依据主体进路构建的邻接权制度，不仅邻接权制度自身功能不明，邻接权人的利益保护也不充分，更是导致邻接权制度无法回应科技、经济、社会发展的需求，从而演变成为一个大箩筐，被恣意地塞入各种新内容。❺ 邻接权

---

❶ 参见《中华人民共和国民法典》第一千零三十二条。
❷ 李先波，杨建成. 论言论自由与隐私权之协调 [J]. 中国法学，2003（5）：87.
❸ 傅鼎生. 傅鼎生讲物权法 [M]. 上海：上海人民出版社，2017：114.
❹ 熊琦. 著作权激励机制的法律构造 [M]. 北京：中国人民大学出版社，2011：129—130.
❺ 王超政. 著作邻接权制度功能的历史探源与现代构造 [J]. 华中科技大学学报（社会科学版），2020（4）：95.

制度体系的构建回归到客体进路之上，既是对财产权制度构建的回归，也可以让我们获得邻接权客体界定的基本依据。

权利客体作为主体利益的具体化，是权利类型划分的标准。❶ 邻接权能够成为单独的一项专有性的权利，必然是其权利客体有别于其他财产权，尤其是著作权客体的特性。然而就目前的邻接权类型来看，我们很难从表演、录音制品、广播电视节目、版式设计等客体中获得该特性的明确界定，这也是邻接权制度体系构建选择主体进路的主要原因。然而，自邻接权制度产生至今，邻接权制度内容有了较大的发展，对邻接权制度调整对象也有了更加深入的探讨与认识，从"传播者权"中以"传播行为"为对象，到"劳动成果不具有独创性"，对邻接权的认识也如同知识产权一样，发生了从关注"权利对象本源"到关注"权利对象本身"转变。❷ 只不过，基于客体进路所做出的"邻接权客体的'独创性'不足，是不构成作品的其他劳动成果"❸ 的判断是否成立，有学者从制度体系化所要求的"内部无矛盾性"出发，认为邻接权的客体应当如作品一样具有独创性，无独创性对象能够成为邻接权客体只是利益衡量的结果。❹ 由此，我们可以发现，目前基于客体进路所进行的概念界定是不成功的。但这并不代表着"客体进路"的失败，只是没有选取正确的体系化构建的方法。

法律体系的形成以概念为基础，以价值为导向，其间以规划或具体化而得之类型或原则为其联结上的纽带。类型可分别为归纳或具体化之结果。❺ 当我们仅从表演者权、录音制作者权和广播组织权等邻接权的客体角度去总结、提炼邻接权的客体时，我们仅仅是对概念形成方法中的归纳法的应用，也即"根据既存之个别的事务的共同特征，将其组成上位的集合，该上位集合的称呼便是其上位概念"，而忘却了概念的形成也可以"从最上位的概念向下导引，将一个一般的概念，在其可能的内容范围内向下枝分，以获得下位概念"。只有如此，才能更容易获得邻接权客体概念的正确界定，达成邻接权制

---

❶　吴汉东. 财产权的类型化、体系化与法典化：以《民法典（草案）》为研究对象 [J]. 现代法学，2017（3）：34.

❷　布拉德·谢尔曼，莱昂内尔·本特利. 现代知识产权法的演进 [M]. 金海军，译. 北京：北京大学出版社，2006：45—50.

❸　王迁. 知识产权法教程 [M]. 北京：中国人民大学出版社，2019：189.

❹　刘洁. 邻接权归宿论 [M]. 北京：知识产权出版社，2013：182.

❺　黄茂荣. 法学方法与现代民法 [M]. 北京：法律出版社，2007：575.

度体系构建的目标。

邻接权之所以会出现在著作权（广义）制度之中，除在权利产生之初因存在对新权利承认的阻力而需要类比已经被认可的权利外，[1] 还因为邻接权人所进行的投入"在某些方面与作者的劳动投入很类似"。[2] 也就是说，邻接权客体与著作权（狭义）客体之间必然存在某种共同的特质，才让其共同留存于著作权（广义）法之中。对于该共同特征的探求将成为邻接权客体界定的突破口。

### 三、体系化视角下的邻接权客体的界定

#### （一）著作权客体的一般属性分析

就狭义的著作权来说，其客体为作品是没有任何疑义的。但是如果我们试图将邻接权也纳入进来形成一个完整统一的体系时就会发现在作品之上我们还需一个上位概念来统领著作权（狭义）与邻接权。在邻接权客体还未得到明确之前，我们能够采取的路径只能是通过对作品概念的剖析来获取该上位概念的特质。对于如何获得该特质，我们需要从概念的建构方法中来获得答案。

在法学方法论上，概念是对所欲描述之对象不可缺少、不可替代的特征的穷尽列举。[3] 只不过，哪些是不可缺少、不可替代的特征也只是一个概念性的假定。上述概念定义的强调，究诸实际，只是提醒纯正概念、法律用语的不确定性及其指称对象的特征。而在实际的概念界定中，概念的设计者基于目的性的考虑（规范意旨），取舍该对象已认知的特征，并将保留下来的特征设定为充分且必要，同时在将事实涵摄于概念的运作中，把其余的特征一概视为不重要。[4] 对于作品这一概念的界定也遵循同样的方法。

基于目的性的考虑，著作权法意义上的作品与美学上的作品不同，是"具有独创性的表达"。该作品的界定主要突出两个特质：一是作品是表达；二是作品具有独创性。之所以保留这两个特征，主要是出于著作权法立法目

---

[1] 德利娅·德普希克. 著作权和邻接权 [M]. 联合国教科文组织，译. 北京：中国对外翻译出版公司，2000：272.

[2] M. 雷炳德. 著作权法 [M]. 张恩民，译. 北京：法律出版社，2005：495.

[3] 黄茂荣. 法学方法与现代民法 [M]. 北京：法律出版社，2007：59.

[4] 黄茂荣. 法学方法与现代民法 [M]. 北京：法律出版社，2007：59.

的的考量：既要保护创造性的智力成果，又要顾及社会文化的发展。作品限于表达，是为了强调保护范围不能扩展到思想，避免阻碍社会文化的延续；作品必须具有独创性，是为了凸显法律鼓励创造的意图。只不过，就上述两个特征来说，表达的要求是作品的固有特性，是其不同于其他财产权客体的本质特征；而独创性是著作权立法价值在概念中的贯彻。通过该标准，既可以划定著作权法保护的作品范围，即只有具有著作权法所要求的创造性的表达才能获得著作权法的保护，只有是自己完成的创作性表达才能成为其个人的专有财产。无论在作者权法，还是在版权法中，作品的界定基本一致，均包含上述两个要件，不相同之处在于由于立法目的的不同导致在"独创性"要件的要求上存在区别。也就是说，作品的概念界定是在表达这一特质之上施加"独创性"特质而实现的，这也符合概念界定中的"属加种差"的逻辑形式。由此，我们也就可以得出，位于作品上一位阶的概念应当是"表达"。

表达之所以可以成为作品的上位概念，更是因为表达是人的思想的外部定在。正如黑格尔所述的，"学问、科学知识、才能等固然是自由精神所特有的，是精神的内在的东西，但精神同样可以通过表达而给它们以外部定在"。❶只是与一般的表达不同，能够被认定为"作品"的表达还必须符合"独创性"的要求。而且，从立法规范功能的角度评价，"表达"与"思想"是相对的概念，以"表达"作为属概念，暗含了"思想—表达"二分法。❷由此，进一步限定了著作权法所保护的范围仅基于表达，而不基于表达中所包含的思想。由此，对于表达的界定转入对表达与思想的界分之上。

（二）思想与表达的界分标准

作为著作权法的最为基本的法律原则，如何界分思想与表达仍被著作权法的专家们称为是在和"幽灵"对话。❸之所以如此，原因就在于思想与表达本身就是无法分离的。❹从哲学的角度来看，任何表达中均包含有思想，而

---

❶ 黑格尔. 法哲学原理［M］. 范扬，张企泰，译. 北京：商务印书馆，1979：51.
❷ 李琛. 论作品定义的立法表述［J］. 华东政法大学学报，2015（2）：14.
❸ KURTZ L A. Speaking to the Ghost：Idea and Expression in Copyright［J］. University of Miami Law Review，1993（47）：1221.
❹ 熊文聪. 被误读的"思想/表达二分法"：以法律修辞学为视角的考察［J］. 现代法学，2012（6）：172.

任何能为人感知的思想必须具备一定的表达形式。基于此，"思想—表达"二分法被认为无助于作品保护范围的界定，它只能在判定特定作品是否被其他作品侵犯时发挥作用。❶甚至于有学者认为思想与表达不应该按照字面意义来把握，它们只是作品中不受保护的要素和受保护的要素的隐喻。❷事实上，就思想与表达的界分而言，并不是所有的情形均存在困难。美国版权法专家保罗·戈尔茨坦（Paul Goldstein）将作品中所体现的思想分为以下三类：一是启发性概念，二是基本创作要素，三是解决方案。所谓启发性概念，通常是作品所表述的有价值的市场概念。所谓基本创作要素，因作品的类型不同而不同。对于文学作品而言，这种不受保护的基本创作要素包括作品的主题、抽象情节、常见角色和布景等，以及少量词语的结合单元（比如普通作品的标题）等。对于图形作品，简单的色彩与构图要素等不受保护。对于音乐作品，其节奏、音符及和声等不受保护。所谓的解决方案，是指工艺流程、操作方法、技术原理或科学发现等。❸虽然这只是学理上的一个分类，不具有严格的法律意义，但是对于我们理解并界分思想与表达无疑具有启发意义。因为分类是体系化的起点，也是一切科学的起点；通过分类，才能将显现区域秩序化，也才能在此基础上进行一定的推理，从而实现对事物的认知与把握。❹

在此种分类下再审视思想与表达的界分就会发现，不同类别之下的思想的认定难度是不同的。就解决方案来说，其往往被认定为抽象的思想被排除出著作权法的保护范围。之所以如此，大体上是为了划清著作权法和其他法律（如专利法、反不正当竞争法等）之间的界限。这些法律有不同于著作权法的利益平衡机制，能够更好处理解决方案的保护问题。❺

就启发性概念与基本创作要素来说，思想与表达的界分存在一个抽象程度的问题，即对于特定作品的具体表达抽象到何种程度便不能再被视为表达给予保护。此种度的把握被部分学者认定是政策性取舍的结果，❻导致更加无

---

❶ Herbert Rosenthal Jewelry Corp. v. Kalpakian, 446 F. 2d 738, 742 (9th Cir. 1971).

❷ GOLDSTEIN P. Goldstein On Copyright [M]. Austin：Wolters Kluwer Law & Business, 2009.

❸ GOLDSTEIN P. Goldstein On Copyright [M]. Austin：Wolters Kluwer Law & Business, 2009.

❹ 李琛. 论知识产权法的体系化 [M]. 北京：北京大学出版社，2005：8.

❺ 崔国斌. 著作权法：原理与案例 [M]. 北京：北京大学出版社，2014：52.

❻ 崔国斌. 著作权法：原理与案例 [M]. 北京：北京大学出版社，2014：43.

法划定思想与表达的分界线。事实上，思想与表达之间并不是有你无我的关系，而是你中有我，我中有你。当我们去判定到底是思想还是表达的时候，总是会涉及价值判断的问题，即以一个特定的价值标准来确定特定内容中的表达与思想的比重，然后才能做出最后的判定。而价值标准的选择就成为思想与表达分界的关键。然而，对该价值标准的选择应当回归到著作权法的价值上，而不应由外部的立法政策、产业政策来决定。

著作权法以"激励作品创作和传播，促进社会文化事业的发展"为立法目标。为达成此目标，将表达与独创性设置为作品能够获得著作权法保护的必备要件。而独创性标准是著作权立法价值在概念中的贯彻。因此，思想与表达的界分应当通过独创性的标准来加以界定。也就是说，某一内容能不能成为受著作权保护的表达，进而成为私人专有的东西，要看该内容是否是付出了创造性劳动而产生的。对于某一具体的表达，由于其所包含的个人创造性成分较多，被认定为著作权法保护的表达是没有问题的。而在对具体表达不断抽象的过程中，具体表达向着最为抽象的思想滑动，该过程实际上是一个去个性化成分的过程。例如，对于一部小说或戏剧而言，从无数具体的细节，到作品的最终主题思想，是一个由下而上的"金字塔"性的结构。而金字塔中的每一个部分都是对处于其下部表达的抽象的结果。在一次次的抽象过程中，总会存在一个分界线，在这条分界线之上为思想，之下为表达。❶ 那么这条分界所处的位置应当是表达中的独创性消失的地方。也就是说，对于某一内容，如果是作者个性化选择和判断的结果，就仍应当属于受著作权法保护的表达，即便它只是作品的情节、情节发展顺序、人物角色、人物角色关系。如果这些内容上面不再有作者的个性化选择和判断，那么就应当归入思想之中，著作权法便不再对其保护，否则便会将属于社会公众的东西划入私人领域，损害社会公众的利益。

### (三) 邻接权客体的"表达"属性

通过对作品的"属"概念的检视，"表达"成为著作权客体与邻接权客体的上位概念，此种检视成果是否成功，则需要进一步考证表达能否涵摄现有的邻接权客体。

---

❶ 王迁. 知识产权法教程 [M]. 北京：中国人民大学出版社，2019：50.

首先，就表演者的表演而言，其仅仅是对作者所创作的作品或对那些已经以书面形式存在的作品赋予了某种形式与表达，并将这些作品转化为另外的方式而进行了再现。❶ 换言之，表演仅仅是改变了已有作品或不构成作品的民间文学艺术表达的表现形式，并未形成有独创性的表达。因此，表演者所进行的艺术方面投入的成果最终体现为不具有独创性的表达形式。

其次，就录音制品而言，只是对声音的录制，不管该声音来自何处。录制的实际目的则是变瞬时的表演为持久的表演。❷ 也就是说，录音制作者的劳动成果改变了作品或不构成作品的声音的存在状态，把仅仅只能在空气中暂时性存在的声音转变成电磁信号，从而可以长久地固定在介质上。

最后，就广播节目而言，虽然广播节目究竟是指节目内容还是节目信号，或者其他什么东西仍存争议，❸ 但不论最终如何界定广播节目，其仍然只是对已经存在的表达的使用，唯因广播组织在传播特定表达的过程中投入了自己的劳动，才获得受法律保护的正当性。

由此可以看出，就已有的邻接权客体来说，"表达"这一上位概念完全可以涵摄已有的邻接权客体，同时为邻接权制度体系的建构进行约束，而不至于提出天马行空般的奇葩异说。以广播组织权的客体界定为例，目前争论较多的是"广播信号说"，因其可以避免广播组织权客体与著作权客体的重叠，加之国际公约制定过程中也有了此种倾向，成为较多学者的选择。然而，由体系化视角观之，"广播信号"说很容易被驳斥掉。

在著作权领域中，作品与作品的载体之间是泾渭分明的。能够进入著作权法规制范围内的只有表达，而不是作为表达载体的图书、光盘等物质化的对象。而信号与节目的关系正如海水与海盐的关系，水为溶剂（载体），盐为溶质（内容），人们可以"煮海水为盐"，将盐从水中提炼出来，但此时水分早已蒸发消失了。❹ 因此，作为载体的广播信号无论如何也不能够成为广播组织权的客体。广播信号无法涵摄于"表达"这一概念之下。此种判定虽然并未将广播组织权客体为何明确下来，但至少会让我们避免走入歧途，以至于

---

❶ M. 雷炳德. 著作权法 [M]. 张恩民, 译. 北京: 法律出版社, 2005: 501.

❷ 德利娅·德普希克. 著作权和邻接权 [M]. 联合国教科文组织, 译. 北京: 中国对外翻译出版公司, 2000: 272.

❸ 王超政. 论广播组织权的客体: 兼评"广播信号说"的谬误 [J]. 北方法学, 2018 (6): 55.

❹ 王迁. 广播组织权的客体: 兼析"以信号为基础的方法" [J]. 法学研究, 2017 (1): 110.

将广播信号作为权利客体，从而保证在正确的道路上继续进行探索。

### （四）邻接权客体的"无独创性"

表达虽然能够作为著作权客体与邻接权客体的上位概念，但是要明确邻接权客体究竟为何，还需要发掘出能够作为"种差"的特质，才能完成邻接权客体的概念界定。由于表达是内在精神的外部定在，其内容与种类纷繁复杂，并不是所有的表达都能进入著作权法的领域内，正如物权法将物作为权利客体，但是并不是所有的物都能进入物权法的规制范围内，只有具备特定特质的物才能成为物权的客体，这些特质包括客观性、有用性和稀缺性。对于有体物来说，客观性是非常明确的，因为物本身就是客观化的物质实体；而有用性是指作为权利客体的物都有一定的价值和使用价值；稀缺性是指作为权利客体的物是可以为人们控制和利用的资源，这种资源不是取之不尽、用之不竭的。● 由此，以物为核心构建起来的物权法将规制对象限定到动产和不动产之上，因为动产与不动产包含了上述特质。对于著作权法来说，也存在相同的情况，某一表达能够进入著作权法的视域必然也符合客观性、有用性和稀缺性这三个特质，只不过基于作品与有体物的不同以及著作权法特殊的立法价值，在对特质的归纳上有所不同。

基于作品的非物质性，首先需要确定的是客观性，而该客观性是经由表达这一特质来达成的，因为作为精神外部定在的表达，客观性是表达的基本特质。而对于有用性和稀缺性的特质，在著作权法中则是通过著作权法的特殊立法目的进行了改造。就著作权法的立法目的来讲，主要有两个：一是激励作品的创作和传播，二是促进社会文化事业的发展。基于上述立法目的，著作权法设定了时间性作为著作权的特质，为此著作权法特设了公共领域，以确保在私人利益与公共利益之间保持一个平衡。同时，著作权法通过独创性的特质进一步划定何种表达可以获得保护。通过独创性要求，著作权法创造了作品的稀缺性特质，不是任何表达都能获得著作权法保护，只有具有创造性的表达才可以获得著作权法保护。而创造性能力又不是任何人都能具有的，需要具备高智力投入的基本条件，所以也是一项稀缺资源。此外，独创性将需要保护的表达与个人链接起来，只有其个人的智力劳动成果才能由其

---

● 吴汉东. 财产的非物质化革命与革命的非物质财产法 ［J］. 中国社会科学，2003（4）：126.

独享，而且只有该成果具备著作权法所要求的创造性才能为其个人垄断。

然而，无论是时间性的要求，还是独创性要求，其在狭义的著作权领域内是完美成立的；但是广义的著作权法还包容其他内容，其中一个是前面提到的公共领域，另一个是本书的论述主题邻接权。就公共领域来说，时间性与独创性只是划定其领域的两个特质，而且该特质并不足以明确其领域的界限。表达具有独创性也不意味着就一定受著作权法保护，也有可能基于社会公共利益的考量而将其归入公共领域里，如对于"法律、法规，国家机关的决议、决定、命令和其他具有立法、行政、司法性质的文件，及其官方正式译文"，不受著作权法保护，是为了让它们最大限度地向广大社会公众传播，最大限度地为广大公众所知晓，最大限度地被广大公众所利用。❶ 另外，表达不具有独创性也不意味着就一定不能获得法律的保护，至少就著作权法领域范围内，在狭义的著作权之外还存在邻接权这一专有性的权利，而对于邻接权所保护的客体，不具有独创性应当为其基本特质之一。之所以如此，可以从基本的形式逻辑规律进行说明。独创性的有无应当符合矛盾律与排他律，即两个相互矛盾之叙述性判断不可能皆真，也不可能皆假。对于某一特定表达来说，要么有独创性，要么没有独创性。虽然也有学者提出以独创性的高低来判断其是否能够成为受著作权法保护的作品，但是此种做法属于偷换概念，即将事实问题偷换成法律问题。具体来说，独创性的有无属于事实问题，需要当事人在裁判过程中举证加以证明。而独创性的高低则属于法律问题，在进行判断过程中需要辅以"新颖性""独特性""创造性""创作高度"等价值判断来获得某一判断结果，但这会导致不适当地抬高作品的保护标准，甚至导致裁判结果也会不一致。❷

因此，能够作为邻接权客体的表达必然是不具有独创性的表达。只不过不具有独创性仍然无法让我们获得一个明确的邻接权概念。因为无独创性并不能像独创标准一样给予我们关于表达与个人的链接，也无法与不受著作权法保护的其他表达区别开。也就是说，就邻接权客体的界定来说，无独创性特定还不足以对其进行明确界定。

---

❶ 吴汉东. 知识产权法［M］. 北京：北京大学出版社，2014：53.
❷ 卢海君. 论思想表达两分法的法律地位［J］. 知识产权，2017（9）：22.

（五）邻接权客体的新表达形式属性

法律概念不是毫无目的而诞生的，也不是毫无目的地被凑合在一起，法律概念是应目的而生，能够纳入概念界定中的特质也必须与法律的目的相契合。❶而邻接权制度的功能在于保护文化产业主体的投资成果，因此对于界定邻接权客体的特质的选择应当基于该目的进行。而且无独创性所缺失的"与个人之间的链接关系"也需要由此加以补齐。

对于为何要保护邻接权人，学者们虽然更多的是从作品传播者权的角度加以论述，但也从一定程度上揭示了邻接权客体与邻接权人之间的链接关系。如德国著名知识产权法专家 M. 雷炳德认为，邻接权人的精神方面的投入仅仅服务于某种已经存在的智力成果作品，发现该成果或者对这些成果进行再现或者使之变为现实。❷当然，上述学者的论述需要进行修正。基于邻接权与著作权之间的平等关系，邻接权人并不是只使用、传播作品，对于不构成作品的表达，也同样是邻接权人使用、传播的对象。因此邻接权人正是通过自己的劳动，将已经存在的表达以另外一种形式进行使用和传播，即对雷炳德教授所说的，进行再现或者使之变成现实。

以表演者的表演为例，表演者的表演仅仅改变了已有的音乐、歌曲的表达形式，将以文字、符号形式存在的，甚至只存在于人脑之中的音乐、歌曲通过演奏、演唱的方式将之转变为以声音形式存在的表达。在这种转变过程中，表演者并未进行创作，而只是通过自己的技能将已有的表达通过另一种形式再现出来。而录音制作者对声音的录制则是变瞬时的表演为持久的表演，❸即录音制作者的劳动成果仅仅是改变了声音的存在状态，把只能在空气中暂时性存在的声音转变成电磁信号，长久地固定在介质上。因此，录音制作者所进行的技术性投入的成果也只是改变了作品或不构成作品的表达的形式，并未创造出具有独创性的表达。

由此可以看出，邻接权人的劳动成果不在于邻接权人进行了独创性的劳动，只是因为邻接权人进行了某种投入后生成了一种与已有表达不同的新表

❶ 黄茂荣. 法学方法与现代民法［M］. 北京：法律出版社，2007：66.

❷ M. 雷炳德. 著作权法［M］. 张恩民，译. 北京：法律出版社，2005：495.

❸ 德利娅·德普希克. 著作权和邻接权［M］. 联合国教科文组织，译. 北京：中国对外翻译出版公司，2000：272.

现形式。此种投入可能是表演技艺，也可能是标准化技术手段。当然，这里所说的"新表达形式"是指相较于已有的表达形式而言，只是表明其是之前所没有的，并不是说它们具有创造性。此点与专利法对发明的界定❶所强调的"新"是一致的，即"若无'新'一词，就将导致对产品、方法提出的任何技术方案都被称为'发明'，这显然有悖常理，会导致公众产生误解"。❷ 因为，将已有的表达通过标准化的技能、技术再现出来并不需要投入如作者般的创造性劳动，而仅仅是对已有的技艺、标准化的技术手段的运用。如将乐谱演奏为可以聆听的曲调，将剧本中的作品转变成舞台演出，将存在于空气中的声音转变电磁信号加以固定。

这里需要进一步加以说明的是，作为邻接权客体的非独创性的新表达形式与作品的表达之间的关系。"只保护表达，不保护思想"是著作权法的基本原则，只不过正如前文所述，虽然思想与表达如何分界仍存在困难，但是"表达既区别了思想，又具有足够的弹性。用'表达'来界定作品，是目前为止人们无法超越的抽象境界"。❸ 但也正是表达的这种弹性，导致我们在确定何为表达时遇到了困难。困难之一是表达与思想的界分。在许多情况下，思想与表达的分界点并非十分清晰，要准确确定"思想与表达"之间的界限，也需要就个案进行分析。❹ 困难之二是同一作品的不同表达形式问题。因为就著作权法所保护的作品来说，其可能同时存在多种表达形式，其中较有代表性的是建筑作品。虽然我国著作权法将建筑作品界定为"以建筑物或构筑物形式表现的有审美意义的作品"，将建筑作品的表现形式确定为建筑物或构筑物，但根据世界知识产权组织的条约指南中，建筑作品一般"包括作为施工基础的平面图、设计图、草图和模型，以及完成的建筑物、桥梁和类似构筑物本身"。❺ 之所以如此界定，是因为无论是平面的建设作品还是建筑模型及

---

❶ 《中华人民共和国专利法》第二条第二款规定："发明，是指对产品、方法或者其改进所提出的新的技术方案。"

❷ 尹新天. 中国专利法详解（缩编版）[M]. 北京：知识产权出版社，2019：18.

❸ 李琛. 论知识产权法的体系化 [M]. 北京：北京大学出版社，2005：72.

❹ 王迁. 知识产权法教程 [M]. 北京：中国人民大学出版社，2019：52.

❺ 米哈伊·菲乔尔. 世界知识产权组织（WIPO）管理的版权及相关条约指南以及版权及相关权术语汇编 [C]. 世界知识产权组织第 891（C）号出版物，2004：258.

最后的建筑物本身，都是设计师对建筑艺术独创性的智力创造成果的体现。❶只是我们需要注意，这种不同形式的转换过程，是对建筑作品的美学或艺术表达成分进行复制，而建筑作品的建筑施工并不在著作权法规制范围内。❷

那么，作为邻接权客体的无独创性新表达形式与作品的"异体复制"中的表达形式之间的转换的差别就成为该客体界定特质选择正确与否的关键。就作品的"异体复制"来说，其涉及的是作品复制件的增加，属于物理变化的过程，而作为邻接权客体的无独创性新表达形式与复制件无涉，其之所以能够产生源自邻接权人投入了精神性的劳动，而不是精神性的创作。就此两者来说，"在前者的情形，个人的智慧体现在表达方式上并且获得自己独立的成果类型，并进而产生了一个新的精神方面的客体。与此相反，在后者的情形，个人的劳动仅仅服务于某个精神方面的财富，而自己的精神既不纳入该精神财富的结果之中，也不对该精神财富施加影响。作为精神创作成果，作品具有主体上的独创性；与此相反，精神方面的投入仅仅在客观上是独特的，它们仅仅在客观上的特征方面与其他的成果有区别，而且并不表达任何具有独创性的智慧。因此，在精神方面的投入之情形，付出这种投入的人经常是可以替换的，这种替换不对结果产生根本性影响；但是在精神方面的创作的情形，作者本人是不可以替换的"。❸

---

❶ 李永明，王君兰. 建筑作品著作权问题研究 [J]. 浙江大学学报（人文社会科学版），2008（1）：77.

❷ 焦和平. "异体复制"的定性与复制权规定的完善：以我国《著作权法》第三次修改为契机 [J]. 法律科学：西北政法大学学报，2014（1）：123.

❸ M. 雷炳德. 著作权法 [M]. 张恩民，译. 北京：法律出版社，2005：56.

# ‖ 第四章 ‖

## 邻接权制度体系的立法设计

在将邻接权制度体系的构建引入"客体进路"上之后，邻接权制度才获得体系构建的前提。将邻接权客体界定为无独创性的新表达形式，为邻接权体系的构架提供了基石，对于何种客体对象能够纳入邻接权制度之内进行规制便有了合理的依据。同时，邻接权类型也能够合理化扩张，邻接权的权利配置才有了明确的基准，邻接权的限制也不再是简单地借用著作权的限制制度。但是，邻接权制度体系的构建仅有学理化概括是无法完成的，必须与现实中具体存在的对象相结合才能实现法律制度体系的构建。邻接权制度发展至今，无论是邻接权国际保护公约的制定，还是国外邻接权制度的发展，均已形成了相当丰富的制度内容，虽然这些内容存在诸多问题，但同样可以成为邻接权制度体系化构建的养料。

### 一、比较法视野下的邻接权客体类型化

就邻接权客体类型来说，国际保护制度中的客体类型与各国立法中的客体类型存在很大的不同。虽然自《罗马公约》签订至今，邻接权方面的国际公约已陆续通过了多个，如《保护录音制品制作者防止未经许可复制其录制品公约》（简称《录音制品公约》）、《卫星公约》《世界知识产权组织表演和录音制品条约》（简称 WPPT）、《视听表演北京条约》，但其所规定的邻接权类型均未突破《罗马公约》的框架。反观各国法规定，邻接权客体的种类更

为丰富。

（一）国际条约中的邻接权客体类型

自《罗马公约》签订以来，公约所确立的表演者权、录音制作者权和广播组织权的制度框架并未有改变，故而国际公约中的邻接权客体仅有表演、录音制品和广播节目三类。但存在的问题是，由于制度构建的"主体进路"的缘故，包括《罗马公约》在内的国际公约在客体界定方面存在很大的缺失。例如，针对表演者权的客体，《罗马公约》、WPPT、《视听表演北京条约》均只规定了表演者的定义，对于表演者权的客体究竟是什么并未明确规定。因此，对于什么是表演，我们只能通过对表演者的相关规定进行分析才能确定。但是各个国际公约所规定的表演者的概念又不相同，其结果就是表演的界定也遭遇困难。《罗马公约》中的表演者是指"演员、演唱者、演奏者、舞蹈者和演出、演唱、叙述、朗诵、演奏或以其他方式表演文学或艺术作品的其他人"。也就是说，表演是指对文学或艺术作品的演出、演唱、叙述、朗诵、演奏或其他表现形式。而 WPPT 与《视听表演北京条约》中的表演者则是指"演员、歌唱家、音乐家、舞蹈家以及表演、歌唱、演说、朗诵、演奏、表现或以其他方式表演文学或艺术作品或民间文学艺术作品的其他人员"。从该规定我们可知，公约所规定的表演是指对文学或艺术作品或民间文学艺术作品的表演、歌唱、演说、朗诵、演奏、表现或其他方式。与《罗马公约》相比，WPPT 与《视听表演北京条约》对表演内容的规定更为宽泛，《罗马公约》中的表演仅指对文学或艺术作品的表演，而 WPPT 中的表演除对文学或艺术作品的表演外，还包括对民间文学艺术作品的表演。

同样，《罗马公约》对广播组织权的客体也未进行规定。《罗马公约》也未明确规定广播节目的含义，但公约对"播放"进行了规定，从中我们可知公约所规定的广播节目的含义。该公约第 3 条（f）项规定，"'播放'是指为公众接收而通过无线手段播送声音或声音兼图像"。也就是说，广播节目是指通过无线手段传送的声音或声音兼图像。WPPT 同样也未对广播节目做出规定，我们也只能通过对相关规定的分析来得到 WPPT 中所规定的广播节目。WPPT 第 2 条（f）项规定，"'广播'系指以无线方式的播送，使公众能接收声音、图像或图像和声音的表现物；通过卫星进行的此种播送亦称为'广播'；播送密码信号，如果广播组织或经其同意向公众提供了解码的手段，则是'广播'"。通过该条对广播的定义我们可知，广播节目是指通过无线方式以及卫星进行播送的声音、图像或图像和声音的表现物。《布鲁塞尔公约》对广播节目进行了界定，公约第 1 条规定，"'节目'是指为了供最大限度的传播而发射的信号中所包含的一个由图像、声音或由二者构成的实况或录制材料的整体"。当然，从该规定中我们可以知道广播节目的内容是一个由图像、声音或由二者构成的实况或录制材料的整体。这个定义与我们从《罗马公约》和 WPPT 公约中所得出的结论是相同的。

唯一得到明确规定的就是录音制品，《罗马公约》对录音制品进行了明确的规定，该公约第 3 条（b）项规定，"'录音制品'是指表演的声音或其他声音的任何单纯的听觉录制品"。而《录音制品公约》延续了该规定，并未有新突破。《录音制品公约》第 1 条规定，"'录音制品'是指表演的声音或其他声音的任何单纯的听觉录制品。" WPPT 中所规定的录音制品为"除以电影作品或其他音像作品所含的录制形式外，对表演的声音或其他声音或声音表现物所进行的录制"。与《罗马公约》的规定相比，该规定在录音制品的内容方面有所扩大。WPPT 明确将电影作品或其他音像作品所含的录制排除在外，同时增加了对声音表现物进行的录制。增加声音表现物的原因是为了应对计算机技术的发展而带来的变化。

## （二）代表性国家规定的邻接权客体类型

### 1. 德国

作为典型的"作者权体系"国家，德国著作权法中专门规定了"与著作权有关的权利保护"内容。在该部分中，除了表演者、录音制作者和广播组织外，还包括了特定版本、达不到摄影作品要求的一般照片、非独创性数据库、达不到电影作品独创性要求的电影制品和活动图像。

从德国著作权法的规定来看，德国的邻接权制度所保护的客体往往都强调独创性较低或没有独创性，从而与著作权法所保护的作品相区别。德国的著作权法专家认为，邻接权所保护的各项客体仅仅是一些特殊的精神方面的劳动投入，这种投入与精神方面的创作行为存在着一些区别。在精神方面付出投入的人经常是可以被替换的，这种替换不对结果产生根本性的影响；但是在精神方面的创作的人是不可以替换的。虽然具有独特性的精神方面的投稿也应当受到保护，但这种保护不能像《关于文学作品与音乐作品的著作权法律》（1901 年）第 2 条第 2 款所规定的那样以著作权的形式来保护。❶ 因此，德国邻接权制度所包含的保护客体虽然包括了传统邻接权制度的内容，但是从其保护的出发点来看已经与传统邻接权制度的出发点有了一定的区别。这种区别就是其已不完全是基于对传播者权益的保护，而是对独创性较低或没有独创性的精神劳动投入的保护。

2. 法国

作为作者权体系发源地的法国，❷ 其著作权法的制定一直坚守着尊重作者权的法律传统，赋予作者（只能是自然人）至高无上的地位。也正因如此，在 1957 年法国著作权法制定时，虽讨论过表演者、录音制作者和广播组织的保护问题，但最后仍被该法拒绝。直至 1985 年的著作权法中，法国才制定了邻接权法。在 1992 年的《法国知识产权法典》中，作者权与邻接权、数据库专有权并立。《法国知识产权法典》所规定的邻接权客体主要有表演者、录音制作者、录像制作者、视听传播企业。从前述立法的规定来看，法国的邻接权制度所包含的客体主要有表演、录音制品、录像制品、广播节目。另外，根据 1984 年的一项法令，体育比赛组织者的权利也比照邻接权给予保护。❸ 由于数据库、体育比赛并没有明确列入邻接权制度之中，对它们的保护只是单列，这对于崇尚体系的法国著作权法来说实在是个不得已的选择。

3. 意大利

意大利著作权法有一个很长的名称，即《著作权及与其行使相关的其他权利保护法》，从该名称我们可以看出，邻接权在此被称为相关权。意大利著作权中的相关权制度所包含的客体是最为广泛的，根据《意大利著作权法》（2020）的规定❶来看，相关权制度主要包括录音制作者的权利，电影或者视

---

❶　M. 雷炳德. 著作权法 [M]. 张恩民，译. 北京：法律出版社，2005：56.

❷　侧重于商业方面的英美版出自安娜·斯图亚特法，侧重于个人方面的著作权则出自法国大革命的各项法令，这两种著作权（一种是有普通法律传统的国家的著作权；另一种是有欧洲大陆法律传统或有拉丁法律传统的国家的著作权）乃是关于著作权的现代立法的源泉。参见德利娅·德普希克. 著作权和邻接权 [M]. 联合国，译. 北京：中国对外出版公司，2000：20.

❸　管育鹰. 体育赛事直播相关法律问题探讨 [J]. 法学论坛，2019（6）：76.

❶　《意大利著作权法》第二编 "与著作权行使相关权利的规定"，参见十二国著作权法翻译组. 十二国著作权法 [M]. 北京：清华大学出版社，2011：302—312.

频作品或者系列动画版制作者的权利，广播电台、电视台的权利，表演者和演奏者的权利，与作者财产权消失后首次发表或者向公众传播的作品相关的权利，与对进入公有领域的作品进行评论和学术研究的版权相关的权利，对舞台布景设计的权利，对摄影作品的权利，有关书信和肖像的权利，对工程设计图的权利，此外对作品、文章和新闻的名称、标题、外观的保护也放入相关权制度之中。可以说，在所有规定有邻接权制度的国家中，意大利著作权法中所规定的相关权的内容是最为丰富的。由此，意大利著作权法中的相关权的客体也是最为丰富的，包括录音制品、电影、视频作品、系列动画片、广播节目、表演、作者权消失后首次发表或者向公众传播的作品，对进入公有领域的作品进行评论和学术研究的版本、舞台布景、摄影作品、书信、肖像、工程设计图、作品、文章和新闻的名称、标题和外观。

### (三) 体系化视角下的邻接权客体类型梳理

#### 1. 法律制度体系的开放性与暂时性

法律制度的体系化构建之所以从外部体系构建发展成为外部体系与内部体系并存的局面，就是因为仅构建外部体系会导致法律制度的封闭，会因过度强调法律规范与法律适用的逻辑性而导致价值判断从法律制度中的剥离。故而概念法学派所构建的严格依循形式逻辑的外部体系遭到了批判，进而才有了利益法学派与价值法学派对内部体系的引入。内部体系的学说指出，法律体系既是逻辑体系，也是价值体系。❶ 也正是因为内部体系的构建是通过将价值内建于法律原则，并将法律原则作为体系构建的基础而展开的，内部体系是一种开放的体系，此种开放性表现为一方面在诸原则的协作上可能会有所改变，另一方面也有可能会发现新原则。❷ 此外，更重要的原因在于人的认识能力是有局限性的，人类从未获得纯粹而且完全的绝对之真。所以，任何一个体系只是一个暂时的总结。❸ 但是，即便体系具备开放性，但也不能因此而否认其在一定时空之下的暂时正确性的知识价值。❹

---

❶ 黄茂荣. 法学方法与现代民法 [M]. 北京：法律出版社，2007：620.
❷ 卡尔·拉伦茨. 法学方法论 [M]. 陈爱娥，译. 北京：商务印书馆，2003：359.
❸ 黄茂荣. 法学方法与现代民法 [M]. 北京：法律出版社，2007：573.
❹ 黄茂荣. 法学方法与现代民法 [M]. 北京：法律出版社，2007：621.

此点同样适用于邻接权客体的类型化。虽然我们通过体系化的思维能够认识到邻接权客体的特质，只有将其与现实生活中具体存在的对象相连接才能完成法律制度体系的构造。而类型化是在体系构建过程中让抽象的东西接近具体的东西，让具体的东西接近抽象的东西的方法。利用该方法，法律上的价值与现实生活更容易相连接。❶ 邻接权客体的类型化虽然应当从现实中的资料的类型化得来，但法律制度之间也有承继性，尤其是对于一个自身不够完满，而外国法又有较多经验资料可资借鉴时，对域外立法经验的借鉴不失为一个较为合理可行的捷径。只不过需要特别说明的是，在借鉴域外法经验基础上的邻接权客体的类型化并不意味着邻接权制度体系的封闭性，它只是基于时下的体系化能力与社会发展阶段而构建出的暂时性制度体系。

2. 邻接权客体类型的现时设定

在前面所提及的国际立法与代表性国家立法所提到的邻接权客体类型中，传统的三大邻接权类型基本没有争议，即表演、录音制品和广播节目作为邻接权的客体类型已然被接纳，本书也不再过多赘述，唯独其内涵的界定需要作进一步明确。

除此之外，各国著作权法所规定的邻接权客体则纷繁复杂，将之纳入邻接权制度的缘由各异，然而对于何种对象可以成为邻接权客体，我们可以从前述邻接权的特质进行判断，能够成为邻接权客体的必须是无独创性的新表达形式。然而，由于社会发展极为迅速，新技术、新事物层出不穷，笔者无力穷尽所有的客体类型，在此仅对符合邻接权客体要件，并在各国著作权立法中已有规定的邻接权客体类型进行论述，以达成能为立法者所接受的目的。由此观之，在目前情况下比较不具有争议而能够纳入立法中的邻接权客体类型，除了表演、录音制品和广播节目外，还应包括以下三类：

（1）版式设计

此为我国著作权法已经明确规定的邻接权客体类型。同时，在域外法中，德国著作权法也规定有特定版本；意大利著作权法中规定有与作者财产权消失后首次发表或者向公众传播的作品相关的权利、与对进入公有领域的作品进行评论和学术研究的版权相关的权利。

---

❶ 黄茂荣. 法学方法与现代民法［M］. 北京：法律出版社，2007：575.

（2）录像制品

我国著作权法中也将其规定为邻接权客体。德国著作权法也规定有达不到电影作品独创性要求的电影制品和活动图像；法国著作权法则明确规定有录像制品。

（3）数据库

德国著作权法明确将非独创性数据库纳入邻接权的制度中加以保护；法国著作权法虽然保护数据库，但并没有将其归入邻接权制度中，对其保护只是单列，这对于崇尚体系化的法国著作权法来说实在是个不得已的选择。

（四）邻接权客体类型的界定

1. 表演的界定

（1）关于表演的现行立法

对表演者的表演提供邻接权保护早已成为共识，但在"何为表演"的认识上却差别甚大。《罗马公约》对表演者进行了明确的规定，从该规定中我们可以得到关于表演的界定，即"表演是指演员、歌唱家、音乐家、舞蹈家和表演、歌唱、演说、朗诵、演奏或以别的方式表演文学或艺术作品"；WPPT与罗马公约相同，也是仅规定了"表演者"，从该规定我们可以得知，"表演是指演员、歌唱家、音乐家、舞蹈家以及表演、歌唱、演说、朗诵、演奏、表现或以其他方式表演文学或艺术作品或民间文学艺术作品"；而在法国知识产权法典中，关于表演的定义则规定于作者的财产权部分，"表演是指通过某种方式特别是下列方式向公众传播：①公开朗诵、音乐演奏、戏剧表演、公开放映及在公共场所传播远程传送的作品；②远程传送，是指通过电信传播的一切方式，传送各种声音、图像、资料、数据及信息。向卫星发送作品视为表演"。❶ 澳大利亚版权法关于表演的定义被分为基于作品的表演、非作品的表演和不受版权法保护的表演，该法第248条规定，"表演包括：①对戏剧作品或戏剧作品一部分的表演（包括即兴表演），其中也包括木偶戏剧表演；②对音乐作品或音乐作品一部分的表演（包括即兴表演）；③对文学作品或文学作品一部分的朗读、背诵或演讲，或者是对即兴创作的文学作品的背诵和

---

❶ 《法国知识产权法典》L. 122-2 条。

演讲；④舞蹈表演；⑤马戏表演、杂技表演或者类似演出或展示方式的表演；上述表演应当在澳大利亚境内，现场演出或者由一名或更多的具有澳大利亚合法资格的人表演，而不论这种表演是否面对观众"。《美国版权法》第101条规定了表演作品的含义，即直接或借助设备或方法朗诵、演出、演奏、舞蹈或用行为表现作品；就电影或其他视听作品而言，就是连续放映作品的图像或同时播放作品的伴音。

从上述立法例中可以看出，不论从实质的内容上，还是在形式的表述上，受邻接权保护的"表演"这一概念的界定并不清晰。有的立法将表演的内容仅限于对文学和艺术作品，如《罗马公约》；有的则包括文学和艺术作品以及民间文学艺术作品，如WPPT；有的立法所规定的表演内容更为广泛，将马戏、杂技的表演也列入其中。在表演的方式上，则更加多样化，如罗马公约与WPPT中规定的方式有表演、歌唱、演说、朗诵、演奏、表现或以其他方式，澳大利亚规定的表演方式还包括直接或借助设备所进行的表演。因此，我们有必要对表演这一概念从理论上进行探讨。

（2）对表演的理论探讨

对于表演这一概念的理解，理论学家们从来就没有停止过对它的讨论，原本主要集中于文学艺术领域的讨论，现已经发展到了整个人类学范围内。美国著名的民俗学家、人类学家、表演理论的主要代表人物理查德·鲍曼（Richard Bauman）教授就主张，表演在本质上可被视为和界定为一种交流的方式。❶ 他认为在人文社会科学领域里对表演一词有各种用法，而在美国民俗学和人类学领域里则有两种重要观点：一是把表演看成一种特殊的、艺术的交流方式；二是把表演看成一种特殊的、显著的事件。鲍曼教授认为，第二种观点即将表演作为一种特殊的、显著的事件是致力于"文化表演"的研究所得出的结论，文化表演具有以下特点：一是文化表演的事件和周围的其他事件是通过时间和空间的限定而被区分开的；二是在一个限定的时间、空间里文化表演和其他时间、空间、社会关系、社会生活之间相互联系；三是文化表演是一个公共事件，它邀请人们参与其中；四是文化表演具有异质性、多元性的特点；五是规划，文化表演和其他表演的一个很大不同，在于它需

---

❶ 理查德·鲍曼. "表演"的概念与本质 [J]. 杨利慧，译. 西北民族研究，2008（2）：34.

要很多准备；六是文化表演的最为重要特征，即它能升华和强化人的情感。❶由于鲍曼教授是在民俗学和人类学领域对表演进行定义，因此上述定义并不清晰、明确，不可能作为构建法律制度的基本概念。美国表演理论研究方面的另一专家理查德·谢克纳（Richard Schechner）教授在其著名的《表演理论》一书中认为给表演下定义是一件非常困难的事情，他举例说明有的学者已将表演扩大到了任何行为，但他认为在研究表演理论时，适当限定表演的范围是非常必要的。由此，他给表演所做的定义为"表演是单个人或一群人在其他单个人或一群人面前为这些人所做的行为"，同时他认为，在把握一般理论与这些理论在各种艺术形式中适用之间的关系时，最好将上述表演的定义限定在已被公认的情景戏剧中，即展示观众与表演者之间互动关系的固定平台。这里的观众可以是意识形态的观众。❷研究表演者权利国际保护的学者欧文·摩根（Owen Morgan）认为，谢克纳教授这一看似简单的概念，却一定程度上揭示了表演的理论内涵。首先，该概念肯定了表演的主体是单个的自然人或者是自然人的集合体；其次，该概念揭示了表演是一种行为，是一种能够被听到或者看到的有目的的作为，这里要强调的是任何演员在离开舞台的平常生活中的行为展示不是以表演为目的，所以这样的行为显然不是表演行为；最后，该概念强调了表演的行为目的是满足除表演者以外他人的需求，也就是通常所说的观众的需求。❸

（3）关于表演的法律界定

对于表演者这一概念，理论上的概括因过于抽象而无法应用到立法之中。立法中使用的概念应当明确具体，让人们知道其所指，现行立法对表演的规定就采取了列举式规定。此种规定虽然可以明确何为表演，但利用上述理论概括来审视现有的立法规定就可以发现，现行立法对表演的界定过于狭窄。其中，最为狭窄的当属《罗马公约》的规定，其仅规定只有对文学和艺术作品的表演才能受到邻接权的保护。在 WPPT 中，表演的内容已有所扩展，增加了对民间文学艺术的保护。当然，在各国立法中，表演的内容已大为扩展，

---

❶ 理查德·鲍曼. 美国民俗学和人类学领域中的"表演观"[J]. 杨利慧，译. 民族文学研究，2005（3）：142—143.

❷ SCHECHNER R. Performance Theory [M]. London and New York：Routledge，1988：22.

❸ MORGAN O. International Protection of Performer's Right [M]. Oxford and Portland，Oregon：Hart Publishing，2002：20-24.

增加了马戏、杂技、木偶戏等。从中我们可以看出，现行立法采取了从内容来判定是否为表演的路径，由此导致了表演的外延因法律限定过于严格而使许多表演无法纳入邻接权的保护之中。

表演作为人们进行交流的一种方式，● 从其行为特征进行界定什么是表演更容易将所有应当纳入法律保护中的表演类型包容进来。欧文·摩根教授对表演所下的定义是："一个自然人个人瞬间的行为，这种行为不借助任何技术设备而被感知，而该行为的意图是为了实现与他人的交流以达到娱乐、教育或者例行仪式的目的。"● 这一概念给出了确定什么是表演的几个重要因素：一是其应当是瞬间行为，表演本身是一种暂时性的行为；二是表演的被感知是不需要通过技术设备的，无论科学技术对于表演的固定形式有怎样的影响，作为表演本身是不受固定形式的影响的；三是表演是一种以表演为目的的有意义的交流活动。表演的交流性又给出了表演的两个重要特征：一是表演必须通过行为表现出来；二是表演行为必须以娱乐、教育或者例行仪式的交流方式展示出来。通过上述对表演的特征的论述，我们可以避免从内容的角度来界定表演。但是，欧文·摩根教授对表演所下的定义也存在一定的问题，即其将表演的主体界定为单个的自然人，由此导致将多人表演排除在外，毕竟现在很多的表演都需要多人的配合才能完成。因此，对欧文·摩根教授所做的表演的定义进行修正后便可以得到一个更为完善的定义，即所谓表演，是指一个或多个自然人为了实现与他人的交流以达到娱乐、教育或者例行仪式的目的而进行的瞬间行为。

2. 录音制品的界定

录音制品也是传统邻接权制度所保护的内容之一。因录音制品伴随着录音技术的发展而产生，故对"何为录音制品"的认识比较统一，自《罗马公约》对录音制品作出规定后，后续的国际公约及各国立法均对录音制品有较为明确的规定。《罗马公约》第 3 条（b）项规定，"录音制品是指表演的声音或其他声音的任何单纯的听觉录制品"。从该规定可以看出，录制品可以是

---

● BAUMAN R. Folklore, Cultural Performance and Popular Entertainments ［M］. New York：Oxford University Press，1992：41.

● MORGAN O. International Protection of Performer's Right ［M］. Oxford and Portland，Oregon：Hart Publishing，2002：27.

对表演的声音或其他声音的录制。在罗马会议期间，鸟鸣或自然界的声音被列举为其他声音的例子。换句话讲，不论声音的来源如何，录音制品本身都受到公约的保护。❶《录音制品公约》则规定，"'录音制品'指表演的声音或其他声音的任何单纯的听觉录制品"。从这个录音制品的定义来看，录音制品指的仅仅是单纯的听觉录制品，而不包括带有画面的影像制品。只不过，该公约并未对录音制品的内容进行明确规定。WPPT 则进一步规定，"录音制品系指除以电影作品或其他音像作品所含的录制形式之外，对表演的声音或其他声音或声音表现物所进行的录制"。该公约对录音制品的界定是从形式和内容两个方面进行的，从形式上来看，录音制品仅指声音的录制品，电影作品或其他音像作品所含的录制被排除在外；从内容上看，既包括表演的声音也包括其他声音。

各国立法也基本延续了国际公约的此种规定，如《美国版权法》第 101 条对录音制品的界定为："'录音制品'是除伴随电影或其他音像作品的各种声音以外的声音由现在已知的或以后发展的任何方法加以固定的物体。通过这类物体，声音可以被听到、复制或用其他方式传播，无论是直接地或借助于机器或装置。'录音制品'一词包括初次录制声音的物体。"《美国版权法》还对录音作品进行了规定，"'录音作品'是经录制一系列音乐的、说话的或其他的声音产生的作品，不论体现这类作品的物体例如唱片、录音带或其他录音制品的性质如何，但是不包括伴随电影或其他音像作品的各种声音"。《英国版权权法》第 5 条规定："（1）在本编中'录音'系指（a）可从中再现出声音的声音录制品，或者（b）文学、戏剧或音乐作品之全部或部分的录制品，对其中声音的复制可以再现出该作品或其一部分，而不论采用何种录制介质以及用何种方式复制或再现其中的声音；（2）如果录音或影片是或在一定程度上是已有录音或影片的复制件，则不享有版权。"《日本著作权法》第 2 条第一款规定："（五）录音制品。指固定了声音的光盘、录音磁带和其他有形介质（但专门为了和影像同时播放的录音制品除外）。……（十三）录音。指将声音固定在介质上或者将该介质制作一份或多份。"

从上述国际公约及各国立法对录音制品的规定来看，均是从形式和内容

---

❶ 克洛德·马苏耶. 罗马公约与录音制品公约指南［M］. 刘波林，译. 北京：中国人民大学出版社，2002：16—17.

上对录音制品进行了界定。此外，美国版权法、英国版权法和日本著作权法还对录音制品的载体形式进行了规定，使录音制品在实践中更容易被确认。首先，从形式上看，录音制品是对各种声音的单纯录制，并不包括电影或其他音像制品中所包含的声音。其次，从内容上看，录音制品所录制的声音既包括对表演、文学、戏剧或音乐作品中的声音的录制，也包括对自然界的声音、人为制造的声音等的录音。最后，从载体上看，录音制品的载体主要包括唱片、录音带以及其他可使声音被听到、复制或用其他方式传播的媒介，对于录音制品的载体，各国的规定是比较宽泛的，如《美国版权法》规定，"由现在已知的或以后发展的任何方法加以固定的物体"，《英国版权法》规定，"不论采用何种录制介质以及用何种方式复制或再现"，也即只要能将声音固定下来，并可以复制传播，均可以认定为是录音制品。

3. 广播节目的界定

（1）关于广播组织者权客体的争论

广播组织者权是传统邻接权制度的主要内容之一。然而，随着传播技术的飞速发展，对于何为广播组织者权的客体的认识也在不断地变化。加之对广播的保护会影响到作品、表演者的表演、录音制品、视听作品等的保护，更是导致对其界定的困难。

对于广播组织权的客体究竟为何，至今未有定论。因为自广播组织被纳入法律保护伊始，所考虑的是对"海盗广播台"的禁止以及对广播节目的录制后的播放，广播组织的关注点在于对重播及转播的专有控制。[1] 也正因为如此，在《罗马公约》制定时并未明确规定广播组织权的客体。该公约虽然在第3条（f）项界定了"broadcasting"（通常被翻译为"播放"[2]），但在后面规定广播组织权时却使用了"broadcasts"（通常被翻译为"广播电视节目"）[3]。但是，"broadcasting"与"broadcasts"均具多重含义，既可以解释为"广播"，也可以解释为"广播节目"，由此导致了广播组织权的客体的模糊性。此种模糊性在《罗马公约》中并未产生争议，也未获得足够的关注，

---

[1] 郑成思. 版权法（上）[M]. 北京：中国人民大学出版社，2009：59.

[2] 克洛德·马苏耶. 罗马公约与录音制品公约指南 [M]. 刘波林，译. 北京：中国人民大学出版社，2002：18.

[3] 克洛德·马苏耶. 罗马公约与录音制品公约指南 [M]. 刘波林，译. 北京：中国人民大学出版社，2002：43.

原因就在于《罗马公约》在界定"播放"时限定了只有通过赫兹波或其他无线手段才构成播放，不论是对广播转播或者录制，还是对广播电视节目的广播或者录制，均来自唯一的路径——无线广播。但是，随着广播组织播送节目的技术手段的增加，出现了无线广播、有线广播、卫星广播、网络广播的区分，无论是"broadcasts"还是"broadcasting"都不能包容上述传播技术，因而在制定《世界知识产权组织保护广播组织条约》（简称《广播组织条约》）过程中有必要对广播组织权进行明确，"广播信号说"❶也就进入了我们的视野之中。

"广播信号说"的提出，主要原因就是对"广播节目说"的担心。一般认为，"广播节目说"将广播组织权客体界定为"广播组织制作的广播电视节目"。❷ 然而，对于何为"广播节目"未再作进一步的说明。由于广播组织所播放的内容往往是作为著作权客体的作品，"广播节目说"被认为会导致广播组织权客体与著作权客体的重叠，进而会损害著作权人的利益。广播的内容除了作品外，还包括作为邻接权客体的表演、录音录像制品，以及不受著作权法保护的时事新闻、事实信息和处于公有领域的作品。将广播节目作为广播组织权客体也会引发广播组织与其他邻接权人、与社会公众的利益冲突。因此，"广播节目说"受到了很大的抵制。

为了避免广播组织权的存在损及著作权人、邻接权人以及社会公众的权利，版权及相关常设委员会（SCCR）在广播组织权客体的界定上采取了"基于信号的进路"。❸ 之所以做如此选择，是因为"反对盗播"（anti-piracy）是《广播组织条约》制定的最重要目标，换句话说，制定该公约主要是为了制止"对广播信号的窃取"。❹ 为了实现"基于信号的进路"，公约在两个方面进行了限制：一是明确公约仅保护无线广播和有线广播，网络广播不在该公约的保护范围之内。之所以不保护网络广播，原因之一就是网络广播与传统广播

---

❶ 作为广播组织权客体的广播信号被界定为"广播组织（或有线广播组织）播送的或代表广播组织（或有线广播组织）播送的，作为广播的载有节目的信号，包括预广播信号，而不延及其中所载的节目。"See SCCR/34/4, p. 3.

❷ 吴汉东. 知识产权法［M］. 北京：北京大学出版社，2014：86.

❸ See SCCR/S1/3 Prov, p. 4.

❹ See SCCR/S1/3 Prov, p. 11.

不同，是点对点的播放，必须由用户激活才能完成。❶ 自《罗马公约》以来，对广播的认识就包含有"向公众提供"这一要件，为此 SCCR 在《广播组织条约》中还专门增加了广播前信号的保护。二是对广播组织所享有的权利进行了限缩。如《广播组织条约（草案）》对固定后的权利内容（如复制、发行、录制后播送的权利以及向公众提供权）远远小于最初 SCCR 所提供的文本，该文本还包括了对加密广播的解密权和对录制的广播的出租权。❷ 虽然如此，《广播组织条约（草案）》赋予广播组织过于宽泛的权利❸而被学者称为"伪广播信号说"。❹ 而在最新的 SCCR 工作文件中，广播组织所享有的权利进一步被限缩，仅包括"转播权"。❺ 通过上述两个方面的限制，广播组织权的客体被界定为信号也就没有了理论上和制度上的障碍。

（2）"广播信号说"的证伪

"广播信号说"在《广播组织条约》的制定中得到了贯彻，也在部分国家的立法中得到了体现。如加拿大《版权法》明确规定"广播组织对其广播的通信信号（communication signals）享有权利"。❻ 但是，"仔细分析后可以就可以发现，目前声称采用这一方法的法律文件对广播组织权欲保护的'节目保护保护模式'并不存在本质差异"。❼ 此种名实不符的现状也正说明"广播信号说"的合理性仍然存在很大的疑问。

（3）"广播信号说"会引发法源的混乱

客体的非物质性是知识产权的本质特征，❽ 也是知识产权制度构建的根

---

❶　LEWINSKI S V. International Copyright Law and Policy ［M］. New York：Oxford University Press，2008：519.

❷　LEWINSKI S V. International Copyright Law and Policy ［M］. New York：Oxford University Press，2008：522.

❸　在 2006 年的《世界知识产权组织保护广播组织条约基础提案草案》中，广播组织权的客体被界定为"用以播送节目的信号，而不延及这些信号所载的作品及其他受保护的客体"。同时该草案赋予广播组织"转播权（第 6 条）、录制权（第 7 条）、复制权（第 8 条）、录制后播送的权利（第 9 条）、提供已录制的广播节目的权利（第 10 条）"。See SCCR14/2，p. 16，pp. 19-23.

❹　王迁. 广播组织权的客体：兼析"以信号为基础的方法"［J］. 法学研究，2017（1）：113.

❺　"三、所授予权利：（1）（i）广播组织［和有线广播组织］应享有授权以任何方式对其载有节目的信号向公众转播的专有权。（ii）广播组织［和有线广播组织］还应享有授权以公众在其个人选定的地点和时间可以获得的方式，对其载有节目的信号进行转播的专有权。（2）广播组织［和有线广播组织］还应当有权禁止未经授权以任何方式转播其预广播信号。"See SCCR/34/4/，p. 4.

❻　Copyright Act of Canada，article 21.

❼　王迁. 广播组织权的客体：兼析"以信号为基础的方法"［J］. 法学研究，2017（1）：109.

❽　吴汉东. 知识产权总论 ［M］. 北京：中国人民大学出版社，2013：25.

基，无论是著作权法，还是专利法，以及新产生的一系列的知识产权客体无不具备这一本质特性。著作权法保护的是作品，而不是作品的载体。因为"只有保护作品的专有权利才是著作权，而保护作品载体的专有权利则是物权"。● 而被当作广播组织权客体的"广播信号"只是一种能传播节目的电子载波。● 此种认识也存在于 SCCR 所制定《广播组织条约（草案）》中。●

事实上，在现代知识产权法产生初期，对于知识产品与知识产品的载体的划分也并不是十分清楚，甚至是根本直接混用。例如，《安娜女王法》作为世界上第一部现代意义上的版权法，所规定的内容均是指向图书的印制，其中规定"对于已经印制的图书，作者享有为期 21 年的印制该图书的专有权利；对于已经完成但未印制出版的图书，作者享有为期 14 年的印制其图书的专有权利"。由于当时传播技术的限制，在作品利用方式单一的情况下，不管是作者还是图书出版商，只需控制图书出版即可保护其自身的利益，自然无须关注版权法保护的是作品还是图书。然而，随着新的传播技术不断出现，作品的载体已不再局限于图书这一种形式，由此需要区分作品与作品载体，明确法律所保护的是作品，而不是作品的载体。对于广播组织的保护也面临同样的问题。广播行为、广播信号、广播节目的混用在广播组织权设定初期囿于传播技术的限制在不加区分的情况下也可以保护广播组织的利益，但是随着传播技术的发展，广播组织的劳动成果已经有了多种载体。由此也就具备了区分广播节目与广播节目载体的事实基础。

（4）"广播信号说"是技术主义立法的产物

技术主义立法"根据传播媒介来设定权利，没有考虑这种传播媒介的技术特征是否有必要在法律上构成一种独立的利益类型"，这既违背了技术中立原则，也会因为技术的不断发展而导致这些权利在数量上烦琐众多；在体系

---

❶ 王迁. 广播组织权的客体：兼析"以信号为基础的方法"[J]. 法学研究，2017（1）：101.

❷ Brussels Convention Relating to the Distribution of Programme-Carrying Signals Transmitted by Satellite [EB/OL]. [2020-10-25]. https://www.wipo.int/treaties/en/ip/brussels/.

❸ 2014 年 3 月 25 日的《保护广播组织条约工作文件》第 5 条中明确规定："'信号'系指通过电子手段生成，由声音或图像，或声音加图像，或其表现物构成的载体，无论是否加密。""'节目'系指由一部或多部受版权或相关权保护的作品组成的独立包，形式为由图像、声音或者图像加声音组成的实况材料或录制材料。"

上庞杂臃肿；在关系上叠床架屋、冲突交叉。❶ 技术主义立法所造成的问题同样也出现在广播组织权的设定上。在我国的《著作权法（修订草案送审稿）》❷ 中，广播节目被界定为"广播电台、电视台首次播放的载有声音或者图像的信号。"结合送审稿中对"播放权"❸ 的规定，可以得知此处的信号应当包括无线广播信号与有线广播信号。此种规定相较于《广播组织条约（草案）》中的规定已有明显进步。在该条约草案中，"广播节目"与"有线广播节目"是分别进行定义的。❹ 但是，由于对信号的界定包含有向公众提供这一要件，对于不向公众提供的广播信号明显不能包括在这一定义中，从而衍生出"广播前信号"的保护问题，并被认为是我国《著作权法（修订草案送审稿）》的一大缺陷。❺ 当然，这是在未考虑网络广播的前提下，就衍生出无线广播信号、有线广播信号、广播前信号的保护问题。如果将网络广播也纳入进来，广播组织权的客体会更加复杂。

（5）"广播信号说"无法保护广播组织的利益

"广播信号说"的成立是以"排斥网络广播"和"享有有限权利"为前提的。然而，上述限制无疑把广播组织的利益隔绝于法律保护之外。

首先，网络广播的存在是不可回避的事实。自美国在 2002 年提出网络广播的保护开始，关于网络广播的保护就成了《广播组织条约》的争议点，并在很长时间内成为该条约制定中的负担。❻ 多数与会国代表认为并不存在对网络广播的保护需求，而且对于网络广播也缺乏相应的经验，因此反对将网络广播纳入保护范围，SCCR 最终采取了分开讨论、分开制定保护规范的做法，继续将网络广播排除在《广播组织条约》保护范围之外。由此导致广播组织

---

❶ 焦和平. 三网融合下广播权与信息网络传播权的重构：兼析《著作权法（修改草案）》前两稿的相关规定》[J]. 法律科学：西北政法大学学报，2013（1）：156.

❷ 该送审稿是指国务院法制办公室于 2014 年 6 月 6 日所公布的《中华人民共和国著作权法（修订草案送审稿）》，详见国务院法制办网站 http://www. chinalaw. gov. cn/article/cazjgg/201406/20140600396188. shtml，2017 年 6 月 26 日访问。

❸ 送审稿第十三条第六项规定"播放权，即以无线或者有线方式公开播放作品或者转播该作品的播放，以及通过技术设备向公众传播该作品的播放的权利"。

❹ See SCCR/27/6, p. 2.

❺ 张弘，胡开忠. 关于中国广播组织权保护制度的立法动议：兼析《著作权法（修订草案送审稿）》第 41、第 42 条 [J]. 北京理工大学学报（社会科学版），2014（3）：133.

❻ LEWINSKI S V. International Copyright Law and Policy [M]. New York：Oxford University Press，2008：514.

利用互联网进行广播无法得到法律的保护。然而，随着传播技术的不断发展，网络广播也成为广播组织的重要传播手段。● 事实上，网络广播与传统的无线广播除了在传播技术方面存在差异外，均是由信息源确定节目的传送时间、由公众在与信息源不同的地点基本同时接收到节目的信息传送。❷ 在 SCCR 的最新文件中虽然将网络转播纳入了"转播权"的规制范围，但其所界定的"广播组织"被明确排除了。❸

其次，在广播电视产业领域，广播电台、电视台更注重的是广播电视节目的内容。"内容为王"的原则无论是在传统媒体时代，还是数字媒体时代都一直屹立不倒。❹ 而广播组织所需求的内容可以是自己制作的，也可以是外部购买的。无论通过何种方式，获取优质内容才是广播电台、电视台的工作重心。❺ "广播信号说"刻意避开对广播节目的保护，将广播组织无法控制，甚至要为之花费巨额成本的"广播信号"作为其权利客体，肯定无法保护其利益。

（6）"广播信号说"对"广播节目说"的批判是无的放矢

"广播信号说"的立论基础在于"广播节目说"会引发广播组织权与著作权、邻接权（主要是表演者权和录音制作者权）客体的重合，从而减损著作权、邻接权专有性，甚至会将不受著作权法保护的对象和处于公有领域的对象纳入广播组织的掌控之中，从而减损社会公众的利益。然而，对于"广播节目"究竟为何从未有一个严格的论证，更多的是任凭直觉就将广播节目

---

❶　早在 2015 年 4 月 16 日，挪威文化部就已经宣布，将在 2017 年底前从 FM 调频广播完全过渡到数字声音广播。根据盖乐普的 2015 年第 4 季度数字声音广播调研报告，挪威 60% 的广播听众每天收听数字广播，55% 的家庭有至少一个 DAB（数字声音广播）设备。26% 的私家汽车配备了 DAB 广播（2014 年第 4 季度为 20%，2013 年为 10%）。根据 World DAB 组织 2016 年 12 月 14 的数据，挪威目前已有 63 个 DAB 广播服务和 45 个"DAB+服务"，累计销售了 334.5 万台 DAB 接收机设备，数字声音人口覆盖率达到 71%。新增汽车中，78% 拥有 DAB/DAB+接收机。参见挪威首个关闭 FM 调频广播电台的国家 [EB/OL]. [2017-12-24]. http://tech.huanqiu.com/gundong/2017-12/11453887.html.

❷　孙雷. 邻接权研究 [M]. 北京：中国民主法制出版社，2009：205.

❸　"广播组织"（和"有线广播组织"）系指采取主动，并对广播（或有线广播）负有编辑责任的法律实体，包括对信号所载的节目进行组合、安排时间。仅通过计算机网络发送其载有节目的信号的实体不属于"广播组织"（或"有线广播组织"）的定义范围。See SCCR/34/4, p. 2.

❹　辜晓进. 内容的至上地位永难撼动：兼与《旗帜鲜明地反对"内容为王"》商榷 [J]. 新闻记者，2014（9）：54—59. 陈少兰. 内容为王节目为本 [J]. 中国广播电视学刊，2003（10）：29—31.

❺　为了获取优质的内容，国内各家卫视极力抢夺优质片源，2016 年内地电视剧的价格最高已达到了 267 万/集，详细数据可参见内地 10 大最贵电视剧排行榜 [EB/OL]. [2017-03-27]. http://ent.163.com/special/zgdsj/.

界定为广播组织所播放的一个个具体的节目。然而，在广播影视行业中，"广播节目"是广播电台、电视台所有播出内容的基本组织形式和播出形式，是一个按时间段划分、按线性传播的方式安排和表现内容、依时间顺序播送内容的多层次系统。❶ 从何种层次上去理解广播节目，所得出的结论也会大不相同。事实上，从学者们的简单表述及相关的立法文件中我们也可以看出，作为广播组织权客体的广播节目并不是广播组织所播放的一个个具体内容。如学者们在论述广播组织权客体时，将其界定为"广播组织制作的广播电视节目"，❷ 甚至强调是"自己编排的节目"。❸ 而《卫星公约》对节目所做的定义是"为了供最大限度地传播而发射的信号中所包含的一个由图像、声音或由二者构成的实况或录制材料的整体"。❹ 而在 SCCR 的最新文件中，节目被界定为"由图像、声音或图像加声音，或其表现物组成的实况或录制材料"。❺从上述的界定来看，节目并没有指向广播的具体内容，在具体内容之外还有一个要件被忽略了，即"编排的""组成的""整体"。因此，任凭直觉就对"广播节目说"进行抨击，无法让"广播信号说"获得自身的合理性。

（7）广播组织权客体界定的法益基础

广播信号说的提出更多的是从制度内部理论解释上的完满性出发，并未从广播组织权设定的目的和意义出发。《罗马公约》在设置保护邻接权的规则时，提出了一个基本原则，即"本公约给予的保护绝不触动和影响对文学和艺术作品的著作权的保护。因此，对本公约条款的解释不得妨害这种保护"。❻虽然学者们认为"它并没有规定邻接权在内容和范围上不得超出作者享有的权利，以此宣布著作权的优势地位"。❼ 但是，从该公约所规定的内容来看，无一不是对邻接权人进行多种限制，以保障著作权人的利益，如在作者允许其录制作品向公众演奏或广播，而表演者禁止这样做的情况下，就会使作者

---

❶　该系统主要分为三个层次：一套节目、一个节目、一次节目。参见广播影视业务教育培训丛书编写组. 广播电视基础知识［M］. 北京：中国国际广播出版社，2016：125—126.

❷　吴汉东. 知识产权法［M］. 北京：北京大学出版社，2014：86.

❸　郑成思. 版权法（上）［M］. 北京：中国人民大学出版社，2009：67.

❹　Brussels Convention Relating to the Distribution of Programme-Carrying Signals Transmitted by Satellite ［EB/OL］.［2020-10-25］. https://www.wipo.int/treaties/en/ip/brussels/.

❺　See SCCR/34/4, p. 2.

❻　Rome Convention（1961），article 13.

❼　克洛德·马苏耶. 罗马公约与录音制品公约指南［M］. 刘波林，译. 北京：中国人民大学出版社，2002：11—12.

的权利失去专有性特征，于是表演者所享有的这方面的权利在被限制后仅构成简单的报酬权。❶ 同样的情形也存在于录音制作者身上。因此，对邻接权人的保护不能损及著作权人的利益便成了一个不容撼动的铁则，由此直接导致在确定广播组织权客体时，仅仅因为一个"莫须有"的"广播节目会和著作权客体相重合"便直接无视"广播信号"对"知识产权客体的非物质"的违背。因此，我们在正视邻接权与著作权平等关系的前提下，还应当探讨权利客体何以确定，才能真正认识到"广播信号"的谬误之所在。

（8）广播组织权客体界定的理论基点

广播组织权的出现，源于对广播节目日益严重的盗播。20 世纪 40 年代，许多广播组织发现：有些"海盗广播台"产生了，他们自己不花任何组织稿件的、编排广播节目的力气，专门转播其他广播组织的现成节目。同时，不少旅馆、饭店也录下广播组织播放的节目，在自己的经营地通过有线广播重播，借此招揽顾客。因此，这些广播组织提出来它们对自己播放的节目，至少应享有重播及转播的权利。❷《罗马公约》保护广播组织的理由就是"这种保护符合参与制作这些节目的表演者的利益。在没有权利控制他人对广播电视节目进行使用的情况下，广播组织无法向表演者或者作者保证，这些节目不会提供给授权播放时未曾想到的其他更多的听众或观众"。❸ 由此导致了广播组织控制了其所广播的节目内容，甚至包括了节目中的某些图片。❹ 由此可以看出，广播组织权的设定源于对其劳动成果的保护，防止别人的"搭便车"行为。《罗马公约》虽然没有明确规定广播组织权的客体究竟为何，但所赋予的"转播权、录制权、复制权、公开播放权"❺ 指向的明显是节目内容。正是通过对广播组织所组织、编排的节目的保护，得以让其对自己的劳动成果获得掌控权，从而对其产生激

---

❶ 德利娅·德普希克. 著作权和邻接权 [M]. 联合国教科文组织, 译. 北京：中国对外翻译出版公司, 2000：298.

❷ 郑成思. 版权法（上）[M]. 北京：中国人民大学出版社, 2009：58—59.

❸ 克洛德·马苏耶. 罗马公约与录音制品公约指南 [M]. 刘波林, 译. 北京：中国人民大学出版社, 2002：8.

❹ 如德国著作权法规定了广播电视企业享有将其广播电视播放录制成音像制品、制作成图片，以及复制与发行该音像制品或者图片的独占权利。《德国著作权法》第 87 条, 参见十二国著作权法翻译组. 十二国著作权法 [M]. 北京：清华大学出版社, 2011：176.

❺ Rome Convention（1961）, article 13.

励作用，促使其在广播节目的编排制作上做更多的投资。❶因此，对广播组织的劳动成果的保护是该权利存在的正当性基础。

虽然"广播信号说"也以同样的进路来确定权利，但却是一种断章取义的片面结论。学者们认为，广播组织为制作节目信号做出了实质性投资，包括"必要的版权许可的购买、节目的制作、信号的制作与传输方面的技术投入，等等。因此，广播组织自然希望能够按照自己预期的方式控制这些节目信号的传输，以收回投资"；❷"广播组织的劳动成果通过其对被传播的作品或音像制品的编排、加工及传播而反映出来，其劳动的结果表现为广播信号"。❸无论是实质性投资的内容，还是劳动成果的反映，似乎都选择性地忽略了广播组织在信号发出前所付出的劳动，如节目的购买、编排、加工。实际上，在广播组织所付出的投资、劳动中，对内容的选择和编排占据了更大的比例，也占据更重要的地位。社会公众之所以会接收信号，是因为信号上面负载了他们需要的内容。

因此，我们在确定广播组织权的客体时，必须先对广播组织的劳动成果和劳动成果的使用做区分。广播信号只是广播组织使用其劳动成果的一种载体。正如作品创作完成后，可以出版发行，也可以将其转化成数字格式在互联网上进行传播。不同的载体形式根源于利用方式的不同。虽然"广播信号说"通过排除网络广播和限缩广播组织权利的内容来达成自身的合理性，但现实中的网络广播组织的存在让我们可以清楚地看到对广播组织的劳动成果还有其他的利用方式，广播组织也需要更全面的保护。

（9）广播组织权客体界定的前提要件

"广播信号说"的采用也伴随着一个担忧，即丧失了对内容的控制后广播组织只能依赖于著作权人或邻接权人的授权来阻止盗播，对于特定的内容，如体育赛事的广播就无法得到保护了，因为它们既不受著作权保护，也不受邻接权的保护，广播组织无从获得授权。❹此种担忧源于对广播组织的错误认识。

---

❶ SMITH H E. Intellectual Property as Property：Delineating Entitlements in Information［J］. Yale Law Journal 2007（116）：1747.

❷ 崔国斌. 著作权法：原理与案例［M］. 北京：北京大学出版社，2014：531.

❸ 胡开忠，陈娜，相靖. 广播组织权保护研究［M］. 武汉：华中科技大学出版社，2011：36—37.

❹ LEWINSKI S V. International Copyright Law and Policy［M］. New York：Oxford University Press，2008：521.

对于何为广播组织，SCCR 的最新文件中的定义是"广播组织"（或"有线广播组织"）系指采取主动，并对广播（或有线广播）负有编辑责任的法律实体，包括对信号所载的节目进行组合、安排时间。❶ 其中，广播组织最基本的特征在于其实施了对节目的组合、安排。而对于广播电台、电视台等主体，其在运行过程中所实施的行为并不总是在组合、安排节目的播放，也在做着一些与广播无关的事情，如制作广播电视节目、转播体育赛事。但是，此种情况下的广播组织只是身披"广播组织"的外衣，其本质上是作品的创作者，并不是作品的传播者。以体育赛事的直播为例，体育赛事节目制作的现场性意味着其前期转播与后期制作同时进行，……这种创作更需要创造性劳动。❷ 体育赛事节目应当属于作品，对该种节目的保护主要是基于其享有的著作权。

广播组织对于其所制作的广播节目享有著作权或者其他相关权利，此时只需以著作权人的身份来主张著作权或以其他邻接权人的身份（如表演者、录音录像制作者）主张邻接权即可，无须也不应主张广播组织权。因为享有广播组织权的前提是其作为传播者时才享有的权利。实际上，广播组织在制作、传播广播节目时，也会通过著作权许可、转让等方式来获取对内容的控制权，只不过需要注意的是，在自己制作、获得授权乃至于转让等情形下，其是以著作权人或者其他邻接权人的身份来主张权利。因此，在广播组织的赋权中，我们无须考量其作为著作权人或者其他邻接权人时的利益保护问题，需要考虑的是广播组织作为广播节目的传播者时的利益保护问题。

（10）"广播节目说"的重塑

对于广播组织权利客体的确定，应当从广播组织劳动成果的辨识出发，明确广播节目的内涵究竟为何，以此来回应"广播节目说"所遭受的无端指责。对于广播组织的劳动成果，在广播电视产业有三种认识，即一套节目、一个节目、一次节目。所谓的一套节目，即一个台每天以同一呼号或在同一频率、频道中播出的全部节目，它们是按时间顺序排列的节目群，形成节目的顺时链。所谓的一个节目，即在特定时间段、连续播出的具体内容整体，这个节目既是顺时链的一环，自身又可由每天在同一时间段播出的多次节目

---

❶ SCCR/34/4, p. 2.
❷ 卢海君. 论体育赛事节目的著作权法地位 [J]. 社会科学，2015（2）：102.

组成自成一体的历时链，属于整个节目系统的基本层，又称作栏目。所谓的一次节目，即在当天某一特定时间播出的具体内容的整体，它是节目历时链的具体环节，属于整个栏目的基础层。这三个层次以统辖—隶属的关系，构成了一个台的有机节目系统。❶ 但从法律的视角来看，其中所述的一次节目和一个节目指向的是著作权法所保护的作品或者不受著作权法保护的事实、数据和时事新闻，此时的广播组织权是以作品创作者或者内容的录制者的身份存在的，其享有的应当是著作权或是录音录像制作者权，而不是广播组织权。而对于一套节目，即"一个台每天以同一呼号或在同一频率、频道中播出的全部节目，它们是按时间顺序排列的节目群，形成节目的顺时链"，其实质性的要求是"广播节目是由广播组织选择和编排的、按时间顺序排列的节目群"，此时的广播组织的身份才是传播者。因此，广播组织也仅仅对该层次的广播节目享有广播组织权，也即广播组织权的客体应当是"由广播组织选择和编排的、按时间顺序排列的节目群"。

该节目群是由作品、不具有独创性的表达以及不受著作权法保护的事实、新闻等内容构成的。针对上述内容，广播组织为了实现某种目的进行了选择和编排，如更高的收视率、更高的广告收益，甚至是为了促进公共利益。因此，此种选择和编排更多地体现为对经济利益的考量，而不是在选择和编排上的独创性。而且，只有对此种选择和编排的使用才会损及广播组织的利益，尤其是在目前信息传播手段多样化的今天，广播组织的此种劳动成果的价值才更加凸显出来。

当然，此种选择和编排与汇编作品中的选择和编排是不同的。汇编作品要求汇编者通过对信息价值的选择或对信息进行偏离常规方式的编排，体现出汇编者对信息价值或呈现方式的观点。❷ 对广播节目的选择和编排并不作此种要求，只要求通过节目内容的选择和编排可以识别出其为某个特定广播组织的劳动成果即可。当不具备此种识别性时，广播组织也就无法主张权利。

将广播节目界定为"由广播组织选择和编排的、按时间顺序排列的节目群"可以有效地避免与著作权人之间的利益冲突。对广播节目的此种界定所

❶ 广播影视业务教育培训丛书编写组. 广播电视基础知识 [M]. 北京：中国国际广播出版社，2016：125—126.

❷ 王迁. 论汇编作品的著作权保护 [J]. 法学. 2015（2）：41.

指向的是广播组织对节目的选择和编排，对于节目中所包含的作品，广播组织是不享有任何的专有性的权利的，其对作品的任何形式的使用均需取得著作权人的许可。当节目内容是其自己制作时，则不需征得任何人同意，因为此时广播组织是权利人。当节目内容是他人的劳动成果时，只有在征得他人的许可后，广播组织才可以将该内容编排进广播节目之中。

将广播节目界定为"由广播组织选择和编排的、按时间顺序排列的节目群"也可以有效避免与社会公众的信息获取权相冲突。既然广播组织仅对节目内容的选择和编排享有专有性的权利，对于其中的事实、数据和时事新闻自然也不享有任何的专有性的权利，任何人均可自由地传播与使用上述内容。此外，广播组织权作为著作权制度中的一项权利，自然也应受著作权法的相关规定的规制，尤其是对于不受保护的内容和合理使用的规制，将广播节目界定为"由广播组织选择和编排的、按时间顺序排列的节目群"只是更好地解决了这一问题。

### 4. 版式设计的界定

早在现代著作权法产生之前，图书出版者便已经存在。采用各种不同方式生产的书籍已有 4000—5000 年的历史，最古老的书叫纸莎草纸卷，可追溯到公元前 3000 年的古埃及。❶ 此后，书籍出版经历了抄写出版、刻印出版和采用现代技术出版三个时期。❷ 然而，限于印刷技术的限制，在早期的图书出版之中，版式设计并没有引起人们的关注，在现代著作权法产生之时，版式设计并没有被包括在著作权法律制度中。作为近代著作权法开端的《安娜女王法》虽然对出版者（即所谓的"购买者"）赋予其在一定时期内对其购买的图书享有专有的印制和销售权，但未提及图书的版式设计的保护问题，究其原因有以下几点：首先，当时的图书印刷是一个刚刚兴起的行业，人们对作品的内容关注更甚于对图书版式的关注，由于当时的出版商还在为自己的专有权利而奋斗，只有获得图书的专有出版权才有印刷出版图书的资格；其次，由于当时印刷技术的限制，图书出版掌握在少数大出版商手中，并不存在竞争者，因此图书的印刷只需按照依印刷技术而产生的印刷版式进行印刷即可，作品即便到了另一个出版商手中，其所印刷的图书并无太大的区别；

---

❶ G. 昂温，P. S. 昂温. 外国出版史［M］. 北京：中国古籍出版社，1988：1.
❷ 张煜明. 中国出版史［M］. 武汉：武汉出版社，1994：序言，2.

最后，版式设计往往与图书紧密结合在一起，只要出版者出版的图书得到了有效的保护，图书的版式自然也就会得到保护。

随着科学技术的进步，图书出版更加普遍化，摆脱了个别出版商对图书出版的垄断。为了让图书能够吸引读者，图书出版者都会在印刷技术所能够实现的基础上精心对书籍进行排版，以便让图书更加适合读者的阅读。但是版式设计者并不能随心而欲地进行设计。版式设计应遵循以下几个原则：适合原稿思想内容的原则、方便读者阅读的原则、美学原则、经济原则、可行性原则。❶所谓"适合原稿思想内容"是指所有的版式设计是为了使作品的内容更容易被读者所理解和把握，如开本、标题、插图、表格以及辅文设计等；所谓"方便读者阅读"是指版式设计应帮助读者更好地理解、把握图书的思想内容，如运用字体、字号的变化将思想体系的层次演变展现出来；所谓"美学原则"是指版式设计应运用各种手段营造出一种与图书内容相适合的氛围，满足读者的审美心理需求，让读者能够在轻松愉快的心境下进行阅读，如一本写给中学生的散文书，正文书页以淡粉色的花枝为底色，传达出散文的温馨、淡雅的情调；所谓"经济原则"是指版式设计应降低图书出版成本，使读者更容易接受图书，如选择合适的纸张材料，选择合适的图书开本，调整正文的排列格式，编排紧凑，配置适当，空白少，使更少的成本承载尽可能多的思想内容，可以有效减轻读者的负担；所谓"可行性原则"是指版式设计必须建立在现行技术条件许可的基础上，如开本设计、版心设计不能脱离纸张规格、品种和印刷设备、工艺的现状。从上述原则我们可以看出，版式设计的进行是立基于特定作品之上的，并且版式设计受限于印刷技术，其目的是更好地传播图书中所承载的作品。也正因如此，版式设计归类于邻接权制度之中也就恰如其分了。

为了有效地对版式设计进行法律保护，我们有必要厘清一个极易与版式设计相混淆的概念，即图书的装帧设计。装帧设计一般是指开本、封面、封底、护封、装订形成书籍外观形态结构的设计，更多的是指封面设计。而封面设计通常是指护封、封面、封底和书脊的设计，杂志还包括封二、封三的设计。而版式设计是指书籍正文全部格式的设计，包括正文和标题的排列、

---

❶　高哲峰. 图书版式设计的基本原则 [J]. 科技与出版, 1997 (3)：41.

字号字体的选用、图片位置及大小的确定等。❶ 因此，不能将装帧设计与受邻接权保护的版式设计相混淆。由于装帧设计是为了装饰美化书籍，保护书籍，它是一门艺术设计和印刷装订结合的产物，因之它和绘画、雕塑、摄影、书法、篆刻……有至亲的血缘关系，是各种艺术的综合。❷ 因此，书籍的装饰设计可以成为受著作权法保护的作品，而版式设计则不同。

由于版式设计往往依附于特定书籍内容而存在，虽然有些版式设计具有一定的独创性的因素，但是这种独创性往往受限于前述的版式设计原则而微乎其微。因此，版式设计更多的是出版者传播图书的一种辅助手段，而无法成为一个独立的作品。

### 5. 数据库的界定

信息技术的发展使信息的数量与质量都呈现出几何倍数的增长。人们在不断创造信息的同时，也面临着信息收集、组织、处理、维护和提供信息的困难，数据库就是为了帮助解决这一困难而设计的。❸ 现如今，数据库在每一个经济领域都具有重要作用，数据库的广泛使用与重要性需要给予其一定的法律保护以阻止不正当的使用。❹

#### （1）数据库的法律属性分析

数据库从其产生之初便被认为是一种一般性的版权作品种类，属于编辑物、汇编物、集合作品或者合成作品的一种形式。❺ 之所以如此认定，是因为这样有利于利用著作权制度为数据库提供保护。为了能够获得著作权法的保护，人们利用"数据库内容的选择与编排具有独创性"为理论依据进行论证。诚然，作为信息集合的数据库，在制作过程中必须对相关的数据、资料乃至作品进行一定的选择与编排，这一点与"汇编作品"十分相似，但以"选择与编排的独创性"为基础对数据库提供版权保护，并未能抓住数据库保护的重点，其原因有两点：一是作为数据、材料及作品的集合，许多数据库对于使用者的价值是它们的全面性，往往是未加选择却使数据库最有使用价值，

---

❶ 毛德宝. 装帧设计［M］. 南京：东南大学出版社，2000：8.

❷ 邱承德. 书籍装帧设计［M］. 杭州：浙江美术学院出版社，1988：1.

❸ 马克·戴维森. 数据库的法律保护［M］. 朱理，译. 北京：北京大学出版社，2007：1.

❹ HAYDEN J F. Copyright Protection of Computer Databases after Feist［J］. Harvard Journal of Law & Technology，1991（5）：215.

❺ 马克·戴维森. 数据库的法律保护［M］. 朱理，译. 北京：北京大学出版社，2007：12.

因为选择就意味着某些材料被从一个大的信息邻域中排除了。二是许多数据库中的信息并不适合使用创新性的方式进行编排。● 因此，将数据库认定为版权法中的"汇编作品"，仅对其"内容选择和编排的独创性"提供保护并不能真正保护数据库制作者的利益。

此后，鉴于数据库的特殊性，1996 年 3 月 11 日，欧盟通过了《欧洲议会和理事会关于数据库法律保护的指令 96/9/EC》（简称《关于数据库法律保护的指令》），该指令为不具有独创性的数据库创设了一种特殊权利，赋予数据库投资者禁止对数据库的内容进行摘录和再利用的权利。● 数据库特殊权利是为了解决或回避因版权保护中的独创性要求而产生的局限性：如果单纯的劳动不足以获得版权保护，在数据库制作与维护中数据库所有人投入的实质性时间与金钱进行保护必然应从版权法之外寻找保护方法。● 数据库特殊权利保护的前提是将数据库认定为是数据库制作者投资与劳动的成果，应当为数据库制作者所有，由此必然的逻辑结果是包括内容在内的数据库整体都应受到保护。事实上，数据库制作者对数据库所包含的数据、材料及作品并不具有垄断性的权利，甚至一部分内容来自公共领域。

事实上，数据库更多的是一种新的信息传播方式，该方式借助了现代的数字技术与网络技术。虽然印刷形式的数据库在一些行业中占据重要地位，如电话号码簿、零售商品目录，但是数字多媒体数据库更具有实用性，它可以使用户通过搜索引擎更有效率地搜索其所需要的数据信息。● 在数字技术的推动下，不论是在数据存储的数量上，还是在数据库的使用上，都不是简单地将其与"汇编作品"相类比就能够为数据库提供充分的法律保护的。首先，数据库的价值在于其所包含数据的全面性、综合性。数据库的制作并未产生新的智力创造物，只是将分散的数据、材料和作品进行集合并进行编排，以便利人们获取信息，而且数据库的内容越全面越好。尤其是对于在线数据库，

---

● 马克·戴维森. 数据库的法律保护 [M]. 朱理，译. 北京：北京大学出版社，2007：179.

❷ CORNISH J L. 1996 European Community Directive on Database Protection [J]. The Columbia Journal of Law & The Arts, 1996 (21)：8.

❸ GERVAIS D J. The Protection of Database [J]. Chicago-Kent Law Review, 2007 (82)：1120.

❹ MCMANIS C R. Database Protection in the Digital Information Age [J]. Roger Williams University Law Review, 2001 (7)：22.

其价值更是取决于其内容的全面性以及不加选择性。● 其次，数据库的重要作用在于降低人们获取信息的成本。事实上，数据库并不是人们获取信息的唯一来源，人们可以在其他地方找到同样的信息。数据库的重要性在于通过信息的集合使人们可以花费较少的成本就可以寻找到自己想要的信息，在线数据库的发展使数据库的传递信息功能更加凸显。数据库作为数据、材料以及作品的一种传播方式，其性质与表演、录音制品、广播节目等相同，数据库制作者应当是与表演者、录音制作者和广播组织的地位相当的传播者。

（2）数据库邻接权保护的正当性

对于数据库保护来讲，在内容"选择或编排"上的独创性并不是其保护的重点，数据库内容的全面性和综合性是其价值所在。由于数据库是对数据、材料、作品的收集整合，并未能创作新的智慧成果，对其保护的合理性基础在于数据库制作者在制作、维护数据库过程中所投入的资金和劳动。该基础在欧盟的《关于数据库法律保护的指令》与美国的相关立法中均得到了明确的表述。欧盟的《关于数据库法律保护的指令》包含有 60 条理由陈述，第 7 条理由陈述指出，"制作数据库需要相当的人力、技术的财政资源的投入，而只花费独立制作数据库所需成本的一小部分就可以复制或获取这些数据库"，未经许可摘录和/或再利用数据库内容的行为会带来严重的经济和技术后果。● 理由陈述第 40 条对投入进行了解释，"投入可以包含财力资源的使用和/或时间、努力和精力的花费"。因此，数据库制作者要想享有《关于数据库法律保护的指令》中所创设的特殊权利，必须证明在获取、校验或展现数据库内容的过程中进行了实质性投入。●

美国在保护数据库的过程中出现了两种立法进路，一个是以欧盟《关于数据库法律保护的指令》所采取的进路相同，为数据库创设特殊权利；另一个是沿用"盗用侵权"理论对数据库提供保护。在第一种进路中，纵观美国在数据库特殊权利保护实现道路上所提出的各个法案，● 无不是以"在搜集、

---

● LIPTON J. Balancing Private Rights and Public Policies: Reconceptualizing Property in Databases [J]. Berkeley Technology Law Journal, 2003（18）：785.

● 马克·戴维森. 数据库的法律保护 [M]. 朱理，译. 北京：北京大学出版社，2007：63.

● Council Directive 96/9 of 11 March 1996 On the Legal Protection of Databases, 1996 O. J. （L 77）20.

● 从 1996 年至今，美国国会在数据库立法保护问题上进行了不懈的努力和探究，相继推出了 HR3531、HR2652、HR354、HRl858、HR3261 和 HR3872 议案。

校验、编排或展现数据库内容方面花费的人力、技术、财政或其他资源的品质或数量上实质性投入的结果"为享受特殊保护的前提条件。在第二种进路中,"盗用侵权"理论最初的正当化根据建立在自然权利理论的基础上,该理论对它的适用没有施加任何易于识别的限制。部分由于这个原因,美国许多州拒绝采纳"盗用侵权"理论。近年来,盗用侵权的正当化根据更加清楚地建立在经济考量的基础上,反映出渴望实现保护原告在无形商业价值中的劳动和投入与获取信息的需要之间的平衡。❶ 因此,此种进路对数据库的保护也是着重于数据库制作者在收集、整理、维护数据库过程中的实质性投入。

无论是欧盟对数据库的保护,还是美国对数据库的保护,均是以数据库制作、维护过程中的实质性投入为前提条件,此点与邻接权对"作品"传播者的保护是相契合的。邻接权是为保护表演者或演奏者、录音制作者和广播组织在其公开使用作者作品、各类艺术表演或向公众播送时事、信息及在与声音或图像有关的活动方面应得的利益而给予的权利。❷ 此种活动主要指的是上述传播者在传播作品过程中的劳动与投资,包括表演者在表演中投入的劳动与时间,录音制作者、广播组织在录制、播放作品过程中投入的时间、技巧、努力与资金,都是邻接权保护的目标。❸ 邻接权制度的创设是为了填补严苛而保守的作者权体系因技术的发展而出现的制度缝隙。对于严苛的作者权体系来讲,受著作权法保护的作品必须是具备一定独创性的智力创作成果。❹然而,唱片、录像制品、电视却很难达到这种"独创性"的要求。这就产生了如何保护其利益的问题。在邻接权制度产生之前,对于唱片、录像制品、电视的保护主要依靠的是合同法、反不正当竞争法。邻接权制度的产生正是为了保护前述与作品传播有关,但又不具有"独创性"的产品。

正是出于数据库保护与邻接权制度目的上的契合性,采用邻接权来保护

---

❶ 马克·戴维森. 数据库的法律保护 [M]. 朱理, 译. 北京:北京大学出版社, 2007:168.

❷ 吴汉东. 知识产权基本问题研究(分论)[M]. 北京:中国人民大学出版社, 2009:119.

❸ HUGENHOLTZ B, EECHOUD M, GOMPEL S, etc. The Recasting of Copyright & Related Rights for the Knowledge Economy [R]. Institute for Information Law University of Amsterdam The Netherlands, November 2006:116-118.

❹ "在大陆法系的绝大多数国家,独创性实际上包括量的规定和质的规定。在量的方面,作品中必须有作者自己的创造性劳动成分,即作者运用自己的大脑,通过记忆、分析、演绎等活动从事了智力性活动,产生了有创造性的成分。在质的方面,作品应当达到一定的创作高度方能受到保护。"参见吴汉东. 知识产权基本问题研究(分论)[M]. 北京:中国人民大学出版社, 2009:36.

数据库相对于其他模式来说，具有以下优势：首先，数据库保护的需求与邻接权制度的价值追求相一致。对数据库的保护主要还是立基于数据库制作者对数据库在制作、维护过程中的投资，此目的在欧盟与美国的提案中均已得到明确的肯定。因此，数据库的保护目的与邻接权对表演者、录音制品制作者和广播组织的保护目的一致，邻接权所保护的是在作品传播过程中的投资与劳动。其次，数据库所包含的内容不限于享有版权的作品，还包括不享有版权的数据、事实等材料，此点也与邻接权保护的内容一致。邻接权制度对表演、录音制品、广播节目的保护并不要求其内容必须是受版权法保护的内容。表演、录音制品、广播节目既可以是受版权法保护的作品，也可以是已经处于公共领域中的作品，甚至是民间的传说、戏剧、曲艺、杂技等内容。因此，利用邻接权对数据库提供保护并不会在内容方面遇到障碍。最后，数据库的邻接权保护并不会产生保护水平过高的问题。作为作品传播者所享有的一种权利，邻接权的保护水平一直弱于版权，其原因就在于邻接权保护的是作品传播过程中的投资与劳动，其重要性自然无法与作品的创作相比，毕竟作品的创作是作品传播的源头。

### 6. 录像制品的界定

录像制品是我国著作权法明确规定的邻接权客体，自 1991 年我国著作权法制定以来就存在于著作权法之中。而且，自 1991 年的《中华人民共和国著作权法实施条例》将录像制品界定为"电影、电视、录像作品以外的任何有伴音或者无伴音的连续相关形象的原始录制品"以来，录像制品的界定并无实质性的变化。在 2002 年、2011 年以及 2013 年的《中华人民共和国著作权法实施条例》中，录像制品均被界定为"电影作品和以类似摄制电影的方法创作的作品以外的任何有伴音或者无伴音的连续相关形象、图像的录制品"。新修订的《中华人民共和国著作权法》将"电影作品和以类似摄制电影的方法创作的作品"修正为"视听作品"之后，录像制品的概念可以转换为"视听作品以外的任何有伴音或者无伴音的连续相关形象、图像的录制品"。由此可以看出，我国著作权法对于任何有伴音或无伴音的连续形象、图像以独创性为准进行了二分：具有独创性的被归入视听作品里，而不具有独创性的则归入录像制品里。根据前文所论述的邻接权客体的无独创性特质，此种二分法是不存在问题的。而且，二分模式也并不是我国所特有的。如《德国著作权法》在规定了电影作品之后，又在第 95 条规定对"活动画面"，即"不能作为电影作品受到保护的连续图像或连续性音像"的保护。对于"千篇一律的摄影图片的前后堆砌或者是一种流水账似的自然再现"因缺乏独创性而不能认定为电影作品。❶ 独创性本身也是一个不确定的概念，要在我国现行法律中确定独创性概念是不可能的。❷ 由此引发了录像制品属性判定中的"独创性高低"的判断标准。❸ 此后，也有学者对于"独创性高低"与"独创性有无"进行了论证，❹ 但是也足可看出录像制品界定中的争议之大。

事实上，录像制品这一概念自提出以来就饱受争议，尤其是在我国 2001 年著作权法将录像制品的概念修正过之后。在 1991 年的《中华人民共和国著作权法实施条例》中，录像制品虽然被界定为"电影、电视、录像作品以外的任何有伴音或者无伴音的连续相关形象的原始录制品"，但在具体理解时，录像制品被理解为"将已有的作品或者表演通过电讯设备完整地或略做处理地再现。比如录像制作者将他人摄制的电影转录在录像带上，或者将他人表演的节目进行完整地录制"。❺ 而在 2001 年修订著作权法引入"电影作品和以类似摄制电影的方法创作的作品"后，情况就发生了变化。根据修正后的录像制品的概念，录像制品不能包括：①以剧本为基础，经过导演、摄影、音乐、演员等多方面共同创造性的劳动制作完成的录像片、MTV 片；②有电影作品制作成的录像带。❻ 因此，录像制品也仅留下对表演或客观景象的录制这一类别之上了。这也是为何录像制品的判定必然涉及独创性判定的原因。

录像制品界定的困难导致很多人否定录像制品的法律规制，认为录像制品与视听作品的划分在理论上不可能达到可操作程度，必然带来实践中的混乱。❼ 尤其是在我国 2020 年著作权法引入视听作品的概念，对此一类作品的著作权保护规范完善的情形下，录像制作者权的邻接权规范并无必要。❽ 录像

---

❶ M. 雷炳德. 著作权法［M］. 张恩民，译. 北京：法律出版社，2005：154.

❷ 张玉敏，曹博. 录像制品性质初探［J］. 清华法学，2011（1）：58.

❸ 王迁. 论体育赛事现场直播画面的著作权保护：兼评"凤凰网赛事转播案"［J］. 法律科学（西北政法大学学报），2016（1）：182—191.

❹ 卢海君. 著作权法语境中的"创作高度"批判［J］. 社会科学，2017（8）.

❺ 胡康生. 著作权法释义［M］. 北京：北京师范学院出版社，1990：91.

❻ 胡康生. 著作权法释义［M］. 北京：法律出版社，2002：166.

❼ 耿林. 论录像制品［J］. 郑州大学学报（哲学社会科学版），1996（2）：73.

❽ 卢海君. 论我国邻接权制度的改进：以"体育赛事节目"的著作权法保护切入［J］. 知识产权，2020（11）：50.

包含着对所拍摄对象、画面的构成、角度和技术设备、剪辑等人为因素的选择。从这方面而言，录像制品仍体现出与电影作品以及类似摄制电影的方法制作的作品没有质的区别的独创性。因而在邻接权中加入"录像制品制作者权"是多余了。❶

面对如此多的反对意见，录像制品是否就不应当归入邻接权制度中加以保护并不见得那么容易地就能得到结论。首先，从体系化的视角来看，既然著作权构建起了独创性标准，就必然意味着现实中是存在不具有独创性的表达的。而对于以活动画面为表现形式的表达来说也是一样。只不过，该结论的得出是在严格界定作品的"独创性"究竟是什么的基础之上。但是，著作权法中的独创性标准是为划定著作权法保护的作品范围而设置的，即只有具有著作权法所要求的创造性的表达才能获得著作权法的保护，只有是自己完成的创作性表达才能成为其个人的专有财产。也就是说，在该评价标准之下，著作权法只关注创造性劳动的有无，而不管其他。对于一些客观记录表演或客观景象的录像制品来说，显然是不能具备"独创性"的。其次，不具备独创性的录像制品在制作过程中需要有大量的投资。仅以来自火星的视频为例，北京时间 2021 年 2 月 23 日凌晨 3 点，美国航空航天局（NASA）公布了毅力号（Perseverance）任务传回地球的最新数据成果，包括毅力号登陆火星实况录像、毅力号用麦克风记录的火星风声，以及毅力号拍摄的火星全景照。对于这些录像与照片，恐怕没有人会将其认定为是视听作品，但是该条视频的拍摄是自人类文明诞生以来的第一次，其中付出的努力、成本可想而知。这一极端的例子只是为了说明不具有独创性的录像也是值得保护的。而且随着摄影摄像技术的进步，人人都可以成为拍摄者，处处都存在录制设备，被录制下来的画面、景象只会越来越多。如果抛弃录像制品的法律规制，那么视听作品也终将沦为一个大箩筐，进而导致"独创性"标准的混乱，甚至丧失。

综上，在邻接权制度中保留录像制品的概念并设置录像制作者权是十分有必要的。之所以存在界定困难，就在于界定方式的错误。目前录像制品的界定与视听作品绑定在一起，将视听作品以外的活动画面均归入录像制品之中。此种界定只是告诉我们哪些不是录像制品，而未明确录像制品到底是什么，使我们完全无法把握录像制品究竟是什么。因此，对于录像制品的界定

---

❶ 刘洁. 邻接权归宿论 [M]. 北京：知识产权出版社，2013：174.

还是应当回归到"属+种差"的概念界定模式上来。

人通过机器设备录制下来的活动画面，都是人的劳动成果。只不过，有的活动画面需要付出创造性的劳动才能完成，如电影、电视剧等视听作品；有的则仅仅是通过机器设备对客观景象的记录，其中并不存在任何的个性化的选择和判断。因此在活动画面这个表达形式范围内，可以利用有无独创性的标准进行二分。唯独需要明确如何界定著作权法中的独创性。独创性标准在作者权法系和版权法系有不同的内涵。在作者权法系之下，独创性是指相对于已有作品而言，创作必须具备不同的个性，并且达到一定的高度。❶ 此处的"达到一定高度"并不是说作品独创性的高低，而是意指达到一定创作高度才具备著作权法所要求的独创性，达不到该高度就根本不具备著作权法所要求的独创性，自然也就不能被认定为作品。只不过，此种"创作高度"究竟是一种什么样的标准，最具代表性的德国著作权法虽有"小硬币"标准，也无法将其内涵明确下来。反而是针对不同的作品种类适用不同的衡量标准。❷ 反观版权法系中的独创性标准就比较低，"即使是有最普通和陈腐的独立努力的结果都可能受到版权法保护，只要这种独立努力不是微不足道的"。❸ 因此，版权法中的独创性是指创作者的个性化选择和判断。唯一需注意的是，法律所追求的应该是公平与正义，应避免将艺术价值的评判带入法律价值的评判之中。❹

然而，著作权法律制度发展至今，其所保护的对象早已经超出了文学艺术作品的范围，而是转向了对人的个性化的表达的保护，不管是传统的文学艺术作品，还是新型的计算机软件、地图、示意图等，之所以由著作权法加以保护，原因不在于它们都是文学艺术作品，而是因为它们都是人的个性化表达成果。因此，作品的独创性判断，应当剥离艺术价值的判断，回归到创作者的个性选择和判断之上，而且此种判断标准已经含有独创性表达与特定主体的联结关系，即个性化成分是某一作品属于特定主体的原因。由此，就

---

❶ 图比亚斯·莱特. 德国著作权法 [M]. 张怀岭, 吴逸越, 译. 北京：中国人民大学出版社, 2019：26.

❷ 图比亚斯·莱特. 德国著作权法 [M]. 张怀岭, 吴逸越, 译. 北京：中国人民大学出版社, 2019：24.

❸ NIMMER M B, NIMMER D. Nimmer on Copyright [M]. New York：Matthew Bender & Company, Inc., 2003：2.

❹ See Bleistein v. Donaldson Lithographing Co. 188 U. S. 239, 23 S. Ct. 298, 47 L. Ed. 460.

可以清楚地确定视听作品与录像制品的区别了。当某一活动画面是经特定主体个性化选择和判断拍摄出来的，就是具备独创性的视听作品；如果某一活动画面是人们依据某种明确的标准实现对客观景象的记录，那么该活动画面便不具备独创性，从而应当被认定为录像制品。此种情形之下，并不存在个性化的选择和判断，任何人依据该标准都能获得相同的活动画面。

## 二、体系化视角下的邻接权配置

### (一) 著作权权利配置的基本考量

"无传播也就无权利"已成为著作权学界的通说。❶ 著作权制度的每一次发展与变革均与信息传播技术的发展息息相关。首先，著作权法的产生源自印刷技术的发明与应用，无论东、西方的知识产权法学者，都无例外地认为著作权是随着印刷术的采用而出现的。❷ 而在第四次信息传播技术的变革的冲击下，著作权法由"印刷版权"进入"电子版权"时代，此种变革一方面引发保护对象的扩增，诸如唱片、电影、电子作品纷纷出现并进入著作权法的规制范围；另一方面著作权的权利内容也不断丰富。随着无线电和有线电缆被用于传播载有节目的信号，产生了以传送广播和电视为内容的播放权；随着留声机、录像机、录音机的发明，产生了以机械学电磁为技术特征的机械复制权；随着摄影机、放映机以及活动照相机的出现，产生了摄制电影、电视、录像的制作权。著作权种的每一项权利都是对传播领域革命技术发展的回应。每当新的复制或传播技术得到普及时往往都伴随着著作财产权类型的更新与扩张。❸ 此种权利配置是典型的"以用设权"，即以作品的利用方式创设权利类型，相当于按照著作权客体利用方式设计不同的"权能"。❹

与著作权"以用设权"的权利配置模式不同的是物权法中的"以物设权"权利配置模式。物权法中所有类型的物权皆有排他性，并存在一个具有最高效力位阶的所有权。同时，物权法坚持"一物一权"，权利效力位阶分明，权利类型明细，任何相冲突的排他性权利都不能同时存在于一个物上，

---

❶ 吴汉东. 著作权合理使用制度研究 ［M］. 北京：中国政法大学出版社，1996：1.

❷ 郑成思. 版权法（上）［M］. 北京：中国人民大学出版社，2009：2.

❸ 熊琦. 论"接触权"：著作财产权类型化的不足与克服 ［J］. 法律科学：西北政法大学学报，2008（5）：88.

❹ 吴汉东. 知识产权法 ［M］. 北京：北京大学出版社，2014：55.

不构成冲突的物权类型则按照排他效力的强弱排序。物权法之所以能而且只能"以物设权",根源还是在于"客体的物质性"。由于物权法所规制的物均为有体物,基于其物理特定,其只能存在于特定时空之下,在特定时间仅能被特定人以特定方式进行使用。因此,虽然物的类型繁多、使用方式多样,但都不需纳入法律规制的考量范围,仅在所有权中设置一个"使用权"便足以保护所有权人的利益。当不同的使用方式之间发生冲突,法律必须确定不同物权之间的效力关系,例如,物权法中所确立的"时间在先,权利在先"的规则,"同一财产既设立抵押权又设立质权的,拍卖、变卖该财产所得的价款按照登记、交付的时间先后确定清偿顺序"。❶

相较于物权法来说,著作权客体的非物质性决定了如果采取"以物设权"的权利配置模式无法有效保护著作权人的利益。作品的"非物质性"使人们对它的占有只是"虚拟占有"而非实际控制,同一作品可以物化在多个相同或不相同的载体之上,从而出现多个主体同时使用同一作品的问题。如果著作权的权能设置如同所有权一样,仅有一个使用权,那么基于权利的排他性,同一时刻只能有一个主体对作品进行使用,这既与现实情况不符,也是不经济的。通过"权利束"的方式对著作权客体价值进行分割,允许权利人通过多样化的许可模式来实现价格区分,既能最大限度地利用作品,获取最大利润,又能满足不同消费者的需要,实现个性化地服务。❷ 因此,著作权的"以用设权"的权利配置方式正是基于客体特质的合理化选择。

### (二)"主体进路"下邻接权权利设置现状

现有邻接权制度的混乱不仅是因为客体的多样化,有关邻接权各个具体权项的规定也十分复杂,不仅各类邻接权人所享有的权利不一致,而且其同类的邻接权人所享有的权利在不同的国际条约和不同的国家立法中规定也不一致。这种不一致表面上看会导致权利人保护水平的不一致,而实质上却是对邻接权制度的功能认识不清导致的结果。正是因为各类邻接权人权利的多样化,本部分将以传统邻接权制度为分析对象,以各类邻接权人为分析标准,以便能客观、清晰地反映出邻接权制度中权项的现实状况。

---

❶ 《中华人民共和国民法典》第四百一十五条。
❷ 熊琦. 著作权激励机制的法律构造 [M]. 北京:中国人民大学出版社,2011:129.

1. 表演者享有的权利

表演者的保护历程在所有邻接权人中是最曲折的，从《罗马公约》中所授予的非专有性权利❶，到 WPPT 中享有的专有权利，再到《视听表演北京条约》对录像制品中的表演者权利的保护，表演者的权利一直在扩大。但就各国立法来看，表演者所享有的权利又大不相同，表演者的保护水平也参差不齐。从内容上看，表演者享有的权利主要分为精神权利和财产权利两种。

（1）表演者的精神权利

表演者的精神权利是依据作者的精神权利模式来构想的，法律通常承认表演者的姓名受尊重权，承认当表演被复制时表演者所享有的表演权。但是，法律不承认表演者的披露权、追悔权和收回权。❷ 表演者享有的精神权利在WPPT 中得到了明确规定，在各国立法中也有所体现。

①表明表演者身份权。在 WPPT 及法国、德国、意大利、日本等国的著作权法中，均规定了表明表演者身份权，但在表述方式及权利具体内容上又有不同。

首先，在权利享有的表演者范围上存在着差距。WPPT 规定的表演者为表演文学或艺术作品或民间文学艺术作品的人；《法国知识产权法典》则将表演者界定为表演文学艺术作品或杂耍、马戏、木偶剧的人，范围明显宽于WPPT 的规定；《俄罗斯联邦民法典》邻接权部分对表演者的界定更为宽泛，即参与表演文学和艺术作品及民间创作作品，包括参与表演小型文艺节目、杂技和木偶戏的人，以及演出总导演和指挥者也被视为表演者；意大利著作权法则明文规定只有担任主演的表演者和演奏者才享有该权利。

其次，在权利的具体内容上也有差距。WPPT 规定，表演者对现场有声音表演或以录音制品录制的表演享有要求承认其系表演的表演者的权利，除非使用表演的方式决定可以省略不提其系表演者；《意大利著作权法》则规定表演者有权要求在向公众传播其表演时载明其姓名，并在唱片、影片或者类

---

❶ 在《罗马公约》中，表演者享有的权利被表述为"可以制止"（the possibility of preventing），这种措辞区别于有关保护录音制作者和广播组织的条款中的措辞。录音制品制作者、广播组织有权"授权或禁止"。参见克洛德·马苏耶. 罗马公约与录音制品公约指南 [M]. 刘波林，译. 北京：中国人民大学出版社，2002：26.

❷ 德利娅·德普希克. 著作权和邻接权 [M]. 联合国教科文组织，译. 北京：中国对外翻译出版公司，2000：293.

似音像制品上给予固定性载明；《德国著作权法》还规定了表演者能决定是否署名和使用何种姓名；《日本著作权法》和《俄罗斯著作权法》更进一步明确表演者享有将自己的姓名、艺名或其他名字作为其表演者署名的权利。

因此，从前述分析来看，虽然国际公约和一些国家立法均规定有"表明表演者身份权"，但就具体内容而言却存在极大的差别，这种差别并不是出于保护水平的考量，而是对主体表演者的界定及客体表演的认识不一致造成的。

②保护表演完整权。该权利旨在保护表演者的艺术声誉。正如瓦尔特·莫赖斯所指出的那样，在各国的法律中，该项权利有不同的表达方式和理解角度：基于维护表演者的利益或是保障表演的完整性。从维护表演者的利益角度来看，又可以区分为三类，即表演者有权反对有损于其利益的披露、禁止表演的录制以有损于表演的某种形式进入公众可即的范围、强制规定尊重表演者精神权利的义务；从保障表演的完整性的角度来看，又可以分为阻止歪曲表演的权利、阻止更改表演的权利、阻止将表演的复制转移到其他物质载体上的权利三种方式。❶ 前述不同类型的规定在各国立法中均有所体现，如意大利、阿根廷等国的著作权法就从禁止有损于其利益的披露的角度进行了规定，❷ 而德国、日本、俄罗斯、韩国等国的著作权法则从禁止歪曲表演的角度进行了规定。❸

虽然上述不同的规定都旨在保护表演者体现在表演中的人格，但规定方式的多样化也会影响到对该权利的理解与行使。因为不同的规定方式其保护范围存在差别，如表演者享有反对有损于其利益的披露与阻止歪曲表演的权利、阻止更改表演的权利就明显不同。当然，我们也不排除不同类别的规定

---

❶　德利娅·德普希克. 著作权和邻接权［M］. 联合国教科文组织，译. 北京：中国对外翻译出版公司，2000：294—296.

❷　《意大利著作权法》第 81 条规定："如果向公众传播或者复制表演者或演奏者的朗诵、表演或者演奏可能损害其尊严或声誉的，表演者和演奏者有权禁止。"《阿根廷著作权法》第 56 条第 2 款规定："当表演的复制采取了给表演者的利益带来严重和不公正损害的形式的时候，文学或音乐作品表演者可以反对表演的披露。"

❸　《德国著作权法》第 75 条规定："艺术表演人有权禁止歪曲和损害其表演而危及其艺术表演人的声望和名誉的行为。共同表演的数名艺术表演人在行使权利时相互间应当适当照顾。"《日本著作权法》第九十条之三规定："表演者有权保持其表演的完整性，可以禁止损害其名誉或者声望变改变、删除或者其他改变其表演的行为。"《俄罗斯联邦民法典》第 135 条第四款规定："保护表演不受任何歪曲，防止在表演录制、无线电及电缆播放的过程中进行修改，而导致曲解表演意义或妨害领会表演完整性的权利。"《韩国著作权法》第 67 条规定："表演者享有保持表演内容、形式和题目完整性的权利。但根据表演的特点、利用目的和方式，被认为无法避免的除外。"

存在重叠之处，如阻止歪曲表演的权利与阻止更改表演的权利。

（2）表演者的经济权利

相较于表演者的精神权利，表演者的经济权利在各国际公约及各国立法之间的差别更大。总体来看，表演者所享有的经济权利大致可概括为广播和向公众传播表演的权利、首次固定表演的权利、发行权、出租权、向公众提供权、获得合理报酬的权利等。

①广播和向公众传播表演的权利。该权利在《罗马公约》中就有提及，其第7条第1款（a）项规定："本公约为表演者提供的保护应当包括防止未经表演者同意，广播和向公众传播他们表演的可能性，除非在广播或者向公众传播中使用的表演本身已经是广播表演或是由固定物制作。"由于制定《罗马公约》时采取的谨慎态度，表演者在该公约中并未享有专有性的权利，直到WPPT制定后，表演者才享有了专有性的权利。WPPT第6条第1款第1项规定："表演者应享有专有权，对于其表演授权：（1）广播和向公众传播其尚未录制的表演，除非该表演本身已属广播表演。"表演者的该项经济权利得到了许多国家的承认，规定在了本国的著作权法之中，如《法国知识产权法典》第L. 212-3条、❶《德国著作权法》第78条、❷《意大利著作权法》第80条、❸《日本著作权法》第92条、❹《俄罗斯联邦民法典》第1317条❺等。

②首次固定表演的权利。首次固定表演的权利也是表演者享有的一项基

---

❶ 《法国知识产权法典》第L. 212-3条规定："固定、复制及向公众传播表演艺术者的表演，以及对合并录制的音像进行任何分割使用，应征得其书面许可"。

❷ 《德国著作权法》第78条第1款规定："艺术表演人享有独占权，将其表演（1）公开提供，（2）播放，除非其表演以许可方式录制成音像制品，且已出版，或者以许可方式公开提供，（3）通过屏幕、扬声器或者类似技术设备在举行表演的场地之外被公开感知。"

❸ 《意大利著作权法》第80条第二款第3项规定："许可他人以其希望的形式或方式向公众传播，包括以任何人可在其选定的地点和时间获取的方式自由支配其现场艺术表演；当其现场艺术表演可以被无线电播放或者已被固定在用于传播的载体上，还包括通过无线传送和通过卫星播放其现场艺术表演。"

❹ 《日本著作权法》第92条规定："表演者享有对播放或者有线播放其表演的专有权利"。

❺ 《俄罗斯联邦民法典》第1317条第2款规定："使用表演的方式如下：（1）无线电播放，即为了将表演传播于众，通过无线电广播及电视节目（包括转播）播放表演，电缆电视除外。在这种情形下的播放理解为使表演变为听觉和（或）视觉能够接受的任何行为，而不管公众实际接受表演的情况如何。无线电播放通过卫星实施的，则无线电播放理解为接收自地面站发到卫星的信号和自卫星转发的信号，借助这些信号表演可以传播于众，而不管公众实际接收表演的情况如何。（2）电缆播放，即为了将表演传播于众，借助于电缆、导线、光学纤维及类似设备，通过广播及电视节目播放表演。（8）公开表演录制品，即在自由参观的公共场所或者有数量可观的非家庭范围的人员在场的场所，借助技术设备随便播放表演录制品，而不管在该播放场所及与这种播放同时的其他场所接受的情况如何"。参见十二国著作权法翻译组. 十二国著作权法［M］. 北京：清华大学出版社，2011：454.

本的经济权利，自《罗马公约》签订时起表演者就享有该项权利，虽然《罗马公约》中的规定并不是授予表演者专有性权利，但这也意味着该权利对表演者的重要性。根据《罗马公约》的规定，"本公约为表演者提供的保护应当包括防止可能发生的下列情况：（2）未经他们同意，录制他们未曾录制过的表演"的权利。而WPPT则将该权利上升为专有权利，即"表演者应享有专有权，对于其表演授权：（2）录制其尚未录制的表演"。而在2012年6月通过的《视听表演北京条约》中，将《罗马公约》与WPPT中的录制权扩展到了视听录制品之上，扩大了该权利的保护范围。此外，该权利在各国著作权法中也有规定，如《法国知识产权法典》第L.212-3条、❶《德国著作权法》第77条、❷《意大利著作权法》第80条、❸《日本著作权法》第91条、❹《俄罗斯联邦民法典》第1317条。❺

　　③合理报酬权。该权利在《罗马公约》中也进行了规定，但是在《罗马公约》制定中，是否对该权利予以规定却引起了很大的争论。该权利曾是《罗马公约》制定过程中最难解决的问题，甚至导致了罗马会议筹备工作期间的讨论的延长。在《罗马公约》制定过程中，也有人提出，就录音制品二次使用赋予一种专有权或以其他方式扩大保护范围，可能会有破坏各种利害关系人（不仅有公约的三种受益人，还有作者）之间的利益平衡的危险。❻因此，《罗马公约》授予表演者和录音制作者的并不是专有性权利，而仅仅是一种报酬请求权，而这种规定在WPPT中得到了延续。WPPT第15条规定："对于将为商业目的发行的录音制品直接或间接地用于广播或用于对公众的任何传播，表演者和录音制作者应享有获得一次性合理报酬的权利。"该规定虽

---

　　❶《法国知识产权法典》第L.212-3条规定："固定、复制及向公众传播表演艺术者的表演，以及对合并录制的音像进行任何分割使用，应征得其书面许可"。

　　❷《德国著作权法》第77条第1款规定："艺术表演人享有将其表演录制成音像制品的独占权利。"

　　❸《意大利著作权法》第80条第2款第1项规定："表演者和演奏者在有权从现场演出中获取报酬的同时，还享有以下排他性权利：（1）许可他人将其艺术演出固定在载体上。"

　　❹《日本著作权法》第91条规定："表演者享有对其表演进行录音、录像的专有权利。"

　　❺《俄罗斯联邦民法典》第1317条第2款第3项规定："一、依据本法典第1229条表演者享有以任何不违法的方式，包括本条第二款指出的各种方式使用表演的专有权（表演专有权）。表演者能够处分表演专有权。二、使用表演的方式如下：（3）录制表演，即利用技术设备将声音和（或）图像及其表现记录为某种物质形式，借助这种物质形式能够重复接受、复制及传播上述声音、图像及其表现。"

　　❻克洛德·马苏耶. 罗马公约与录音制品公约指南［M］. 刘波林，译. 北京：中国人民大学出版社，2002：36—37.

然将权利的适用范围扩展到了间接使用，但对权利的性质未作任何改变，仍为一种请求权。而各国立法也延续了公约的规定，赋予表演者对录有其表演制品一种合理报酬权，如《法国知识产权法典》第 L.214-1 条、❶《德国著作权法》第 78 条、❷《意大利著作权法》第 73 条、❸《俄罗斯联邦民法典》第 1326 条。❹

④发行权。发行权在《罗马公约》中并未予以规定，它最早出现在 WPPT 之中。WPPT 第 8 条对表演者的该项权利进行了规定："（1）表演者应享有授权通过销售或其他所有权转让形式向公众提供其以录音制品录制的表演的原件或复制品的专有权。（2）对于在已录制的表演的原件或复制品经表演者授权被首次销售或其他所有权转让之后适用本条第（1）款中权利的用尽所依据的条件（如有此种条件），本条约的任何内容均不得影响缔约各方确定该条件的自由。"虽然 WPPT 将发行权的限制在录音制品之上，但是在《视听表演北京条约》签订之后，表演者的该项权利已扩展至视听录制品之上，《视听表演北京条约》第 8 条规定："（1）表演者应享有授权通过销售或其他所有权转让形式向公众提供其以视听录制品录制的表演的原件或复制品的专有权。（2）对于已录制表演的原件或复制品经表演者授权被首次销售或其他所有权转让之后适用本条第（1）款中权利的用尽所依据的条件（如有此种条件），本条约的任何内容均不得影响缔约各方确定该条件的自由。"当然，在 WPPT 通过之后，许多国家在其国内法中也承认了表演者的此项权利，如《德国著

---

❶ 《法国知识产权法典》第 L.214-1 条规定："使用因商业目的发表的录音制品，不论其在何处录制，应向表演艺术者和录音制作者支付报酬。"

❷ 《德国著作权法》第 78 条规定："1.艺术表演人享有独占权，将其表演（1）公开提供；（2）播放，除非其表演以许可方式录制成音像制品，且已出版，或者以许可方式公开提供；（3）通过屏幕、扬声器或者类似技术设备在举行表演的场地之外被公开感知。2.向艺术表演人支付适当报酬的条件是，（1）本条第 1 款第（2）项规定的表演以许可方式播放；（2）借助音像制品公开提供其表演，或者（3）播放的表演或者基于公开提供再现的表演被公众感知。"

❸ 《意大利著作权法》第 73 条规定："录音制品的制作者、录音制品中录制表演或者演奏的表演者和演奏者，在享有有发行权、出租权和出借权的同时，对以营利为目的在公共舞会、公众服务性经营场所或者其他公共场所内通过电影、广播、电视及卫星使用录音制品向公众传播的行为，有获得报酬的权利。获得报酬的权利属于制作者，该报酬应当分配给其他利益相关的表演者或者演奏者。"

❹ 《俄罗斯联邦民法典》第 1326 条规定："不征得唱片专有权所有人和录于唱片内的表演专有权所有人的同意，但须向其支付报酬，准许公开表演和无线电及电缆播放为商业目的而发表的唱片。"

作权法》第 77 条、❶《意大利著作权法》第 80 条、❷《俄罗斯联邦民法典》第
1317 条。❸

⑤出租权。该权利在《罗马公约》中未曾出现，首次规定于 WPPT 之中。
WPPT 第 9 条规定："表演者应按缔约各方国内法中的规定享有授权将其以录
音制品录制的表演的原件和复制品向公众进行商业性出租的专有权，即使该
原件或复制品已由表演者发行或根据表演者的授权发行。"该公约还规定对于
该权利各缔约国可以保留。2012 年通过的《视听表演北京条约》将该权利的
适用范围扩展到了视听录制品之上。对于该权利，各国著作权法中也给予了
规定，如《德国著作权法》规定表演者的出租权准用关于作者的出租权的规
定、❹《意大利著作权法》第 80 条、❺《俄罗斯联邦民法典》第 1317 条。❻

⑥向公众提供权。该权利也是 WPPT 赋予表演者的新权利。该公约第 14
条规定："录音制作者应享有专有权，以授权通过有线或无线的方式向公众提
供其录音制品，使该录音制品可为公众中的成员在其个人选定的地点和时间
获得。"同样，《视听表演北京条约》将该权利的适用范围扩展至视听录制品
之上。而在各国立法中，该权利也有所规定，如《德国著作权法》将该权利

---

❶ 《德国著作权法》第 77 条第 2 款规定："艺术表演人享有复制与发行录有其表演的音像制品的
独占权利。本法第 27 条准用。"参见十二国著作权法翻译组. 十二国著作权法 [M]. 北京：清华大学
出版社，2011：173.

❷ 《意大利著作权法》第 80 条第 2 款第 5 项规定："表演者和演奏者在有权从现场演出中获取报
酬的同时，还享有以下排他性权利：(5) 许可他人发行其艺术表演的制品。如果权利人未在或者未同
意在欧共体成员国境内首次销售上述制品的，该发行权在欧共体境内并不穷尽。"

❸ 《俄罗斯联邦民法典》第 1317 条第 2 款第 5 项规定："一、依据本法典第 1229 条，表演者享
有以任何不违法的方式，包括本条第二款指出的各种方式使用表演的专有权（表演专有权）。表演者
能够处分表演专有权。二、使用表演的方式如下：(5) 发行表演录制品，即销售或者以其他方式转让
表演录制品原件及原是该制品的任何物质载体复制品的复制件。"

❹ 《德国著作权法》第 77 条第 2 款规定："艺术表演人享有复制与发行录有其表演的音像制品的
独占权利。本法第 27 条准用。"而第 27 条第 1 款规定："著作人将音像制品的出租权授予录音制品制
作人或者电影制作人的，出租人对于出租同样应当向著作人支付适当报酬。该获得报酬要求不得放弃；
只能事先让与著作权集体管理组织。"

❺ 《意大利著作权法》第 80 条第 2 款第 6 项规定："表演者和演奏者在有权从现场演出中获取报
酬的同时，还享有以下排他性权利：(6) 许可他人出租或者出借其艺术表演的制品及相关复制品。即
使出租权已转让给录音制品、电影或者视频作品或者系列动画片的制作者，表演者或者演奏者依然有
权从制作者对第三人的出租行为中获取公平的报酬。任何与之相反的约定无效。"

❻ 《俄罗斯联邦民法典》第 1317 条第 2 款第 9 项规定："一、依据本法典第 1229 条表演者享有
以任何不违法的方式，包括本条第二款指出的各种方式使用表演的专有权（表演专有权）。表演者能
够处分表演专有权。二、使用表演的方式如下：(9) 租赁表演录制品的原件及复制件。"

规定在公开再现权之中，准用著作人的公开提供权的规定，❶《意大利著作权法》第 80 条第 2 款第 4 项也规定了该权利，❷ 作出同样规定的还有《俄罗斯联邦民法典》第 1317 条。❸

2. 录音制作者享有的权利

在《罗马公约》中，录音制作者享有复制权与合理报酬权；而在《保护录音制品制作者防止未经许可复制其录音制品公约》（简称《录音制品公约》）中，录音制作者权利扩展到复制权、发行权与（为商业目的）进口权；WPPT 赋予录音制作者五项权利，即复制权、发行权、出租权、向公众提供权以及录音制品二次使用中的合理报酬权。然而就各国的著作权法来讲，普遍得到承认的权利主要有复制权、合理报酬权、发行权、出租权和向公众提供权。

（1）复制权

复制权是录音制作者基本的经济权利，无论是国际公约还是各国著作权法均规定了录音制作者享有复制权。但就具体规定来看，该权利的规定也很不一致。在《罗马公约》中，录音制作者享有授权或禁止直接或间接复制其录音制品的权利。在罗马会议期间对直接与间接的理解是：这是指借助母版（直接）或借助用于母版压制的唱片或通过录制包含录音制品的广播电视节目（间接）进行的复制。❶ 而在以后的国际公约中均对直接与间接复制进行了规定，但与《罗马公约》不同的是，在 WPPT 中规定"录音制作者应享有授权以任何方式或形式对其录音制品直接或间接地进行复制的专有权"。所谓的任何方式或形式主要是针对计算机复制技术所做的规定，复制的含义在 WPPT

---

❶《德国著作权法》第 78 条规定："艺术表演人享有的独占权，将其表演：（1）公开提供（第 19 条 a）"。而第 19 条 a 规定，"公开提供权，指以有线或者无线方式使公众中的成员在其选定的地点和时间访问著作的权利。"

❷《意大利著作权法》第 80 条第 2 款第 4 项规定："表演者和演奏者在有权从现场演出中获取报酬的同时，还享有以下排他性权利：（4）许可他人以任何人可在其选定的地点和时间获取的方式将其艺术表演的制品及相关复制品自由支配"。

❸《俄罗斯联邦民法典》第 1317 条第 2 款第 7 项规定："一、依据本法典第 1229 条表演者享有以任何不违法的方式，包括本条第二款指出的各种方式使用表演的专有权（表演专有权）。表演者能够处分表演专有权。二、使用表演的方式如下：（7）将表演录制品公布于众，即任何人能够自行决定在任何地点和任何时间获得表演录制品。"

❶ 克洛德·马苏耶. 罗马公约与录音制品公约指南［M］. 刘波林，译. 北京：中国人民大学出版社，2002：34.

范围内被广泛理解。❶ 在各国的著作权法中，录音制作者所享有的复制权的内涵也不尽相同。《意大利著作权法》规定的录音制作者的复制权包括以任何方式或形式直接或间接、临时或永久地全部或部分复制录音制品。❷ 而《俄罗斯联邦民法典》所规定的复制权既包括传统的复制方式，也包括数字复制，但是排除了临时复制。❸

（2）合理报酬权

在《罗马公约》中赋予表演者和录音制作者合理报酬权，而 WPPT 也延续了《罗马公约》的规定。就合理报酬权的内容来讲，录音制作者所享有的权利与表演者所享有的权利是相同的，均是在录音制品二次使用中获得合理报酬的请求权。但是在各国立法中仍存有一些差别，如在权利的行使方面，有的国家规定该权利由表演者行使，录音制作者仅享有分享报酬的权利，如德国；❹ 有的国家则规定该权利由录音制作者行使，表演权仅享有分享报酬的权利，如意大利。❺

（3）发行权

首次规定发行权的是《录音制品公约》，该公约第 2 条规定了该项权利。结合《录音制品公约》第 1 条对公开发行的界定，我们可以得知，发行权是指将录音制品的复制品直接或间接提供给公众或任何一部分公众的权利。而在 WPPT 中规定的发行权是指，通过销售或其他所有权转让形式向公众提供

❶ WPPT 关于第 7 条、第 11 条和第 16 条的议定声明："第 7 条和第 11 条所规定的复制权及其中通过第 16 条允许的例外，完全适用于数字环境，尤其是以数字形式使用表演和录音制品的情况，不言而喻，在电子媒体中以数字形式存储受保护的表演或录音制品，构成这些条款意义下的复制。"

❷《意大利著作权法》第 72 条规定："1. 在下述诸条款规定的期限和条件内，录音制作者享有下列排他性权利，但是，第一编规定的属于作者的权利除外：（1）许可他人以任何方式或者形式、以任何复制程序直接或者间接、临时或者永久地全部或部分复制其录音制品。"

❸《俄罗斯联邦民法典》第 1324 条第 2 款第 5 项规定："复制，即制作一份和更多份的唱片或其部分的复制件。电子载体，包括电子计算机存储器录制唱片或唱片部分，同样认定为复制，例外的情形是这种录制系为暂时的，而且成为工艺流程不可分割的实质部分，该工艺流程的唯一目的是合理使用录音制品或将唱片合理地公布于众。"

❹《德国著作权法》第 86 条规定："已出版，或者以许可方式公开提供的录有艺术表演人表演的录音制品用于公开再现该表演的，录音制品制作人有适当分享艺术表演人根据本法第 78 条第 2 款获得的报酬的要求。"

❺《意大利著作权法》第 73 条规定："录音制品的制作者、录音制品中录制表演或者演奏的表演者和演奏者，在享有发行权、出租权和出借权的同时，对以营利为目的在公共舞会、公众服务性经营场所或者其他公共场所内通过电影、广播、电视及卫星使用录音制品向公众传播的行为，有获得报酬的权利。获得报酬的权利属于制作者，该报酬应当分配给其他利益相关的表演者或者演奏者。"

其录音制品的原件或复制品的专有权。而根据 WPPT 关于第 12 条的议定声明中指出的，该条款所称的"原件和复制品"专指可作为有形物品投稿流通的录制件复制品。这一规定在作者权体系国家的立法中也得到了进一步的明确，如德国、❶ 意大利、❷ 日本、❸ 俄罗斯❹等。而在版权体系国家的立法中，则将发行权所涵盖的对象扩展至不借助有形载体转移而发生的网络传输录音制品的行为，即 WPPT 和作者权体系国家所称的向公众提供录音制品的行为。

（4）出租权

出租权首次出现于 WPPT 中，❺ 根据该公约的规定，出租权是完全独立的一种权利，不依附其他权利而存在，该公约第 13 条就明确规定即使录音制品的原件或复制品已由录音制作者发行或根据录音制作者的授权发行，也不影响该权利的享有。该权利在各国的立法中也得到了普遍的承认，如德国、❻ 意大利、❼ 日本、❽ 俄罗斯❾等。

（5）向公众提供权

该权利同样是在 WPPT 中首次进行了规定，❿ 随后承认录音制作者享有授权和禁止以互动的方式向公众提供录音制品的权利在国际上获得广泛认可，

---

❶ 《德国著作权法》第 85 条规定："录音制品制作人有复制、发行和公开提供录音制品的独占权。录音制品在企业内制作的，该企业所有人视为制作人。本权利不因复制录音制品而产生。"

❷ 《意大利著作权法》第 72 条第 1 款规定："1. 在下述诸条款规定的期限和条件内，录音制作者享有下列排他性权利，但是，第一编规定的属于作者的权利除外：（2）许可他人发行录音制品的复制品。如果录音制品的复制品未在或者被许可在欧共体成员国境内初次销售的，排他性发行权不在欧共体境内穷尽。"

❸ 《日本著作权法》第 97 条之二第 1 款规定："录音制作者，享有通过转让其复制品向公众提供录音制品的专有权利。"

❹ 《俄罗斯联邦民法典》第 1324 条第 2 款第 6 项规定："发行唱片，即通过销售或其他方式转让唱片原件及复制件，这些复制件就是任何物质载体的唱片复制品。"

❺ WPPT 第 13 条规定："录音制品制作者应享有授权对其录音制品的原件和复制品向公众进行商业性出租的专有权，即使该原件或复制品已由录音制作者发行或根据录音制作者的授权发行。"

❻ 根据德国著作权法的规定，录音制作者的出租权准用关于著作人出租权的规定。

❼ 《意大利著作权法》第 72 条第 3 款规定："在下述诸条款规定的期限和条件内，录音制作者享有下列排他性权利，但是，第一编规定的属于作者的权利除外：（3）许可他人出租和出借其录音制品的复制品。无论复制品以何种形式销售或者发行，该权利不穷尽。"

❽ 《日本著作权法》第 97 条之三第 1 款规定："录音制作者，享有通过向公众出租复制该录音制品的商业录制品向公众提供录音制品的专有权利。"

❾ 《俄罗斯联邦民法典》第 1324 条第 2 款第 8 项规定："租赁唱片原件及复制件。"

❿ WPPT 第 14 条规定："录音制品制作者应享有专有权，以授权通过有线或无线的方式向公众提供其录音制品，使该录音制品可为公众中的成员在其个人选定的地点和时间获得。"

如意大利、❶ 俄罗斯❷等。

3. 广播组织享有的权利

作为传统邻接权制度的主要组成部分，广播组织自《罗马公约》时起就被赋予了多项专有性的权利。然而，由于广播在作品传播过程中所处的位置及其与作品、表演和录音制品的关系决定了广播组织在邻接权制度乃至著作权制度之中的特殊地位，也正因如此，在世界知识产权组织制定"数字条约"（即 WCT 和 WPPT）时并未将广播组织纳入规制范围之内，由此也导致对广播组织的保护一直保持在《罗马公约》的水平。虽然世界知识产权组织从1998 年起就针对数字技术条件下的广播组织保护问题进行研究，着力制定一个类似于 WPPT 那样的保护广播组织的国际条约，但至今仍未见成效。但是，各国在应对数字技术对广播组织的冲击方面已经做出了相当大的进步。

《罗马公约》授予广播组织四项专有性的权利，即转播权、录制权、复制权和向公众传播电视节目的权利。上述权利被世界各国的立法所借鉴和引用。但鉴于《罗马公约》制定时的科技背景，各国立法中授予广播组织的权利又与《罗马公约》所授予的权利在内容上有所不同。如仅就转播权来讲，《罗马公约》中的转播权事实上指的是一广播组织通过无线手段同时播放另一广播组织的广播电视节目。而在有线广播和卫星广播出现后，各国在立法中纷纷扩展了转播权的有关规定，如《意大利著作权法》中就明确规定转播的方式包括无线转播、通过电缆和卫星的转播等方式。当然，为了应对科技的发展，各国在立法中也扩大了广播组织享有的专有性权利，如意大利、俄罗斯等国的立法将"向公众提供权"授予广播组织。

(三)"以用设权"在邻接权配置中的应用

邻接权制度体系构建的"主体进路"引发的"等级理论"是导致邻接权人权利配置不足的根本原因。回到"客体进路"之上后，邻接权的权利配置就不需要将"利益协调"放置于首位，而是基于权利主体地位平等所进行的

---

❶ 《意大利著作权法》第72 条第4 款规定："在下述诸条款规定的期限和条件内，录音制作者享有下列排他性权利，但是，第一编规定的属于作者的权利除外：（4）许可他人将其录音制品以任何人可在其选定的地点和时间自由支配。该权利并不因此穷尽。"

❷ 《俄罗斯联邦民法典》第 1324 条第 2 款第 4 项规定："将唱片公布于众，即任何人能够自行决定在任何地点和任何时间获得接触唱片的机会（公布于众）。"

利益考量。

基于邻接权客体与著作权客体的近似性，即拥有共同的上位概念也就拥有共同的特质，在使用方式上是相同的，即"邻接权人对其劳动成果的占有只是'虚拟占有'而非实际控制，同一客体可以物化在多个相同或不相同的载体之上，从而出现多个主体同时使用同一客体的问题"。因此，在信息传播技术推动下产生的邻接权客体均应纳入邻接权人的专有控制范围，才能充分保护邻接权人的利益。但需要注意的是，邻接权制度作为著作权法律制度的组成部分，同样应当兼顾著作权法肩负的激励作品的创作和传播，促进社会文化事业的发展的立法目的。具体到邻接权制度，既要给予相关投资主体以充分的保护，以激励其投入更多的劳动、资金、技术产出更多的文化制品，也要对邻接权人的权利进行一定的限制。当然，对于如何限制将在后文中详加论述。

1. 表演者权的权利配置

表演者权是传统邻接权重要类型之一，但有关表演者权的保护仍存有比较大的争议，一方面，表演者权的性质较为复杂，在传统的三大邻接权之中，表演者权是唯一包含精神权利内容的权利；❶ 另一方面，与表演者权相关的权利关系复杂，使表演者权的保护范围难以确定。自录音、录像技术产生之后，对表演者的保护往往与录音、录像制品制作者，以及广播组织联系在一起，如何协调他们之间的利益分配是保护表演者权的重要问题。也正是因为此种联系的存在，各国在对表演者进行保护时往往都会考虑本国的实际情况，有选择地对表演者提供保护，从而导致"对表演者提供何种程度的保护"在各国立法及国际社会上一直没有定论。

事实上，对表演者提供何种程度的保护，赋予表演者何种权利，应当从表演的使用方式来确定，而不能因为立法政策、价值取向等原因降低对表演者的保护。就目前的立法经验来看，在对表演者进行赋权时所考虑的主要因素有：

一是表演者与著作权人之间的利益协调。一直以来，著作权与邻接权的关系都被定性为邻接权的地位低于著作权，在保护水平方面也不应超越著作

---

❶ 吴汉东. 知识产权基本问题研究（分论）［M］. 北京：中国人民大学出版社，2009：124—125.

权以免妨碍著作权人利益的实现。

二是表演者与录音制作者、广播组织之间的利益协调。表演者与录音制作者、广播组织之间存在着紧密的联系，录音制作者所录制的内容往往是表演者的表演，而广播组织所播放的内容也往往是载有表演者表演的音像制品。因此，三者在传播的内容方面有共同之处，导致若完全按照对邻接权客体的传播、使用方式进行赋权，就会使三者之间的权利出现冲突。于是，立法者在对表演者赋权时选择了不赋予权利或赋予其他效力较低的权利。如在表演者所享有的权利之中，各国立法普遍未赋予其广播权和公开传播权，而是赋予其效力较低的合理报酬请求权。

事实上，对于表演者的赋权，我们首要关注的应当是保护其正当利益的实现，其次才能是利益平衡问题。现今的立法却恰恰与此种思路相反，在赋予表演者权利时直接考虑了利益平衡问题，由此也就选择了不赋予表演者权利的立法现状。"利益平衡精神是现代著作权法的基本精神。平衡精神所追求的，实质上是各种冲突因素处于相互协调之中的和谐状态，它包括著作权人权利义务的平衡，创作者、传播者、使用者三者之间关系的平衡，公共利益与个人利益的平衡。"❶ 为了实现利益平衡精神，著作权法在对著作权人赋权后采用了合理使用、法定许可以及强制许可等制度对著作权人的权利进行限制。因此，在对表演者进行赋权时，我们也应采取相同的思路。

就表演者的权利内容来看，规定比较详尽的是WPPT，该公约对表演者的精神权利和经济权利均进行了规定。此外，在最新通过的《视听表演北京条约》中，对视听录制品中的表演者的权利也进行了扩增。因此，在对表演者赋权的讨论中将主要参考上述两个公约。

（1）表演者的精神权利

作为邻接权主体，表演者所享有的精神权利并不像著作权人那样丰富。在WPPT和《视听表演北京条约》中，仅赋予表演者两项精神权利：一是表明表演者身份的权利；二是保护表演完整的权利。

①表明表演者身份的权利。WPPT规定，除非使用表演的方式决定可省略不提其系表演者，表演者仍应对于其现场有声表演或以录音制品录制的表

---

❶　吴汉东. 著作权合理使用制度研究［M］. 北京：中国政法大学出版社，1996：13.

演有权要求承认其系表演的表演者。❶《视听表演北京条约》也作出了相同的规定。由于表演的形式多种多样，对于该权利的行使，表演者可以根据具体情况，要求在表演的过程中表明表演者的身份。唯应说明的是，表演者对其享有的该项权利可以选择行使，也可以选择不行使。换言之，即便在可以表明表演者身份的情况下，表演者也可以要求不在表演过程中揭露其身份。

②保护表演完整的权利。WPPT 规定，"表演者有权反对任何对其表演进行将有损其名声的歪曲、篡改或其他修改"。《视听表演北京条约》也规定，"表演者对于其现场表演或以视听录制品录制的表演有权反对任何对其表演进行的将有损其声誉的歪曲、篡改或其他修改，但同时应对视听录制品的特点予以适当考虑"。从上述规定可以看出，相较于 WPPT 的规定，《视听表演北京条约》的规定更为全面，在关于第 5 条的议定声明中指出，"鉴于视听录制品及其制作和发行的特点，在正常利用表演的过程中以及在经表演者授权的使用过程中对该表演所作的修改，诸如使用现有或新的媒体或格式进行编辑、压缩、配音或格式化编排，将不足以构成第 5 条第（1）款第（ii）项意义下的修改。只有在客观上对表演者的声誉造成重大损害的改动才涉及第 5 条第（1）款第（ii）项所规定的权利。会议还达成共识：纯粹使用新的或改进的技术或媒体，其本身不足以构成第 5 条第（1）款第（ii）项意义下的修改"。从该议定声明中我们可以得出该权利的保护标准，即只有在客观上对表演者的声誉造成重大损害的改动才能被视为侵犯了保护表演完整权，这对于解决出于滑稽模仿或讽刺目的使用表演的行为具有重要的意义，即对于上述行为，只要没有对表演者的声誉造成重大损害，就不能判定为侵权行为。当然，上述公约的规定也存在一定的缺陷，即对于侵害表演完整权的行为的规定仅包含对表演的改动行为，并未提及对表演的使用行为。事实上，对表演的不适当使用行为也会对表演者造成一定的损害，如在不适当的环境中播放表演者的表演，将表演与不适当的物品（如狗食、洁厕用品等）一同出售等均可能

---

❶ WPPT 第 5 条规定："不依赖于表演者的经济权利，甚至在这些权利转让之后，表演者仍应对于其现场有声表演或以录音制品录制的表演有权要求承认其系表演的表演者，除非使用表演的方式决定可省略不提其系表演者；并有权反对任何对其表演进行将有损其名声的歪曲、篡改或其他修改。"《视听表演北京条约》第 5 条规定："不依赖于表演者的经济权利，甚至在这些权利转让之后，表演者仍应对于其现场表演或以视听录制品录制的表演有权：（i）要求承认其系表演的表演者，除非因使用表演的方式而决定可省略不提其系表演者；（ii）反对任何对其表演进行的将有损其声誉的歪曲、篡改或其他修改，但同时应对视听录制品的特点予以适当考虑。"

会对表演者的声誉造成一定的损害。因此，对于该权利的内容，应当将会对表演者的声誉造成一定损害的不适当使用表演的方式包容进来，以对表演者提供更为全面的保护。

（2）表演者的财产权利

一直以来，表演在作品传播过程中占有特殊的地位，它既是作品传播的第一个环节，也是录音制作者、视听作品制作者以及广播组织传播的主要内容。正是由于表演者的表演上存在的复杂利益关系，导致对表演者的保护也一直未能达成一致意见，其表现就是在很长的时间内，国际社会只达成了对表演和录音制品保护的国际公约，而对于录像制品中的表演者的保护处于空白之中。究其原因，在于录像制品在许多情形下不同于录音制品，它涉及的表演者众多，同时还包含了多种不同类型的表演。对录像制品的使用同时也是对其所承载表演的使用，如果要求制作者在录制结束后就录像制品的使用问题再向表演者取得授权，就会妨碍录像制品的传播，故而在实践中录像制品制作者为使用已录制表演的便利，提出了要求表演者将其权利转让给自己或者由自己行使的要求。[1] 这就在无形之中削弱了对表演者保护的力度。而《视听表演北京条约》的通过无疑是表演者保护的又一里程碑事件，该条约对录像制品中的表演提供专门保护。随着该条约的通过，对表演者的保护将会更加全面，无论是录音制品中的表演，还是录像制品中的表演都应得到相同的保护。

从对表演者表演的传播、使用方式来看，表演者所应享有的权利主要包括以下几项权利：

①录制权。表演者进入法律保护的视野缘于表演者的表演可以通过录音录像制品异时异地进行传播，导致其损失了大量的现场表演的收入。虽然表演者可以通过对固定下来的表演的传播获得一定的收入，但是现场表演作为表演者权利产生的源头仍应获得重点保护。表演者的表演一旦被固定下来，便会产生对表演者的现场表演的替代性，也使表演具有了进一步开发利用的基础。因此，录制权是表演者的一项重要权利。唯独需要说明的是，就录制行为而言，其在《伯尔尼公约》中被视为是复制，[2] 但是在邻接权相关的公

---

[1] 孙雷. 邻接权研究［M］. 北京：中国民主法制出版社，2009：91.

[2] 参见《伯尔尼公约》公约第9条第3款，"所有录音或录像均应视为本公约所指的复制"。

约中，录制均是单独予以规定，原因在于录制行为是固定表演、声音、影像的首要阶段，录制过程需要投入更多的人力、物力、资金和技术设备，其与后续的已经录制完成的表演、声音、影像的复制是不同的，后续的复制只需要简单的复制设备即可完成。正是在此种意义之上，录制权在邻接权制度中被单独规定为一项权利。

WPPT 规定，"表演者应享有专有权，对于其表演授权：（ii）录制其尚未录制的表演。"❶《视听表演北京条约》也规定表演者对于其尚未录制的表演享有授权他人进行录制的权利。❷ 从上述两公约的规定可以看出，录制权主要针对的是表演者的现场表演。然而，需要注意的是，对现场表演的录制并不一定发生在表演的现场。随着传播技术的不断进步，现场表演可以实现同时异地之间的传播，也即通常所说的"现场直播"。对于现场直播的表演，人们可以通过对广播信号的固定实现在表演现场录制的相同效果。因此，对于录制权的权利范围，除应包括在表演现场的录制行为外，也应包括现场直播过程中对广播信号的录制。这一问题早在《罗马公约》制定过程中就引起了人们的关注。奥地利代表团就曾提出，不仅对现场表演的录制需要取得表演者的同意，对其他任何形式的向公众传播现场表演的录制行为也应取得表演者的授权，此提议被大会采纳。❸

②复制权。表演者所享有的复制权主要针对的是已录制的表演。《罗马公约》第 7 条明确要求成员国针对已录制表演的复制行为为表演者提供一定的保护，即要制止以下情形的复制行为：一是原始录制品是未经其同意而制作的；二是复制的目的不同于其同意的目的；三是原始录制品是根据第 15 条规定制作的，但复制的目的不同于该条所述目的。❹ 看似详尽的规定却内含了对表演者该项权利的诸多限制，《罗马公约》所赋予表演者的"复制权"只是在特定情形下的禁止权。而 WPPT 与《视听表演北京条约》则是直接赋予了表演者专有性的复制权。❺ 因此，表演者所享有的复制权应当是"表演者应享

---

❶ 参见 WPPT 第 6 条。

❷ 参见《视听表演北京条约》第 6 条。

❸ ILO, UNESXO and BIRPI, Records of the Diplomatic Conference on the International Protection of Performers, Producers of Phonograms and Broadcasting Organization, Geneva, 1968, p. 40.

❹ 参见《罗马公约》第 7 条第 1 款。

❺ WPPT 第 7 条规定："表演者应享有授权以任何方式或形式对其以录音制品录制的表演直接或间接地进行复制的专有权。"

有授权以任何方式或形式对其以录音制品和视听录制品录制的表演直接或间接地进行复制的专有权"。事实上，早已有许多国家所赋予表演者的复制权涵盖了录音制品和视听录制品录制的表演。❶

　　③发行权。对表演者表演进行录制和复制的最终目的是向公众发行，以实现其更多的经济效益和社会效益。而随着复制技术和音像产业的发展，对表演的录制物和复制件的发行的控制对于表演者来讲更为重要。也正因如此，WPPT 赋予了表演者该项权利。根据 WPPT 第 8 条的规定，表演者应享有授权通过销售或其他所有权转让形式向公众提供其以录音制品录制的表演的原件或复制品的专有权。而最新通过的《视听表演北京条约》也规定了表演者就以视听录制品录制的表演的原件或复制品享有许可他人通过销售或其他所有权转让形式向公众提供的专有权。根据上述两个公约的规定我们可以看出，目前国际公约所赋予表演者的发行权仅指以销售或其他所有权转让行为，此点与我国著作权法所规定的发行权是一样的。我国著作权法将发行权界定为"以出售或者赠与方式向公众提供作品的原件或复制件的权利"。也就是说，我国著作权法中的发行行为仅指出售作品原件和复制件以及赠与作品原件或复制件两种行为。因此，表演者所享有的发行权应当界定为"以出售或赠与方式向公众提供录有其表演的录音录像制品及其复制件的权利"。

　　④出租权。20 世纪 80 年代至 90 年代初期，各种音像租赁商店遍布我国许多城市的大街小巷。这种情形在其他国家，尤其是发展中国家也同样存在。❷ 故而赋予著作权人、表演者、录音制作者以对录音制品、录像制品出租的控制权成为一个亟须解决的问题。就表演者来讲，虽然其享有对以录音制品或视听录制品录制的表演的原件或复制品享有发行权，但发行权的行使存在一个问题，即"发行权穷竭"问题。在著作权法中，所谓的"发行权穷竭"是指"作品原件和经授权合法制作的作品复制件经著作权人许可，首次销售或赠与后，著作权人就无权控制该特定原件或复制件的再次流转。合法获得该作品原件或复制件所有权的人可以不经著作权人许可将其再次出售或赠与"。❸ 对于表演者的发行权来讲，也同样存在"发行权穷竭"的问题。在

---

　　❶　参见《德国著作权法》第 77 条，《法国知识产权法典》第 L. 212-3 条，《巴西著作权法》第 90 条，《匈牙利著作权法》第 73 条。

　　❷　孙雷. 邻接权研究［M］. 北京：中国民主法制出版社，2009：80.

　　❸　王迁. 知识产权法教程［M］. 北京：中国人民大学出版社，2019：129.

此种情况下，对于将合法发行的录音制品或录像制品进行出租性使用，对于表演者的利益仍会造成很大的损害。故而在 WPPT 中赋予了表演者对以录音制品录制的表演的原件和复制品向公众进行商业性出租的专有权，而《视听表演北京条约》则将这一权利扩展至以视听录制品录制的表演的原件和复制品之上。因此，表演者也应当享有出租权。

⑤广播权与合理报酬权。自广播技术诞生之日起，人们便可以在不同的地方、不同的时间欣赏不同的表演节目，其对表演者所造成的影响也是很大的，因此赋予表演者对广播以及类似方式公开传播其表演的控制权对表演者尤为重要。然而，表演者在享有广播权方面并非一帆风顺。在目前的国际国内立法中，基于表演形式的不同，表演者在广播权的享有上也存在着不同。一般来讲，对于表演者的现场表演，赋予其对现场表演的广播权已得到一定程度的认同。《与贸易有关的知识产权协定》（TRIPS 协定）更是直接将该权利限制在现场表演之上。● 而对于已固定的表演，许多国家为了实现表演者与录音制品、录像制品以及广播组织之间的利益平衡均选择了不赋予其广播权，只有 2012 年的《视听表演北京条约》直接赋予了表演者对以视听录制品录制的表演享有广播和向公众传播的专有性权利。● 只不过，《视听表演北京条约》在该条中同时规定了成员国可以赋予表演者"对于以视听录制品录制的表演直接或间接地用于广播或向公众传播获得合理报酬的权利"以替代前述专有性的权利。

正是由于对表演者表演的广播和公开传播往往涉及录音制品和录像制品制作者以及广播组织的利益保护，无论是在国际社会还是在各国立法中均未选择赋予表演者对其表演的二次使用享有广播权，而是选择赋予其合理报酬

---

● 参见 TRIPS 协议第十四条第一款规定："对于将表演者的表演固定于录音制品的情况，表演者应有可能制止未经其许可而为的下列行为：对其尚未固定的表演加以固定，以及将已经固定的内容加以复制。表演者还应有可能制止未经其许可而为的下列行为：以无线方式向公众广播其现场表演，向公众传播其现场表演。"

● 参见《视听表演北京条约》第 11 条："（1）表演者应享有授权广播和向公众传播其以视听录制品录制的表演的专有权。（2）缔约各方可以在向世界知识产权组织总干事交存的通知书中声明，它们将规定一项对于以视听录制品录制的表演直接或间接地用于广播或向公众传播获得合理报酬的权利，以代替本条第（1）款中规定的授权的权利。缔约各方还可以声明，它们将在立法中对行使该项获得合理报酬的权利规定条件。（3）任何缔约方均可声明其将仅对某些使用情形适用本条第（1）款或第（2）款的规定，或声明其将以某种其他方式对其适用加以限制，或声明其将根本不适用第（1）款和第（2）款的规定。"

权。其原因在于，赋予表演者就其表演一种专有权或以其他方式扩大保护范围，可能会有破坏各种利害关系人（不仅有公约的三种受益人，还有作者）之间的利益平衡的危险。❶ 故而在《罗马公约》中专设了一项"合理报酬权"来间接保护表演者，❷ WPPT 和《视听表演北京条约》也沿袭了此种规定。《罗马公约》之所以对录音制品的二次使用仅规定了合理报酬权，没有提供赋予一种专有权以代替获得报酬权的可能性，就是因为多种利害关系以及多种国内法律制度之间的相互妥协。❸

此种规定更多的是立法政策的考量和立法技巧的展现。根据"合理报酬权"的规定，使用者在将以录音制品或视听录制品录制的表演直接或间接用于播放或任何方式的公开传播时，使用者应向表演者或录音制品、录像制品制作者支付单独一笔合理报酬。❹ 从该规定可以看出，"合理报酬权"实质上就是赋予了表演者对广播或向公众传播其表演的录制品的控制权，同时又限制了该项权利的行使，使表演者仅享有报酬请求权。此种制度设计完全可以通过"专有性权利+法定许可"的模式来实现。现有的合理报酬权也是先考虑利益协调，再考虑权利设置。表演者、录音制作者权利的享有是否会影响到作者的权利值得考量。作品的价值是随着传播方式与传播范围的不断扩展而增长的，一项作品即使具有再高的艺术性或学术性，如果不通过一定的媒体向公众传播出去，作品的价值就无法实现，也就不能产生社会效益或转化为生产力。传播者的技巧越高，作品产生的效果就越好。❺ 作品在传播过程中所增加的价值来自表演者和录音制作者在录音制品制作过程中的贡献。❻ 因此，正确的做法应该是先赋予表演者以广播权，再辅之以"法定许可"的限制来实现与相关权利人的利益平衡。

---

❶ 克洛德·马苏耶. 罗马公约与录音制品公约指南［M］. 刘波林，译. 北京：中国人民大学出版社，2002：37.

❷ 参见《罗马公约》第十二条规定："如果某种为商业目的发行的录音制品或此类唱片的复制品直接用于广播或任何向公众的传播，使用者应付一笔总的合理的报酬给表演者，或录音制品制作者，或给二者。如有关各方之间没有协议，国内法可以就当事人没有约定的情况规定这种报酬的分配条件。"

❸ 克洛德·马苏耶. 罗马公约与录音制品公约指南［M］. 刘波林，译. 北京：中国人民大学出版社，2002：37.

❹ 参见《罗马公约》第 12 条、WPPT 第 15 条、《视听表演北京条约》第 11 条的规定。

❺ 吴汉东. 知识产权基本问题研究（分论）［M］. 北京：中国人民大学出版社，2009：119.

❻ SCHRADER D M. Sound Recordings：Protection under State Law and under the Recent Amendment to the Copyright Code［J］. Arizona Law Review，1972（14）：711.

⑥信息网络传播权。随着计算机技术以及网络技术的不断发展，对于表演者的表演的录制品在互联网上的传播越来越普遍，此种传播对表演者的影响❶越来越大，表演者原本的利益也在不断地被蚕食。为了应对科技发展所带来的冲击，国际社会专门制定了 WPPT 以及 WCT 来进行回应，表演者也被赋予了"向公众提供权"以使其能够控制其表演在互联网上的传播。根据 WPPT 和《视听表演北京条约》的规定，表演者所享有的"向公众提供权"是指"表演者应享有专有权，以授权通过有线或无线的方式向公众提供其以录音制品或视听录制品录制的表演，使该表演可为公众中的成员在其个人选定的地点和时间获得"。❷ 自 WPPT 通过以后，关于"向公众提供权"的规定被许多国家所借鉴。日本、意大利、巴西、匈牙利等国都采用了 WPPT 的行文方式，赋予表演者控制互动式网络传播录有其表演的录音制品或视听录制品。❸ 而我国著作权法在引入该权利时，并没有采取拿来主义，只是将该权利中的控制交互式传播的内容引入我国，改造成为信息网络传播权，即"以有线或无线方式向公众提供，使公众可以在其选定的时间和地点获得作品的权利"。这也是我国"广播权+信息网络传播权"二元体制的由来。

对于信息网络传播权，我国著作权法已经明确赋予了表演者，即"许可他人通过信息网络向公众传播其表演"的权利。只不过，其中最大的问题在于我国著作权法在对表演者赋权时采用了与"信息网络传播权"不同的术语，此点应当予以纠正。结合信息网络传播权的界定，表演者享有的信息网络传播权是指"以有线或无线方式向公众提供，使公众可以在其选定的时间和地点获得其表演的权利"。

2. 录音制作者权的权利配置

录音制作者作为传统邻接权的主要内容之一，在权利赋予方面也有了较为成熟的体系框架。唯应注意的是，对录音制作者的赋权与对表演者的赋予存在同样的问题，即在赋予录音制作者权利时直接考虑了利益平衡问题，由此也就选择了不赋予其权利的立法现状。与表演者赋权中存在的问题相同，

---

❶ 事实上，此种影响不仅是对于表演者，对于著作权人、录音制作者、录像制品制作者的影响也同样巨大。

❷ 参见 WPPT 第 10 条，《视听表演北京条约》第 10 条。

❸ 参见《日本著作权法》第 89 条、《意大利著作权法》第 80 条、《匈牙利著作权法》第 73 条、《巴西著作权法》第 90 条。

录音制作者进行赋权时，也应对上述问题加以重新考量。因此，结合 WPPT 的相关规定，录音制作者权应当包含以下权项。

（1）复制权

对录音制作者利益的最大威胁来自对录音制品未经许可的复制行为，随着数字技术的不断发展，对录音制品的复制更加便利，而且还能保持高度的一致性。因此，对此种行为的控制便成为录音制作者重要的权利之一。自《罗马公约》开始，《录音制品公约》、WPPT 以及 TRIPS 协定均赋予了录音制作者该项权利。《罗马公约》第 10 条规定："录音制作者应当有权授权或禁止直接或间接复制他们的录音制品。"该公约中所提到的"直接或间接的方式"是指借助模版（直接），或借助用模版压制的唱片或通过录制包含录音制品的广播电视节目（间接）进行的复制。该公约中虽然仅提到"录音制品"，但并不意味着对录音制品中的部分内容进行复制可以免责，复制权并不是有限的，而应理解为其中包括制止对录音制品进行部分复制的权利。❶ 因此，《罗马公约》已对录音制作者权中的复制权权项进行了详尽的规定，而 WPPT 中对录音制作者的复制权的规定与《罗马公约》的行文相同，只不过在该公约第 11 条的议定声明中提到，"本条所规定的复制权及其中通过第 16 条允许的例外完全适用于数字环境，尤其是以数字形式使用表演和录音制品的情况。不言而喻，在电子媒体中以数字形式存储受保护的表演或录音制品，构成这些条款意义下的复制"。

（2）发行权

与表演者所享有的发行权相同，对于录音制作者来讲，控制所制作的录音制品及其复制件的发行也至关重要。WPPT 赋予录音制作者该项权利，以控制录音制品的发行。与表演者所享有的发行权，WPPT 所赋予录音制作者的发行权仅涵盖了以销售或其他所有权转让行为，仍不包括"出租、出售、出借等行为"。对于录音制作者来讲，除了转让录音制品及其复制件所有权的发行方式外，当然也包括"出租、出借"等方式。如若不将上述方式也纳入录音制作者的发行权之内，同样会对录音制作者造成一定的损害。因此，录音制作者所享有的发行权应当界定为"录音制作者就其制作的录音制品的原

---

❶ 克洛德·马苏耶. 罗马公约与录音制品公约指南［M］. 刘波林，译. 北京：中国人民大学出版社，2002：34.

件或复制品享有许可他人通过出租、出售、出借等形式向公众提供的专有权"。

（3）出租权

录音制作者享有出租权的原因与表演者相同。由于租借一张唱片的费用要远远低于购买的费用，但其最终的结果是相同的，即都可以欣赏到相同的录音制品，故而赋予录音制作者该项权利至关重要。WPPT 第 13 条规定，"录音制品制作者应享有授权对其录音制品的原件和复制品向公众进行商业性出租的专有权，即使该原件或复制品已由录音制作者发行或根据录音制品制作者的授权发行"。该项权利弥补了发行权所存在的"发行权穷竭"问题，使录音制作者可以对此种行为进行控制。随着经济的不断发展以及网络的普及，对音像制品的出租已经渐渐淡出了许多人的视野，有学者提出在此种情形下可以不再赋予录音制作者该项权利。笔者认为，作为录音制品的一种利用方式，即便音像制品的租赁减少，但也不应以此为借口不再赋予其该项权利。赋予录音制作者（以及表演者）该项权利仍可以维护其利益，仍存有一定的价值。

（4）广播权

由于过于考虑著作权人、表演者、录音制作者和广播组织之间的利益平衡，无论是国际公约还是大部分国家的立法均未赋予录音制作者广播权，而是采纳了《罗马公约》关于"合理报酬权"的规定，赋予录音制作者就其录音制品在广播和向公众传播过程的"报酬请求权"。然而，赋予录音制作者上述权利是否会影响到作者以及表演者和广播组织的权利值得考量。作品以及表演者的表演和广播组织播放的节目的价值是随着传播方式与传播范围的不断扩展而增长的，一部作品、表演及广播节目即使具有再高的艺术性或学术性，如果不通过一定的媒体向公众传播出去，作品的价值就无法实现，也就不能产生社会效益或转化为生产力。传播者的技巧越高，作品产生的效果就越好。[1] 作品在传播过程中所增加的价值来自表演者和录音制作者在录音制品制作过程中的贡献。[2] 因此，赋予录音制作者该项权利并不会影响到著作权

---

[1] 吴汉东. 知识产权基本问题研究（分论）[M]. 北京：中国人民大学出版社，2009：119.

[2] SCHRADER D M. Sound Recordings: Protection under State Law and under the Recent Amendment to the Copyright Code [J]. Arizona Law Review, 1972（14）：711.

人、表演者和广播组织等相关主体的权益。因此，应当赋予录音制作者以广播权，再辅之以"法定许可"的限制来实现与相关权利人的利益平衡。

（5）信息网络传播权

互联网的发展促使更多的录音制品在网络上传播，而且随着数字技术的应用，越来越多的录音制品被置于网上供人们下载、传播。加之录音制品的数字复制不存在品质方面的损失，更是加剧了录音制作者利益的损失。为了应对科技发展所带来的冲击，国际社会专门制定了 WPPT 以及 WCT 来进行回应，录音制作者也被赋予了"向公众提供权"以使其能够控制其制作的录音制品在互联网上的传播。世界知识产权组织在起草 WPPT 时就指出，"音乐产业和唱片零售店将会被向公众开放、通过互联网向公众直接发行音乐产品的数据库所取代"。❶ 而唱片产业近几年的发展也证实了世界知识产权组织的此种论述。根据 WPPT 的规定，录音制作者所享有的"向公众提供权"是指"录音制品制作者应享有专有权，以授权通过有线或无线的方式向公众提供其录音制品，使该录音制品可为公众中的成员在其个人选定的地点和时间获得"。❷ 鉴于我国著作权法所构建的"广播权+信息网络传播权"的二元体制，录音制作者所享有的权利也同样应为信息网络传播权，只不过我国著作权法在赋予录音制作者该项权利时采用的也是"通过信息网络向公众传播"的权利，此种问题与表演者相同，也应做相同处理，即录音制作者享有的信息网络传播权应为"以有线或无线方式向公众提供，使公众可以在其选定的时间和地点获得其录音制品的权利"。

3. 录像制作者权的权利配置

就目前设置录像制作者权这一邻接权的国家来看，录像制作者一般享有比较丰富的权利。《法国著作权法》中的录像制作者享有复制、销售、交换或出借以供公众之需或向公众传播录像制品的权利。❸《德国著作权法》中的录像制作者享有专属的复制、传播和向公众公布的权利。此外，在特定情况下，

---

❶ WIPO：Doc. ibid，CRNR/DC/5，notes 11. 04.

❷ 参见 WPPT 第 14 条。

❸《法国知识产权法》第 L. 215-1 条规定："发起并负责首次录制有伴音或无伴音的一组画面的自然人或法人为录像制作者。任何复制、销售、交换或出借以供公众之需或向公众传播录像制品，应征得其制作者的许可。"

录像制作者还对表演者享有适当的报酬请求权。❶ 而根据我国著作权法的规定，录像制作者享有复制权、发行权、出租权、信息网络传播权。❷ 此外，录像制作者还享有一项有限的广播权，即电视台播放录像制品时，应当取得录像制作者的许可。❸

由此看来，录像制作者一般应当享有以下权利：

（1）复制权

录像制作者享有的复制权与录音制作者享有的复制权应当是相同的。录像制品与录音制品均是现代录音录像技术的产物，在使用方式上具有很大的相似性。随着数字技术的不断发展，录像制品与录音制品所受到的冲击也是一样的，即对它们的复制都更加便利，而且都能保持高度的一致性。因此，赋予录像制作者复制权就更为重要。就复制权的内涵来说，也可以借鉴《罗马公约》的相关规定，即录像制作者应当有权禁止直接或间接复制他们的录像制品。❹

（2）发行权

与录音制作者享有的发行权相同，对于录像制作者来讲，控制所制作的录像制品及其复制件的发行也至关重要。只不过，著作权法中的发行是指把作品的原件或作品的附着物提供给公众或者投入流通领域的行为，❺ 其所包含的方式有"出租、出售、出借等行为"。❻ 事实上，就表演者的表演的录制品及其复制品来讲，除了转让所有权的发行方式，当然也包括"出租、出借"等方式。若不将上述方式也纳入录像制作者的发行权之内，势必对其造成一定的损害。因此，录像制作者享有的发行权应当界定为"录像制品制作者就其制作的录像制品的原件或复制品享有许可他人通过出售、赠与等形式向公

---

❶ 图比亚斯·莱特. 德国著作权法［M］. 张怀岭，吴逸越，译. 北京：中国人民大学出版社，2019：157.

❷ 我国著作权法将录音制作者权和录像制作者权的权利内容同时进行了规定，详见《中华人民共和国著作权法》（2020）第四十四条。

❸ 《中华人民共和国著作权法》（2020）第四十八条规定："电视台播放他人的视听作品、录像制品，应当取得视听作品著作权人或者录像制作者的许可，并支付报酬；播放他人的录像制品，还应当取得著作权人许可，并支付报酬。"

❹ 《罗马公约》第十条规定："录音制品制作者应当有权授权或禁止直接或间接复制他们的录音制品。"

❺ M. 雷炳德. 著作权法［M］. 张恩民，译. 北京：法律出版社，2005：228.

❻ 吴汉东. 知识产权基本问题研究（分论）［M］. 北京：中国人民大学出版社，2009：106.

众提供的专有权"。

（3）出租权

与表演者、录音制作者享有出租权的理由相同，虽然录像制作者也享有复制权和发行权，但是发行权的行使存在一个问题，即"发行权穷竭"问题。因此对于合法发行的录像制品，录像制作者便不能再控制该复制件的传播和使用。正常情况下，"发行权穷竭"可以平衡著作权人和社会公众之间的利益冲突。但是，出租行为仍然会导致录像制品出售机会的减少，仍然会损害到录像制者的利益。故而应当赋予录像制作者该项权利。

（4）广播权

赋予录像制作者以广播权，同样会涉及著作权人、表演者、录音制作者和广播组织之间的利益平衡问题，但是与表演者、录音制作者享有该权利的理由相同，无论是作品的价值，还是表演的价值，均是随着传播方式与传播范围的不断扩展而增长的，一部作品即使具有再高的艺术性或学术性，如果不通过一定的媒体向公众传播出去，作品的价值就无法实现，也就不能产生社会效益或转化为生产力。传播者的技巧越高，作品产生的效果就越好。作品在传播过程中所增加的价值来自表演者和录音录像制作者在录音录像制品制作过程中的贡献。因此，对于录像制作者也应当赋予广播权。至于上述不同主体之间的利益冲突问题，仍应交由邻接权限制制度加以规制，而不能成为不赋予该项权利的理由。

（5）信息网络传播权

赋予录像制作者以信息网络传播权的理由与表演者、录音制作者享有该权利的理由也是相同的，我国著作权法也同样赋予了录像制作者该项权利。只不过其存在的问题也与录音制作者相同，即采用的是"许可他人通过信息网络向公众传播"的权利。结合著作权法对信息网络传播权的规定，录像制作者享有的信息网络传播权应当是"以有线或无线方式向公众提供，使公众可以在其选定的时间和地点获得录像制品的权利"。

4. 广播组织权的权利配置

对于广播组织赋权之所以如此困难，争论如此之多，其原因除了权利客体被错误地界定外，还因为广播组织权的保护往往会涉及多方主体间的利益平衡的问题。虽然广播组织与表演者、录音制作者均被《罗马公约》列为了

"传播者"而加以保护，但表演者和录音制作者所涉及的利益关系远不如广播组织复杂。在制定《罗马公约》时，人们所担心的是对邻接权人的保护会损及著作权人的利益。为此，《罗马公约》第一条就明确了"本公约给予之保护将不更动也决不影响文学和艺术作品的版权保护，因此，本公约的条款不得作妨碍此种保护的解释"。而拟议中的《广播组织条约》除规定对广播组织的保护"不得触动也不得以任何方式影响对……版权"的保护外，还"不得以任何方式影响对……相关权的保护"。❶ 换言之，在保护广播组织时，除了要协调好广播组织与版权人之间的关系外，还要协调好广播组织与表演者和录音制作者之间的关系。原因就在于广播组织在制作节目的过程中，不仅要用到版权人创作的作品，也往往会涉及表演者的表演成果和录音制作者的录音制品。此外，对广播组织的保护还要协调好其与公众之间的利益平衡，因为广播组织往往是社会公众获取信息的重要来源。上述种种利益主体之间的利益平衡，也导致了广播组织赋权的困难。为此，我们必须首先明确广播组织赋权的基本原则，并以此原则为出发点，在广播组织利益考量下确定广播组织权的权利内容。

（1）平等关系下的利益平衡原则的实现

实际上，不仅是广播组织权利内容设定存在困难，整个邻接权制度中的权利设置也同样存在困难。此种困难可追溯至《罗马公约》签订之时的争论："这一公约赋予的权利是否与作者的权利相冲突？如果冲突，它们是否可能妨害作者的权利？"❷ 为此，《罗马公约》第一条就明确了"本公约给予之保护将不更动也决不影响文学和艺术作品的版权保护。因此，本公约的条款不得作妨碍此种保护的解释"。虽然有学者对此规定进行了解释，认为"这一条仅限于保障著作权。它并没有规定邻接权在内容上和范围上不得超出作者享有的权利，以此宣布著作权的优势地位"。❸ 然而，在著作权和邻接权的地位高低不确定的情况下，我们只能肯定著作权凌驾于邻接权之上。❹ 由此，也确立

---

❶ SCCR/27/2 Rev.，第2页。

❷ 克洛德·马苏耶. 罗马公约与录音制品公约指南［M］. 刘波林，译. 北京：中国人民大学出版社，2002：11.

❸ 克洛德·马苏耶. 罗马公约与录音制品公约指南［M］. 刘波林，译. 北京：中国人民大学出版社，2002：12.

❶ 克洛德·科隆贝. 世界各国著作权和邻接权的基本原则：比较法研究［M］. 高凌瀚，译. 上海：上海外语教育出版社，1995：188.

了邻接权与著作权之间的等级关系。为此，《罗马公约》在为表演者、录音制作者配置权利时，专门设置了"合理报酬权"❶以协调表演者、录音制作者和作者之间的"利益冲突"。之所以没有赋予专有性的权利，是因为专有权会破坏各种利害关系人（不仅有公约的三种受益人，还有作者）之间的利益平衡的危险。❷"如果承认表演者拥有与作者同等或相似的允许或禁止二次使用的权利，就会发生这样的情况：作者允许他的录音作品向公众演奏或广播，而表演者则禁止这样做。"❸

然而，此种等级关系的设定并不成立，对于著作权人与邻接权人之间的利益冲突更多的是人们的主观臆想，用来说明等级关系的"蛋糕理论"并不成立。著作权制度与邻接权制度有各自的保护利益。著作权所保护的是作者所创作的劳动成果，即"作品"；而邻接权所保护的是传播者的劳动成果，即"表演""录音制品""广播"。虽然邻接权人在进行劳动时会使用著作权人的劳动成果，但是邻接权的保护也仅限于自身的劳动成果，甚至为了区分两者，直接走上了"广播信号"的歧途。实际上，邻接权人的劳动成果并不必然以使用著作权人的劳动成果为前提。❹因此，两者之间应为"平等关系"，各有其保护的劳动成果，而对于两种权利的配置，也应当在"平等"的前提下加以考量。

（2）修正"节目说"下的广播组织权配置

对于广播组织权客体的正确考量是进行广播组织权利配置的前提，而对于邻接权与著作权平等关系的考量则是我们在平衡两大权利主体之间的利益关系时的依据。在将广播组织权的客体修正为"由广播组织选择和编排的、按一定顺序排列的节目群"之后，对广播组织权利内容的设置理应从对该劳动成果的使用途径上加以考量。此外，对于网络环境下的广播组织的利益保护问题，在将广播组织权利客体进行了正确界定之后，实际上已经消弭了在"网播"上的争议，因为无论通过何种方式播放广播组织编制的广播节目，均

---

❶　《罗马公约》第十二条，"如果某种为商业目的发行的录音制品或此类唱片的复制品直接用于广播或任何向公众的传播，使用者应当付一笔总的合理的报酬给表演者"。

❷　克洛德·马苏耶. 罗马公约与录音制品公约指南［M］. 刘波林，译. 北京：中国人民大学出版社，2002：12.

❸　德利娅·德普希克. 著作权和邻接权［M］. 联合国教科文组织，译. 北京：中国对外翻译出版公司，2000：298.

❹　崔国斌. 著作权法：原理与案例［M］. 北京：北京大学出版社，2014：511.

应属于广播组织专有权的控制范围，对于"网播"仍然如此。虽然互联网环境下的传播行为与传统的广播行为有了很大的区别，但是就"网播"行为而言，其仍具备广播行为的特质，即"公众只能被动观看节目而几乎没有主动性"，❶ 此点从 SCCR 所提供的"网播"的界定上也可以看得出来。所谓的"网播"，是指"以有线或无线的方式，通过计算机网络，使公众能基本同时得到所播送的声音，或图像，或图像和声音，或图像和声音表现物。"❷ 因此，无论是广播组织的初始广播行为，还是广播组织享有的转播权，都应包含网络环境下的相关行为。

就广播组织所享有的权利来说，《罗马公约》赋予广播组织"转播权、录制权、复制权和公开播放广播权"四项权利。❸ 而我国现行著作权法第四十五条则规定了"转播权、录制权、复制权"三项权利。此外，还应涉及网络时代的最为重要的权利"信息网络传播权"，只不过无论是国际法还是国内法均未对此予以规定，但这却是一个不能回避的问题。对此，广播组织是否仍应享有上述权利，我们逐一进行分析。

①转播权。广播组织享有转播权并无争议，此权利也得到了"广播信号说"学者的支持。只不过，在"广播信号说"的视角下，"转播"是指"以任何方式播送载有节目的信号供公众接受，无论是同时播送、近同时播送（或是延时播送）"。❹ 之所以强调近同时播送和延时播送，就是因为上述两种行为并不是直接使用的广播信号，而是将广播信号上承载的节目内容录制后，相隔一段时间再次播送。当广播组织权的客体被界定为"节目群"时，无论是对广播组织播放的节目的同时转播，还是近同时播送，其均利用的是广播组织编制的"节目群"，因此我们并不需要再区分同时播送和近同时播送。只要是播送广播组织所编制的"节目群"的行为均受广播组织所控制。

②录制权和复制权。《罗马公约》中规定的录制权是指对广播电视节目的

---

❶ 刘银良. 信息网络传播权及其与广播权的界限 [J]. 法学研究，2017（6）：105.

❷ SCCR/12/5，第 7 页。

❸《罗马公约》第十三条规定："广播组织应当有权授权或禁止：（甲）转播他们的广播节目；（乙）录制他们的广播节目；（丙）复制：（1）未经他们同意而制作他们的广播节目的录音或录像；（2）根据第十五条的规定而制作他们的广播节目的录音和录像，但复制的目的不符合该条规定的目的；（丁）向公众传播电视节目，如果此类传播是在收门票的公共场所进行的。行使这种权利的条件由被要求保护的缔约国的国内法律确定。"

❹ SCCR/38//10，第 2 页。

录制，复制权则是对已经被录制下来的广播电视节目的录制品的复制。在"广播信号说"的视角下，广播信号是不能被固定的，并不存在对广播信号的录制，因此主张广播组织不能也不需要被赋予此种权利。然而，对广播电视节目的录制乃至复制的行为始终是存在的，这也是《罗马公约》赋予其该项权利的原因。当我们用修正的"广播节目说"来审视这两项权利时就可以发现，虽然录制权和复制权所规制的录制行为和复制行为存在节目来源的不同，一个是对广播信号上所承载的节目的录制，一个是对录制品上的节目的复制，但都是对广播组织所编制的节目的固定。因此，广播组织应当被授予此种权利。只不过需要注意的是：首先，录制权和复制权所规制的行为对象应当是"由广播组织选择和编排的、按一定顺序排列的节目群"，而不是节目群中所包含的独立的节目内容。当录制者和复制者仅仅录制或复制其中的某个节目内容时，此时所涉及的是该内容的权利人的权利保护问题，而不涉及广播组织权的保护。例如，录制者仅将电视台播放的某一部电影进行录制，那么该行为是对电影作品的复制行为，应当取得电影作品著作权人的许可，而不是电视台的许可。其次，关于录制和复制的问题，在修正"广播节目说"下，录制行为和复制行为所指向的都是广播组织的劳动成果，对录制内容和复制内容来源的区分也就没有了意义。而且根据《伯尔尼公约》的规定，"所有的录音或录像均应视为本公约所指的复制"，❶ 因此可以将录制权和复制权整合为一项复制权即可。

③公开播放权。此权利仅在《罗马公约》中做了规定，我国著作权法未做此规定。《罗马公约》之所以设置此项权利，是因为"一些咖啡厅、饭店或影剧院为招徕顾客而提供电视节目播映，并因提供这种优惠待遇而收取某种费用。他们这样做是利用电视节目来达到自己赢利的目的。……更常见的是体育赛事"。❷ 此种情形在现实中依然是存在的，因此有必要赋予广播组织此项权利。只不过，《罗马公约》在规定此项权利时也设定了相应的条件，即"在收取入场费的公共场所公开传播"，此亦应为我国立法所借鉴。

④信息网络传播权。对于该权利，无论是国际立法，还是国内立法均未

---

❶ 《伯尔尼公约》第九条第三项。

❷ 克洛德·马苏耶. 罗马公约与录音制品公约指南［M］. 刘波林，译. 北京：中国人民大学出版社，2002：44.

有涉及，原因就在于在"广播信号说"之下，即便通过对技术主义的抛弃，也可以将网络信号接纳为广播组织权的客体，但是仍不存在对网播信号的信息网络传播行为。"网播"虽然使用了互联网作为信号传播介质，但是它在本质上仍属广播，即"信号一播而过，无法在传播介质中保留，对作品的使用属于一次性使用"，而信息网络传播则是"让作品等信息持续提供于向公众开放的互联网空间，使作品持续暴露在公众的获得可能性之下，只要作品被提供于互联网空间，公众就可以在其个人选定的时间和地点获得作品，并且可以多次重复获得作品"。● 在修正了广播组织权的客体之后，对于广播组织所编制的"节目群"就可以进行信息网络传播了，只不过此种权利的设定需要明确信息网络传播的对象是"由广播组织选择和编排的、按一定顺序排列的节目群"。至于目前新出现的广播节目的利用方式如回播、点播，此时的行为更符合信息网络传播行为的特质，只不过在上述使用方式下，其使用的对象为广播组织所提供的一个个具体的节目内容。若产生权利纠纷，其会面临与复制权界定的相同问题，即如果仅仅将节目内容按照编排顺序上传至互联网，社会公众可以自主选择想看的节目内容，这时涉及相应内容的权利保护问题。因此，广播组织所享有的信息网络传播权应专指对"节目群"的整体性使用。

5. 版式设计权的权利配置

作为图书传播的一种辅助手段，版式设计在图书的传播过程中的重要性已如前述。尤其是在图书出版者所出版的作品为已过保护期的情况下，出版者权益的维护便主要依赖于版式设计的保护。而随着传播技术的不断发展，尤其是在数字技术的冲击下，人们可以直接体验作品的内容而无须占有作品的载体。● 这对于图书出版者的冲击尤为明显。在数字技术产生之前，图书的传播往往需要通过对有形载体的复制来进行，而对图书的复制往往包含了对图书版式设计的复制。因此，图书出版者在维护自己的权利时，只需禁止他人对自己出版图书的复制传播即可，而无须单独提出对图书版式设计的保护。而在数据技术下，对作品的复制传播可以直接以纯文本的形式来进行，而无须保护有出版者的版式设计。在此种情况下，作品的传播与图书的版式设计

---

● 刘银良. 信息网络传播权及其与广播权的界限 [J]. 法学研究, 2017 (6)：105.

● GINSBURG C. From Having Copies to Experiencing Works：The Development of an Access Right in U. S. Copyright Law [J]. Journal of the Copyright Society of The USA, 2003 (50)：116.

已经出现了分离，同一部作品可以不同的形式进行传播，而受到使用者欢迎的版式设计必然会获得更大范围的传播。因此，无论是在传统的传播技术条件下，还是在现今的数字技术条件下，对版式设计的保护都尤为重要。

然而，由于版式设计受制于印刷技术以及版式设计原则的限制，能为公众喜爱的版式毕竟是有限的，出版界常用的版式本身是可以穷尽的，如果对版式设计的保护过于宽泛，将会影响出版业的发展。因此只能将版式设计理解为对同一出版物，出版者有权禁止他人进行完全或基本相同的复制。❶ 而随着数字技术的发展，传统的出版物经过数字化后可以在网络上传播，同时出版者也会直接以数字化的形式出版作品，因此出版者理应有权禁止他人将其版式设计在网络上进行传播。综上，出版者权的权利内容主要包括以下两项内容：一是复制权，即针对同一出版物的版式设计，版式设计者有许可他人复制其版式设计的权利；二是向公众提供权，即针对同一出版物的版式设计，版式设计者有许可他人通过互联网向公众传播其版式设计的权利。

6. 数据库制作者权的权利配置

采用邻接权来保护数据库的最大优点在于，可以充分利用现有制度节省创设新权利所产生的构建、执行成本。以数据库特殊权利保护为例，在欧盟制定的《关于数据库法律保护的指令》出台以后，数据库特殊权利为人们所诟病之处就在于特殊权利的保护范围延及了原本不受版权法保护的内容，与此种高水平保护不相称的则是对于该权利的限制制度却并不完善，由此存在着破坏原本由版权法所建立的平衡机制的危险。然而，通过对特殊权利中的"摘录和再利用"的定义考查揭示出，这个新术语所指的是版权法上早已存在并广为人知的权利。《关于数据库法律保护的指令》第 7 条（2）（a）把摘录定义为"用任何手段以任何形式，永久或临时地把数据库内容的全部或实质性部分转换到其他介质中"。换句话说，它就是版权中广为人知的复制权。《关于数据库法律保护的指令》第 7 条（2）（b）把再利用权定义为"通过发行复制件、出租、在线传输或其他方式传播，以任何形式向公众提供数据库内容的全部或实质性部分"。该术语囊括了多种版权专有权利，包括《世界知识产权组织版权条约》中的发行权和向公众传播权以及《与贸易有关的知识

---

❶　王迁. 知识产权法教程［M］. 北京：中国人民大学出版社，2016：202.

产权协定》中的出租权。其综合效果就是，特别权利事实上成为关于数据库的版权专有权。[1] 有学者提出，虽然欧盟立法者试图使用不同的术语以说明特殊权利与版权法以及其他现存法律中传统权利的不同，但可以说欧盟数据库保护指令对数据库的内容提供了一种类似版权保护。[2] 因此，数据库特殊权利保护并不是"另起炉灶"创建了一套新的保护制度，仅仅由于用语而导致如此多的诟病是不值得的。但是，数据库特殊权利的构建也具有其积极的一面，它为我们揭示出了应对数据库哪些方面给予保护。

对于数据库邻接权的构建，在借鉴邻接权制度的已有规范时，也应同时考量前述特殊权利保护与竞争法保护所揭示出的有益经验。因此，对于数据库邻接权权利内容的设定应注意以下两点：

一是数据库邻接权的权利内容应以保护数据库的价值为出发点。如前文所述，数据库的最大价值在于其内容的全面性和综合性，保护数据库内容的全面性和综合性是数据库保护的出发点。因此，对数据库中所包含的单个或少量的数据、材料或作品的使用不应纳入数据库邻接权控制的范围，数据库邻接权的内容应以对数据库内容的"实质性部分"的使用为主。借鉴"特殊权利"的相关规定，以对"内容的实质性部分的使用"为界定数据库邻接权内容的标准。

二是数据库邻接权的权利内容应以数据库的使用方式为依据。事实上，权利的授予是以利益的存在为前提的，而利益的产生则是以财产的利用方式为基础。当人们探讨数据库邻接权所包含的权项时，也应以数据库的利用方式为依据。事实上，就数据库的使用方式来看，其与邻接权的其他客体的使用并无质的区别，主要包括对数据库内容的复制、发行和公开传播等。因此，数据库邻接权也应以对上述行为的控制为主。就此而言，数据库邻接权的内容主要包括对数据库实质性部分的复制权、公开传播权。

因此，数据库制作者权应当包括以下权项：

（1）复制权。数据库制作者所享有的复制权是指"数据库制作者应当享有授权对其所制作的数据库的实质性部分进行直接复制的专有权"。该复制权

---

[1] 马克·戴维森. 数据库的法律保护 [M]. 朱理，译. 北京：北京大学出版社，2007：91—93.

[2] YIJUN T. Reform of Existing Database Legislation and Future Datebase Legislation Strategies: Towards a Better Balance in the Database Law [J]. Rutgers Computer & Technology Law Journal, 2005 (31): 370.

主要包括以下几个要点：一是所复制的内容应当是数据库的实质性部分。二是对于实质性部分的判断，属于法官的自由裁量权的范围。

（2）发行权。作为控制数据库公开传播的源头，数据库制作者所享有的发行权也极为重要。而数据库的公开传播，可以通过销售或赠与的方式进行。因此，数据库制作者所享有的发行权应当是指以出售、赠与的方式向公众提供数据库的权利。

（3）向公众提供权。数据库的主要表现形式为以数字技术存储的电子数据库，而且随着网络技术的不断进步，在线数据库也越来越多，据《2005 年中国互联网络信息资源数量调查报告》显示，我国在线数据库的总量已达到29.54 万个。因此，应当赋予数据库制作者控制其所制作的数据库在网络上传播的权利。我们可以借鉴 WPPT 及《视听表演北京条约》所规定的"公开传播权"的规定来界定数据库制作者的公开传播权，即"数据库制作者应享有专有权，以授权通过有线或无线的方式向公众提供其数据库，使该数据库可为公众中的成员在其个人选定的地点和时间获得"。

### 三、体系化视角下的邻接权限制制度

#### （一）邻接权限制概述

作为维护公共利益与私人利益平衡的权利限制制度在著作权法中一直占有十分重要的地位。一般来讲，对邻接权的限制主要有时间限制、地域限制和权能限制三个方面。❶ 对于时间限制和地域限制来说，其不仅存在于邻接权之上，也存在于所有的知识产权之上。地域性和时间性是知识产权的基本特征，❷ 在立法上已形成较为明确的法律规定，争议较少。唯应引起我们注意的是有关权能限制。

邻接权的权能限制是指权利在行使上要受到一定的限制。❸ 包括两方面的内容：一是邻接权的行使受到著作权的限制；二是邻接权的行使受到法律规定的合理使用和法定许可等的限制。对于第一种情况，因著作权和邻接权均为专有性的私权，邻接权人在使用著作权人的作品时理应取得著作权人的授

---

❶ 吴汉东，胡开忠. 无形财产权制度研究［M］. 北京：法律出版社，2001：135.
❷ 吴汉东. 知识产权基本问题研究（分论）［M］. 北京：中国人民大学出版社，2009：24—30.
❸ 吴汉东，胡开忠. 无形财产权制度研究［M］. 北京：法律出版社，2001：135.

权。加之邻接权人使用作品的目的是传播、利用作品以获取一定的收益，对其无法适用"合理使用以及法定许可"的规定，否则会损及著作权人的利益。因此，著作权对邻接权的限制应当归于著作权许可使用之中，并不是真正意义上的限制。对于第二种情况，由于邻接权的行使也涉及社会公众对文化产品的获取、社会精神文明生活的进行，若不对邻接权进行一定的限制，必然会因其垄断而影响社会公众的利益。

邻接权人除了与社会公众产生利益冲突外，还会与其他邻接权人产生一定的冲突。例如，录音制作者与表演者之间，广播组织与表演者、录音录像制作者之间，在使用表演和录音录像制品方面会因专有性权利的存在而无法使用。若严格遵循意思自治规则，无疑会增大他们之间的交易成本。但是，若允许其进行免费使用又难免不合理。因为录音制作者对表演的使用以及广播组织对表演、录音制品的使用均不具有公益性。因此，对上述行为不应采用合理使用规则，而应采取法定许可。所谓的"法定许可"是指特定的自然人、法人或者其他组织根据法律规定，可以不经著作权人许可而使用其作品，但应当按照规定支付报酬的制度。❶ 如此，既方便了录音录像制作者对表演的使用以及广播组织对表演和录音录像制品的使用，也不会因免费而损及表演者和录音录像制作者的权益。

（二）邻接权的合理使用

1. 邻接权合理使用的判定要件

就目前对邻接权的合理使用而言，无论是国际公约还是各国立法，基本是直接适用著作权合理使用的相关规则，如我国著作权法就明确规定了有关著作权的合理使用直接适用于对邻接权的限制。❷ 当然也有部分国家对邻接权的合理使用作出了专门的规定，如法国著作权法专门规定了对邻接权的限制。在该法中，除了具体规定了七种邻接权合理使用行为，还在最后规定了邻接权合理使用的一般判定要件，值得借鉴。

此外，《罗马公约》也对邻接权的相关限制进行了规定，根据该公约第十

---

❶ 吴汉东. 知识产权法［M］. 北京：北京大学出版社，2014：89.
❷ 《中华人民共和国著作权法》（2020）第二十四条第二款规定："前款规定适用于对与著作权有关的权利的限制。"

五条的规定，对邻接权的限制主要有四种情形：一是私人使用，是指除公开使用或盈利使用之外的使用；二是在时事报道中少量引用；三是广播组织为用于自己的广播电视节目而通过自己的设备进行暂时录制；四是仅用于教学或科研目的。当然，该公约在第十五条第（二）款中作了补充规定，即"尽管有本条第一款，任何缔约国对于表演者、录音制品制作者和广播组织的保护，可以在其国内法律与规章中做出像它在国内法律和规章中做出的对文学和艺术作品的版权保护的同样的限制"。虽然该公约所列四种例外情形被称为"主要的例外"，第（二）款补充的例外属于"次要的例外"，❶ 但由于前述四种限制情形基本规定在了对著作权的限制制度之中，可以说，《罗马公约》对邻接权合理使用制度的设计也是准用著作权合理使用的相关规定。

邻接权合理使用制度的设计之所以大都沿用著作权合理使用的规定，主要原因在于对邻接权保护不得妨碍作品著作权的行使，对邻接权人的保护不得高于对作品著作权的保护。❷ 但是，根据上述分析，邻接权与著作权之间并不存在等级关系、依附关系，其有各自的功能与保护对象，不应再以"作品传播者权"的视角进行制度构建。因此，结合邻接权的独立性以及其保护产业主体投资利益的功能进行制度设计才是正确的选择。

一般来讲，为了维护公共利益，著作权合理使用往往从以下几个方面对著作权进行限制：一是独占权利与创作自由；二是垄断权利与言论自由；三是个人权利与公共教育政策。❸ 但就邻接权的客体来说，其更多地涉及对产业投资者投资的激励，邻接权的客体更多的是实现已有作品或表达的多样化，每一种无独创的新表达形式的出现只是为人们获得作品提供了新机会，并不必然地妨碍人们对作品的获取。因此，立基于创作自由对邻接权进行限制并不合理。因为对于无独创性的新表达形式来说，最重要的是在其制作过程中所投入的技术、技能、设备等东西，而这些东西并不具有不可替代性。同一部作品可以由不同的表演者进行表演，无论他自身的表演技能如何，只要他是为了将作品的内容通过自己的语言、表情、肢体动作表现出来，表演的结

---

❶ 克洛德·马苏耶. 罗马公约与录音制品公约指南 [M]. 刘波林，译. 北京：中国人民大学出版社，2002：48.

❷ 孙雷. 邻接权研究 [M]. 北京：中国民主法制出版社，2009：270.

❸ 吴汉东. 合理使用制度的法律价值分析 [J]. 法律科学：西北政法大学学报，1996（3）：36—37.

果都是同一的，即均是对该特定作品的表演。而对于同一首歌曲的录制也是一样，不同的人使用相同的设备，按照相同的要求，所录制出来的录音制品也是一样的。因此，基于创作自由对邻接权进行限制，允许他人自由、免费地使用邻接权的客体，反而造成了对邻接权人的不公平。由此，对于邻接权的合理使用只能基于言论自由与公共教育政策。

在合理使用行为判定方面，目前有两种判断标准。一个是《美国版权法》所设立的"四要素"：①使用的目的和性质，包括这种使用是否有商业性质或者是为了非营利的教育目的；②有版权作品的性质；③同整个有版权作品相比所使用的部分的数量和内容的实质性；④这种使用对有版权作品的潜在市场或价值所产生的影响。❶ 另一个判断标准就是《伯尔尼公约》所确立的"三步检验法"，即对作品的利用，①只能在特定且特殊情形下；②不能损害作品的正常使用；③不能对著作权人造成不合理的损害。而该"三步检验法"已经写入我国著作权法之中。

与之相比，《法国著作权法》也为邻接权合理使用设置了三个判断标准：①法定情形（《法国知识产权法典》L. 211-3 条第 2 款中的"本条列举的例外"）；②不得损害表演、录音、录像或者节目的正常开发经营；③不得给艺术表演者、制片人或者视听传播企业的合法利益造成不正当的损失。对于第一个要件在表述上相同，但是却又是差别最大的，除了直接沿用著作权合理使用的情形，著作权合理使用与邻接权合理差别就体现在该特殊情形之中。第二要件则在表述上有了较大差别，但就其内容来说，著作权合理使用与邻接权合理使用均是为了维护相关客体的正常使用，所以在本质上是相同的。第三个要件也基本一致，都是禁止不合理地损害权利人的利益。因此，除了在制度设置的目的上有差别外，在具体的合理使用行为判定上，邻接权合理使用与著作权合理使用基本一致。

2. 邻接权合理使用的特殊情形

鉴于邻接权合理使用一般准用著作权合理使用的规定，因此对邻接权合理使用的具体情形，可以结合邻接权合理使用制度设置的目的考量，在合理使用行为成立要件的基础上来审视具体的行为是否应当纳入邻接权的限制之中。

---

❶ 详见《美国版权法》第107条。

就著作权合理使用的具体情形而言，一般包括以下几种：①为个人学习、研究或者欣赏，使用他人已经发表的作品；②为介绍、评论某一作品或者说明某一问题，在作品中适当引用他人已经发表的作品；③为报道新闻，在报纸、期刊、广播电台、电视台等媒体中不可避免地再现或者引用已经发表的作品；④报纸、期刊、广播电台、电视台等媒体刊登或者播放其他报纸、期刊、广播电台、电视台等媒体已经发表的关于政治、经济、宗教问题的时事性文章，但著作权人声明不许刊登、播放的除外；⑤报纸、期刊、广播电台、电视台等媒体刊登或者播放在公众集会上发表的讲话，但作者声明不许刊登、播放的除外；⑥为学校课堂教学或者科学研究，翻译、改编、汇编、播放或者少量复制已经发表的作品，供教学或者科研人员使用，但不得出版发行；⑦国家机关为执行公务在合理范围内使用已经发表的作品；⑧图书馆、档案馆、纪念馆、博物馆、美术馆、文化馆等为陈列或者保存版本的需要，复制本馆收藏的作品；⑨免费表演已经发表的作品，该表演未向公众收取费用，也未向表演者支付报酬，且不以营利为目的；⑩对设置或者陈列在公共场所的艺术作品进行临摹、绘画、摄影、录像；⑪将中国公民、法人或者非法人组织已经发表的以国家通用语言文字创作的作品翻译成少数民族语言文字的作品在国内出版发行；⑫以阅读障碍者能够感知的无障碍方式向其提供已经发表的作品。

就上述 12 种合理使用行为当中，除部分行为仅限于对作品的合理使用之外，其他的合理使用行为在邻接权客体的使用上是明显不会存在的，例如"⑨免费表演已经发表的作品，该表演未向公众收取费用，也未向表演者支付报酬，且不以营利为目的；⑩对设置或者陈列在公共场所的艺术作品进行临摹、绘画、摄影、录像"。对于此类行为，即便在准用著作权合理使用的制度体系内，对邻接权的合理使用判定也基本不会产生影响。其他情形则可以适用于邻接权的合理使用，如为个人学习、研究复制他人已经公开发行的表演、录音制品等的片段；为介绍、评论某一表演或其录制品，在作品中适当引用他人已经公开发行的表演及其录制品；为学校课堂教学或者科学研究，翻译或者少量复制已经公开发行的表演或其录制品，供教学或者科研人员使用，等等。当然，上述仅是列举有限的例子，对于录音、录像制品及广播节目等同样也适用上述所列举的合理使用情形。

唯独对于数据库制作者权来说，其在合理使用方面存在一些不同的规则。

在采用邻接权制度来保护数据库的德国著作权法中，数据库制作者的权利限制问题则得到了明确的规定，❶ 在以自己使用为目的而复制数据库或者以维护权利、维护公共安全为目的而使用数据库的时候，数据库制作者的邻接权就受到了限制。❷ 从德国著作权法的规定来看，对数据库制作者邻接权的限制除使用行为的性质外，还包括使用内容方面的限制，即"数据库重要组成部分"，可以说此规定抓住了数据库保护中的关键性所在。因此，对数据库保护中的权利限制问题既可以借鉴邻接权限制的相关规定，也可以借鉴著作权限制中的相关规定。但是，在确定限制内容的时候，也应考虑数据库的特殊性。数据库的特殊性就在于数据库最大的价值是数据获取的便利性，数据库的使用降低了使用者查找数据、材料及作品的成本，因此，将"私人使用""非营利性课堂教学使用""科学研究"中对数据库的使用划入对数据库的权利限制之内存在不合理之处：首先，数据库制作者对数据库所包含的内容并不具有垄断性，数据库制作者所收集的数据、材料及作品大部分都有其来源，换言之，使用者可以通过其他途径获取相同的内容；其次，数据库制作者付出大量的劳动、资金来制作数据库，其目的就是提供给用户使用，无论其是否存在营利性目的，如中国期刊网、万方、Westlaw、Heinonline 等数据库，其最大的用途就在于为相关的科研人员、教学人员提供全面的信息，以便学习、科研与教学。因此，将上述行为全部划归于权利限制之内，无疑使数据库制作者所追求的目的完全丧失。笔者以为，我们必须对数据库中所包含的信息、数据、材料等内容进行区分，有些数据库的内容并不具有垄断性，用户除了从数据库中取得该内容外，还可以通过其他途径取得同样的内容；有些数据库的内容具有垄断性，要么是该内容仅仅通过某特定数据库公布，要么该内容就是只有数据库制作人才能够获取。对于不具有垄断性的信息、数据、材料，由于人们可以通过其他途径获得，只是获取成本比数据库高，由此我们不能认为对此种数据库内容的保护导致了公共利益与私人利益的失衡。而对

---

❶ 《德国著作权法》第 87c 条规定："（1）在下列情况下，对从形式上或者范围上看都属于数据库重要组成部分进行复制的行为是为本法所允许的：a）以私人使用为目的；b）为科学研究需要并且该科学研究行为不以营利为目的，是为自己科学研究的需要而使用的目的；c）为不以营利为目的的课堂教学说明解释的目的。在第 2 项以及第 3 项的情形，还应当注明出处。（2）本法允许在法庭程序、仲裁程序或者政府机关程序中以及为公共安全的需要对从形式或者范围上看都属于数据库的重要组成部分进行复制、发行以及公开再现。"

❷ M. 雷炳德. 著作权法 [M]. 张恩民，译. 北京：法律出版社，2005：521.

于具有垄断性的数据库，由于用户无法从他处获取数据、材料与作品，如果数据库制作者不允许社会公众使用其数据库，则会对社会公众的学习、科研乃至教育产生很大的影响。也就是说，对数据库权利的限制只应适用于对具有垄断性内容的数据库的使用行为。当然，此种使用包括个人学习、研究及非营利性教学等内容。

### （三）邻接权的法定许可

在我国，法定许可制度往往被定性为权利限制制度，是为了降低作品使用过程中的交易成本，提高作品使用效率而专设的一种制度。而事实上，在该制度中，权利人不再享有许可的定价权，转而依靠政府确定的稿酬标准。❶只不过，依靠政府定价的方式确定作品使用价格的模式导致的结果就是市场的无效率；法定许可的使用，相当于对作品实施了"最高限价"，这种最高限价往往造成作品在价格控制之下的短缺。❷然而法定许可在提高作品使用效率方面的优势仍然是解决大规模授权的有益方式，至于使用价格的确定，虽然我国著作权法未能作出有益的探索，但在著作权法第三次修改过程中所提出的制度涉及方案无疑也是有借鉴之处的。

在著作权法第三次修改过程中提出的修改草案一稿、二稿、三稿以及送审稿中，针对法定许可作出了"在首次使用前向相应的著作权集体管理组织申请备案"的规定，以及"在使用作品后一个月内按照国务院著作权行政管理部门制定的付酬标准直接向权利人或者通过著作权集体管理组织向权利人支付使用费"。❸虽然该种制度涉及仍然存在政府定价的问题。但是，此种制度涉及表明，法定许可制度可以而且应该与集体管理制度相结合，在保证作

❶ 崔国斌. 著作权法：原理与案例［M］. 北京：北京大学出版社，2014：628.

❷ 熊琦. 著作权法定许可的正当性结构与制度替代［J］. 知识产权，2011（6）：40.

❸ 详见《中华人民共和国著作权法（修改草案送审稿）》（2014）第五十条规定："根据本法第四十七条、第四十八条和第四十九条的规定，不经著作权人许可使用其已发表的作品，必须符合下列条件：（一）在首次使用前向相应的著作权集体管理组织申请备案；（二）在使用作品时指明作者姓名或者名称、作品名称和作品出处，但由于技术原因无法指明的除外；（三）在使用作品后一个月内按照国务院著作权行政管理部门制定的付酬标准直接向权利人或者通过著作权集体管理组织向权利人支付使用费，同时提供使用作品的作品名称、作者姓名或者名称和作品出处等相关信息。前述付酬标准适用于自本法施行之日起的使用行为。著作权集体管理组织应当及时公告前款规定的备案信息，并建立作品使用情况查询系统供权利人免费查询作品使用情况和使用费支付情况。著作权集体管理组织应当在合理时间内及时向权利人转付本条第一款所述的使用费。"

品市场使用效率的同时，避免对著作权产业造成损害。具体来讲应当借助集体管理组织的"代替权利人对交易条件作出决策"的功能，❶ 就作品使用价格与使用者进行谈判，而不是由政府定价。

在邻接权领域，由于多数情况下都涉及与作品有关的传播行为，因此其联系十分紧密，如对于录音制品和录像制品的使用来讲，往往会涉及表演者对其表演的授权，而广播组织在播放录音制品和录像制品时，也会涉及录音制作者的授权问题。若采取许可授权的模式，势必会影响邻接权客体的制作和传播。因此，邻接权的法定许可也主要以"便于邻接权客体的制作、提高传播效率"为原则。当然，对于邻接权人之间的相互依存关系，往往都是为了获取一定的利益，如录音制作者和录像制品制作者对表演者表演的录制、广播组织对录音制品和录像制品的播放，无一不是为了获取更多的利益。因此，采取法定许可的模式，既可以提高对表演、录音制品的利用效率，也有利于上述权利主体的利益实现。

此外，在"等级关系"的理论之下，立法者往往采取不赋予邻接权人相关专有性权利的方式来凸显著作权人的优势地位。其中最为典型的就是有关广播权与合理报酬权的制度选择问题。以我国现行著作权法为例，录音制作者被赋予了录音制品二次使用中的合理报酬权。❷ 对于两者之间如何选择，前文已经进行了论述，此处不再赘述。但选择了赋予邻接权人专有性权利之后，其中最为关键的问题便成了著作权人与邻接权人、邻接权人与邻接权人之间的利益协调问题。

就著作权人与邻接权人之间的利益协调而言，主要集中于邻接权主体需要大量使用作品时，应当通过法定许可的方式协调他们之间的利益关系。就目前来看，需要法定许可制度进行协调的作品使用行为在著作权法中的规制是比较完善的，如我国著作权法已经规定有录音制作者制作录音制品的法定许可、广播组织播放已发表作品的法定许可。

就邻接权人之间的利益协调而言，由于先前的邻接权制度构建过于弱化邻接权人享有的权利，尤其是在传播权享有方面，邻接权人之间较少产生冲

---

❶ 详见《美国版权法》第107条。
❷ 《中华人民共和国著作权法》（2020）第四十五条规定："将录音制品用于有线或者无线公开传播，或者通过传送声音的技术设备向公众公开播送的，应当向录音制作者支付报酬。"

突。但是在赋予表演者、录音制作者、录像制作者以广播权、信息网络传播权等权利后，在他们各自劳动成果的传播过程中，三者的利益就会产生冲突。因此，构建邻接权人之间的法定许可制度既是目前法律所缺失的，尤其是基于"以用设权"赋予邻接权人充分的权利后，对于邻接权人之间的利益协调更为重要。

具体来说，需要协调的利益关系主要是表演者与录音录像制作者之间的利益冲突，以及广播组织与表演者、录音录像制作者之间的利益冲突。

1. 以表演为内容的录音录像制品二次使用中的法定许可

对于录音录像制品来讲，大部分都是对表演的录制。因此，若录音录像制作者在使用其制作的录音录像制品时均要取得著作权人、表演者等权利人的许可，无疑会产生很大的交易成本，更不利于交易安全。正因如此，德国著作权法就电影著作的使用在涉及表演者的表演时进行了权利推定，即"艺术表演人与电影制作者约定参与电影制作的，在使用电影著作方面有争议情况下，推定授予电影制作人有权利用由艺术表演人保留的各种利用方式利用其表演"。❶ 因此，对于录音录像制作者在利用其录音制品和录像制品时，应当推定录音制品制作人有权利用由表演者享有的各种利用方式利用其表演。

2. 广播组织播放录音录像制品的法定许可

由于广播组织在其节目制作中往往会用到大量的录音录像制品，不易采用许可授权模式。尤其是在数据环境下，大量利用行为都需要获得权利人的许可，使新技术带来的传播效益被许可增加的交易成本所抵消，限制作品有效利用的障碍逐渐由"技术不能"转变为"制度瓶颈"。❷ 对于广播组织播放录音录像制品同样如此。因此，在表演者和录音制作者均享有专有控制权的情况下，允许广播组织以法定许可的方式利用录音录像制品无疑是较好的选择。

---

❶ 参见《德国著作权法》第 90 条。
❷ 熊琦. 著作权法定许可的正当性解构与制度替代 [J]. 知识产权，2011（6）：38.

# ‖ 第五章 ‖

# 我国邻接权制度体系立法评价

自 2011 年 7 月 13 日著作权法第三次修改工作启动以来，历时九年多的时间，著作权法第三次修正案于 2020 年 11 月 11 日正式通过。与前两次著作权法修改相比，此次修法既非基于加入国际公约的需要，也非源于国际社会的压力，而是立足本国国情做出的主动性安排。[●] 也正是缘于此次特殊的修法背景，著作权法第三次修改是历次修法中用时最长、争议问题最多、修订力度最大的一次。其中，关于邻接权制度的修改几经周折，在正式通过的修正案中虽有修改，但与修法之初大刀阔斧的修订相比，无疑是不尽如人意的。也正因如此，虽然著作权法修订不久，邻接权部分的相关规定仍有进一步探讨的余地。

## 一、著作权法第三次修改综述

### （一）著作权法第三次修法历程简述

2011 年 7 月 13 日，国家新闻出版总署、国家版权局在北京举办《著作权法》第三次修订启动会议暨专家聘任仪式，标志着我国著作权法第三次修改工作正式启动。此后，国家版权局委托中国社会科学院知识产权中心、中国人民大学知识产权研究中心、中南财经政法大学知识产权研究中心分别起草

---

[●] 吴汉东.《著作权法》第三次修改的背景、体例和重点 [J]. 法商研究，2012（4）.

专家建议稿。❶ 在此基础之上，2012 年 3 月，国家版权局公开了《中华人民共和国著作权法（修改草案）》的第一稿，并向社会公开征求意见。此后又于 2012 年 7 月和 2012 年 10 月分别公开了《修改草案》的第二稿和第三稿。2014 年 6 月 6 日国务院法制办公室公布了国家版权局报请国务院审议的《中华人民共和国著作权法（修订草案送审稿）》。此后，著作权法修改进入一个缓慢的阶段。2017 年年底，国务院法制办将国家版权局提交的九十条送审稿缩减到六十六条，并在相关领域定向征求意见。❷ 此后，提请审议著作权法修订草案接连纳入国务院 2018 年、2019 年立法工作计划，但一直没有将其提请全国人大常委会进行审议。只不过，对于著作权法修改的关注度一直未减，2019 年 7 月，国务院常务委员会指出要积极推进专利法、著作权法修改进程。之后中国人大网于 2020 年 4 月、2020 年 8 月先后公布了《中华人民共和国著作权法修正案（草案）》一次、二次审议稿。最终在 2020 年 11 月 11 日第十三届全国人民代表大会常务委员会第二十三次会议通过了《关于修改〈中华人民共和国著作权法〉的决定》。至此，历时近十年的著作权法修改工作圆满完成。

（二）著作权法第三次修改的特点

在启动著作权法修改工作之时，时任国家新闻出版总署署长、国家版权局局长的柳斌杰表示，"《著作权法》第三次修订首先必须立足于国情，致力于解决我国版权创造、运用、保护、管理面临的突出问题；其次要掌握好著作权法利益平衡原则，妥善处理好创作者、传播者和社会公众利益的基本平衡，妥善处理好保护著作权与保障信息传播的关系；此外，要充分借鉴发达国家成熟的经验和做法。"也正因为此次著作权法是自 1990 年著作权法立法以来的第一次主动修法，其进程十分缓慢。涉及的争议也是最多的，尤其是在目前这个快速发展变革的时代，如何制定出一部"符合本国国情、引领国际潮流、彰显时代诉求的中国《著作权法》"无疑具有一定的难度。与著作权法修改草案一稿、二稿、三稿和送审稿的大刀阔斧的修改相比，已通过的

---

❶ 其中，中国社科院知识产权中心主持的专家建议稿已经公开出版，参见李明德，管育鹰，唐广良.《著作权法》专家建议稿说明［M］. 北京：法律出版社，2012.

❷ 张洪波. 著作权法修订应解决哪些"硬伤"［N］. 中国新闻出版广电报，2018-03-01.

《中华人民共和国著作权法》（2020）仍存在一些没有解决的问题，如录像制品依然与视听作品并列、广播权与机械表演权依然无法明确界分、只赋予录音制作者报酬请求权引发的表演者利益保护失衡等问题依然存在。❶ 也正因如此，我们才有必要对著作权法的完善继续思考与研究。

（三）著作权法修改中的邻接权制度

早在著作权法第三次修改启动前，完善我国有关邻接权制度的规定就受到了社会各界的重视，更是呼吁重视邻接权制度，完善并提高对邻接权人的保护水平，对于诸如录音制品二次使用规制的缺失、录音制作者享有的权利过少等，应当予以完善。❷ 而在最初的修改草案制定过程中，邻接权的相关修订也成为修法的重点，在修改草案一稿、二稿、三稿以及送审稿中对邻接权均进行了较大的调整。

第一，将"相关权"纳入立法中，直接作为第三章的章名。原法在第四章中规定了"与著作权有关的权利"，而修改草案一稿、二稿、三稿以及送审稿采用相关权的概念，从而与第二章"著作权"相呼应，可以将第三章所列各节的内容统一起来，使著作权法律制度更具有内在逻辑性和易识别性。❸ 同时对下属各节的内容也进行了相应的调整，如将原法中的"图书、报刊的出版"修正为"出版者"，将原法中的"表演"修正为"表演者"，将原法中的"录音录像"调整为"录音制作者"，将原法中的"广播电台、电视台播放"修正为"广播电台、电视台"。但在 2020 年 4 月和 8 月公布的第一次审议稿和第二次审议稿以及正式通过的《中华人民共和国著作权法》（2020）中，邻接权的相关规定又恢复到第四章的位置，章节名也恢复为"与著作权有关的权利"。

第二，以列举的方式明确了相关权的概念。在修改草案一稿、二稿、三稿以及送审稿中均明确规定："本法所称的相关权，指出版者对其出版的图书或者期刊的版式设计享有的权利，表演者对其表演享有的权利，录音制作者对其制作的录音制品享有的权利，广播电台、电视台对其播放的广播电视节

---

❶ 张伟君. 法律制度的完善并非一蹴而就 [J]. 中国新闻出版广电报，2020. 11. 19 (6).

❷ 靳文娟. 产业呼声渐高〈著作权法〉修订箭在弦上 [N]. 中国新闻出版广电报，2011-04-21.

❸ 吴汉东.《著作权法》第三次修改的背景、体例和重点 [J]. 法商研究，2012 (4).

目享有的权利。"❶ 而在 2020 年 4 月和 8 月公布的第一次审议稿和第二次审议稿以及正式通过的《中华人民共和国著作权法》（2020）中，相关权的概念则被删除。

第三，明确规定版式设计的概念，并将专有出版合同等内容调整至"著作权和相关权合同"部分，使结构更加合理。同样，在 2020 年 4 月和 8 月公布的第一次审议稿和第二次审议稿以及正式通过的《中华人民共和国著作权法》（2020）中，版式设计的概念被删除，图书出版合同的内容重新回到了"图书、报刊的出版"部分。

第四，明确表演者的概念，增加职务表演的规定。修改草案一稿、二稿、三稿以及送审稿中均明确规定了表演者只能是自然人，将演出单位从表演者的概念中删除，同时为了维护演出单位的利益，增加了职务表演的内容。有关职务表演的内容自修改草案第二稿新增之后，在每一稿中的内容虽有不同，但是在最后的修法中得到了保留。

第五，删除了录像制品的相关规定，增加了录音制品、录音制作者的规定。修改草案一稿、二稿、三稿以及送审稿中均明确规定将录像制品从邻接权客体中删除，将活动画面均统合到视听作品这一概念当中。而在 2020 年 4 月和 8 月公布的第一次审议稿和第二次审议稿以及正式通过的《中华人民共和国著作权法》（2020）中，录像制品的规定又重新出现在著作权法中，同时删除了录音制品、录音制作者的概念。

第六，一稿、二稿、三稿中增加了录音制作者、表演者的合理报酬权，但在送审稿、第一次审议稿、第二次审议稿和正式通过的《中华人民共和国著作权法》（2020）中仅保留了录音制作者的合理报酬权，而没有赋予表演者该权利。

第七，增加了广播节目的界定，后又将其删除。在修改草案一稿、二稿、三稿以及送审稿中均明确规定，"本法所称的广播电视节目，是指广播电台、电视台首次播放的载有声音或者图像的信号"。但是鉴于广播组织权客体的争议太大，在 2020 年 4 月和 8 月公布的第一次审议稿和第二次审议稿以及正式通过的《中华人民共和国著作权法》（2020）则将广播电视节目的概念删除。

---

❶ 具体规定详见著作权法修改草案一稿、二稿、三稿中的第四条，修改草案送审稿中的第六条。

在如此大的反差中，最终通过的著作权法修正案对邻接权制度也进行了完善。与第二次修正后的著作权法相比，修正之处包括：

第一，将表演者的概念修正为只包括自然人，同时增加了职务表演的规定。根据新法的规定，"演员为完成本演出单位的演出任务进行的表演为职务表演，演员享有表明身份和保护表演形象不受歪曲的权利，其他权利归属由当事人约定。当事人没有约定或者约定不明确的，职务表演的权利由演出单位享有。职务表演的权利由演员享有的，演出单位可以在其业务范围内免费使用该表演"。

第二，为表演者增设"出租权"，为录音制作者增设"合理报酬权"进一步保护表演者、录音制作者的权益。对于合理报酬权，《中华人民共和国著作权法》（2020）规定："将录音制品用于有线或者无线公开传播，或者通过传送声音的技术设备向公众公开播送的，应当向录音制作者支付报酬。"

第三，为广播组织增设"将其播放的广播、电视通过信息网络向公众传播"的权利。

## 二、我国著作权法立法体例与邻接权制度现状

作为著作权法的组成部分，邻接权制度体系的构建与著作权法的立法体例密切相关。正如英美法系的版权法，因其注重财产权的保护，采用低水平的独创性标准，导致其无须在版权法中专设新的制度来保护表演、录音制品、录像制品以及数据库等客体。对于我国的邻接权制度，其体系的设计同样也与我国著作权法的立法体例息息相关。因此，无论是评价我国的邻接权制度，还是对其予以完善，均应从我国著作权法立法体系着手。

### （一）我国著作权法立法体例

一般而言，立法体例包括内在立法体系与外在立法架构。内在立法体系是指法律的体系安排，条文之间的关系及布局问题；外在的立法架构是指著作权法的外部表现形态，其表现为著作权一般法与特别法、基本法与单行法之间的关系及表征。邻接权制度作为著作权法的组成部分，显然属于内在立法体系的范畴，而邻接权制度体系的构建也与著作权法的体系安排密切相关。因此，本章将着力分析我国著作权法的内在立法体系。法律传统及法律文化

是内在立法体系的主要决定因素，中国著作权法的成文法传统及移植性的著作权文化，决定了现行著作权法以大陆法系风格为主兼有英美法因素的内在立法体系。

知识产权对于发展中国家而言是一种制度"舶来品"，是被动移植、外力强加的结果；知识产权立法不是基于自身国情的制度选择，往往是受到外来压力的影响。而中国知识产权制度的百年史，是一个从"逼我所用"到"为我所用"的法律变迁史，也是一个从被动移植到主动创制的政策发展史。❶ 中国著作权法的历史沿革，也是一个从被动立法到主动修法的过程。

1979 年，邓小平率中国代表团访问美国，重要成果之一便是签署了《中美高能物理协定》。在双方谈判过程中，美方提出要将版权保护要求写入协议。当时中国还没有专门的版权立法，但已经强烈感受到美国的态度，也感到版权国际保护在中国对外开放中的重要地位。❷ 在这样的形势下，1979 年，国家出版局向国务院起草报告，要求组建班子，开展调查研究，起草著作权法。1985 年国家版权局成立后，经过多次会议，进一步商讨著作权法的起草工作，并开始组织起草《著作权法》。❸ 在起草过程中，充分借鉴了各国著作权法的成例内容。在体例风格上，主要借鉴大陆法系的立法体系；在具体内容上，注重大陆法系的权利内容，兼具英美法系的一些特点。最终，历经 11 年起草、20 余次修改，《中华人民共和国著作权法》于 1990 年 9 月 7 日在全国人民代表大会常务委员会通过。正如当时参与者所言，"在全国人大常委会审议的所有法律草案中，著作权法是最复杂的一个法，调整的关系最广，审议时间最长"。❹ 之后，中国著作权法虽然历经两次较大的修改，但就整个著作权法的体例而言，并无太大变化。

21 世纪初，在加入世界贸易组织的过程中，为适应 TRIPS 协定的要求，我国于 2001 年对著作权法进行了第一次修改。这次修改依然遵循原有的体例，并增加了受保护的作品类型和著作权人专有权利，调整了"法定许可"的范围，增加了对技术措施和权利管理信息的法律保护。2010 年全国人民代表大会常务委员会再次对《中华人民共和国著作权法》作了修订，删除了原

❶ 吴汉东. 中国知识产权法制建设的评价与反思 [J]. 中国法学，2009（1）：51.

❷ 李明山，常青，等. 中国当代版权史 [M]. 北京：知识产权出版社，2007：175.

❸ 李明山，常青，等. 中国当代版权史 [M]. 北京：知识产权出版社，2007：171.

❹ 金眉，张中秋. 中国著作权立法史述论 [J]. 法学评论，1994（2）：82.

第 4 条第 1 款，增设了关于著作权出质的规定。❶ 从前述的修法内容可以看出，虽然每次修法都增加有新的内容，但著作权法的体系并未有改动，仍遵循了立法时的体例设计。

虽然我国的著作权法在制定过程中借鉴了大陆法系国家的著作权立法体系，但与其他大陆法系国家的立法相比，我国著作权法的体系严谨性还远远不够，德国、法国、日本等国家的著作权法都将表演、录音录像、播放抽象到邻接权概念中。我国现行著作权法第四章并没有把相关概念抽象到邻接权的程度，甚至还夹杂了某些合同法的规定，立法技术上显得杂乱无章，体系上显得不够严谨，不符合大陆法系严整化的要求。❷ 在著作权法的具体内容上，我国著作权法既借鉴了大陆法系国家的立法经验，也借鉴了英美法系国家的立法经验，导致著作权法的多重价值理念的出现。根据《中华人民共和国著作权法》第十一条的规定，"由法人或者其他组织主持，代表法人或者其他组织意志创作，并由法人或者其他组织承担责任的作品，法人或者其他组织视为作者"。而将法人视为作者是英美法系版权法的做法，对于大陆法系的"作者权法"来讲，法人绝对不可能是作者。这是因为大陆法系著作权法普遍将作品视为作者人格的延伸和精神的反映，因此只有具有人格的自然人才能够成为作者。❸ 法国学者指出，根据支配法国著作权法的基本原则，只有创作作品的自然人才能被视为作者，而那种承认法人不但能够获得原始著作权，还能获得作者身份的职务作品著作权归属规则在法国著作权法中是不存在的。将法人视为作者不仅导致"法人作品"和"特殊职务作品"区分的困难，❹ 而且还限制了我国邻接权制度的进一步发展和完善。因此，就我国现行著作权法来说，借鉴大陆法系的"作者权法"和英美法系的"版权法"并没有创造出一个完美的著作权法，反而造成了一些大陆法系的"作者权法"和英美法系的"版权法"并不存在的问题。

因此，对于我国著作权法来讲，在价值理念上，应当选择一种法系来构建我国的著作权法律制度，并依据此种理念来制定法律的具体内容，而不应

---

❶ 王迁. 知识产权法教程［M］. 北京：中国人民大学出版社，2019：23.
❷ M. 雷炳德. 著作权法［M］. 张恩民，译. 北京：法律出版社，2005：15.
❸ 王迁. 知识产权法教程［M］. 北京：中国人民大学出版社，2019：162.
❹ 王迁. 知识产权法教程［M］. 北京：中国人民大学出版社，2019：163.

采用多重价值理念。就整个著作权法律制度而言，我国还是依循了大陆法系国家的"作者权法"的制度模式，赋予著作权人精神权利和财产权利，此种选择应予坚持。而对于著作权法中存在的违反"作者权"理论的规定应坚决予以扬弃，其中最重要的一点即是将法人视为作者的规定。删除此规定不仅理清了我国著作权法的价值理念，也有利于在邻接权制度中贯彻"投资者权"的理论认识。

**（二）《中华人民共和国著作权法》（2020）中的邻接权及其评价**

《中华人民共和国著作权法》（以下简称《著作权法》）（2020）的修改工作已经完成，《著作权法》（2020）也将在未来较长时间内得到执行。但这并不意味着我国对邻接权制度的完善就告一段落。对于邻接权制度中存在的比较明显的问题仍应继续探讨，这对于邻接权制度的完善是十分有益的，也只有这样，才能构建出符合我们认知能力的完美体系。

1. 关于邻接权制度的法律术语选择

《著作权法》（2020）对邻接权的称谓进行了调整，将其中的"出版、表演、录音录像、播放"修正为"与著作权有关的权利"。虽然没有采取修改草案一稿、二稿、三稿中的"相关权"的称谓，但也是一个比较好的进步。相较于"相关权"，该称谓更能凸显出其与著作权的关系。只不过，采用该称谓仍存在误导邻接权与著作权的关系之嫌。

如前文所述，著作权与邻接权之间并不存在上下等级之分，它们是地位平等的专有性权利，各自肩负了不同的职能。而且，邻接权与著作权之间也并不必然具有相关性。部分邻接权客体的生成是以作品的使用为前提，但是部分邻接权客体的生成却与作品，乃至著作权均无关联，例如，表演者对民间文学艺术表达的表演，录音制作者对自然界声音的录制，均与作品无关。"与著作权相关的权利"不能包容邻接权所有的内容，反而会传达给人们邻接权是依附于著作权的一种权利的信息。因此，《著作权法》（2020）对第四章节名称的修订虽然相较于《著作权法》（2010）的"出版、表演、录音录像、播放"有进步，仍应继续完善。

然而，对于邻接权这一法律术语来说，一直以来在法理上都不受青睐，导致其内容始终含混不清，其之所以被人们所接受，也是因约定俗成的原因。❶ 事实确实如此，邻接权第一次现身之处仅仅是一份决议的草案。在1948 年修订《伯尔尼公约》的布鲁塞尔大会上通过一项决议，即在之外制定一个新的公约以保护表演者权、录音制作权和广播组织权，决议草案将这些权利称为 "rights neighboring to copyright"（著作权的邻接权）。❷ 至此，邻接权的概念正式登上历史舞台。事实上，邻接权概念直接出自法国法，法文为 "Droit Voisins"，其含义为 "与作者权相邻之权"。英文译为 "certain rights neighboring on copyrights"，简称 "neighboring rights"，即邻接权。德国法称为 "Verwandte Schutzrechte"，直译为 "有关权"。意大利称为 "Diriti Conessi"，直译为 "相关权利"。日本著作权法采用 "著作邻接权" 概念，我国学界和我国台湾地区一般也沿用此概念。在《伯尔尼公约》的早期修订以及法学交流中，由于法语的官方语言地位，英语文献一般译自法语，因此 "Droit Voisins" 流传更广，"邻接权" 成为各国立法以及国际法学交流中普遍采用的概念。即便如此，邻接权一词也不见得是最佳的选择，其内涵中仍存在着该权利与著作权之间的关联关系。只不过相较于 "与著作权相关的权利" 而言，其模糊化了邻接权与著作权的关系，使其可以在一定程度上获得了独立性，无疑是目前为止较好的选择。

2. 关于邻接权的类型种类

《著作权法》（2020）对于邻接权类型并未进行调整，仍然只规定了出版者权、表演者权、录音录像制作者权、广播组织权四种类型。这对处于极速发展中的文化产业投资者来说显然无法满足其利益保护需求。因此，邻接权制度体系应当加以扩充，将已经类型化成功的客体纳入邻接权制度之中，其中最具代表性的是数据库的邻接权保护。至于如何设置该项邻接权，可参见前文的相关论述。

3. 关于邻接权配置

《著作权法》（2020）对邻接权人所享有的权利进行了完善，为表演者增

---

❶ 德利娅·德普希克. 著作权和邻接权 [M]. 联合国教科文组织，译. 北京：中国对外翻译出版公司，2000：271.

❷ 克洛德·马苏耶. 罗马公约与录音制品公约指南 [M]. 刘波林，译. 北京：中国人民大学出版社，2002：5.

设了出租权，增加了职务表演的规定，为录音制作者增设合理报酬权，为广播组织增设了信息网络传播的权利。在增设权利内容的同时，邻接权制度还存在着以下问题：

（1）表演者权

此次修法对于表演者权的修正幅度较大，首先解决了由来已久的表演者的自然人身份问题，将演出单位从表演者的定义中删除，符合表演者自身的属性要求，与国际立法相符。增设职务表演的规定，可以解决演出单位被移除后的利益保障问题。此种制度修正无疑是较为合理的，而增加的出租权的规定对于表演者权益的保护也是有益的。唯独存在的问题是在对录音录像制品的二次使用的规制上，《著作权法》（2020）仅仅增设了录音制作者的合理报酬权，未能延续著作权法修改草案一稿、二稿、三稿中的设定，导致表演者利益保护的不充分。在很多情况下，录音制品二次使用中涉及的不仅是录音制作者的权益，同样也涉及表演者的权益保护问题。《罗马公约》以及法国、德国、意大利等国著作权法均是同时规定了表演者和录音制作者的合理报酬权。因此，有必要增设表演者的合理报酬权，并对表演者与录音制作者的利益关系进行协调。

（2）录像制作者的有限广播权

《著作权法》（2020）在保留录像制作者权的同时，对于录像制作者享有的专有性权利也没有变动，尤其是对于电视台播放已发表的录像制品仍应征得录像制作者的许可的规定，既是赋予录像制作者一项有限的广播权，也是为电视台附加了一项独有的义务。此种规定在广播权被修正之后便暴露出了巨大的缺陷。在《著作权法》（2010）中，广播权仅能控制三种行为：无线广播行为、无线或有线广播行为以及公开提供广播行为，后两种行为均以第一种行为为基础。因此，在此种广播权的规定下，能够实施广播行为的主体也仅限于依法设立的广播组织。在此种规定下，录像制作者享有的广播权没有任何问题，因为能够事实广播录像制品行为的主体也仅限于电视台。但是在著作权法修正后，广播权的概念完全发生了变化，根据《著作权法》（2020）的规定，广播权规制三种行为：无线或有线广播行为、无线或有线转播行为以及公开提供广播行为。最明显的改动就是增加了对有线广播的规制，此种增加便改变了能够事实广播的行为主体，原来的无线广播电视台当然包括其中，对于其他实施以有线或无线播放行为的主体也应包括在其中。也就是说，事实录像制品广播行为的主体已经不再局限于电视台。这就导致了一个不公平的结果：电视台播放录像制品需要征得录像制作者的许可，其他主体播放录像制品无须征得录像制作者的许可。这无论是对于电视台，还是对于录像制作者均是不公平的。因此，应当统一赋予录像制作者以广播权，不再进行区别对待式的规定。

（3）广播组织权

《著作权法》（2020）对广播组织的修正在于增加了广播组织对其通过信息网络传播其广播电视节目行为的控制。但此种权利究竟是否就是著作权法所规定的信息网络传播权存在疑问，而且关于广播组织权的最为关键的问题在于其权利客体并未给予明确界定。在最初的修法阶段，修改草案一稿、二稿、三稿和送审稿中均明确了广播组织权的客体，即"广播电视节目，是指广播电台、电视台首次播放的载有声音或者图像的信号"。然而，此后针对广播组织权的客体为何引起了极大的争议，在此种情形下最终著作权法回避了该问题。从立法技术上来看，这无疑是一个最佳的选择，但就广播组织权的设置来说，权利客体界定的缺失无疑会导致权利配置的不稳定性。因此，著作权法应当首先界定出广播组织权的客体，即广播节目是指"由广播组织选择和编排的、按时间顺序排列的节目群"。[1] 在此基础上，广播组织权应当包括转播权、录制权、公开播放权和信息网络传播权。[2] 至此，《著作权法》（2020）为广播组织增设的"将其播放的广播、电视通过信息网络向公众传播"的权利也就可以明确为信息网络传播权。

4. 关于邻接权的限制

（1）关于邻接权的合理使用

就邻接权的合理使用的一般情形而言，应当直接适用关于著作权合理使用的有关规定，即在著作权合理使用条款后增加一款，即"前款规定适用于对相关权的权利限制"。而对于特定邻接权的合理使用，则应在规定该权利的部分进行特别规定，需要作出特别规定的主要为数据库制作者权部分。

就数据库制作者权而言，因数据库的特殊性就在于数据库最大的价值是

---

[1] 详见《中华人民共和国著作权法》（2020）4.1.4 部分有关广播节目的论述。

[2] 详见《中华人民共和国著作权法》（2020）4.2.3 部分有关广播组织权利配置的论述。

数据获取的便利性，数据库的使用降低了使用者查找数据、材料及作品的成本，因此将"私人使用""非营利性课堂教学使用""科学研究"中对数据库的使用划入对数据库的权利限制之内存在不合理之处。

（2）关于邻接权的法定许可

由于目前的著作权法中并未明确赋予邻接权人以广播权，导致邻接权人无法控制对自己劳动成果的二次播放行为，从而使著作权法所规定的法定许可仅仅是对作品使用的法定许可。对于表演者、录音制作者、录像制品制作者和广播组织相互之间使用劳动成果没有进行规制。虽然《著作权法》（2020）增加了录音制作者的合理报酬权，但这对于录音制作者的利益保护仍是不充分的，更何况连合理报酬权都不能享有的表演者、录像制作者。因此，应当在赋予邻接权人广播权的基础上，构建法定许可制度来协调邻接权人之间的利益关系。具体的法定许可制度构建，前文已述及，不再赘述。

# 参考文献

**一、著作类**

[1] 阿图尔·考夫曼，温弗里德·哈斯默尔. 当代法哲学和法律理论导论 [M]. 郑永流，译. 北京：法律出版社，2002.

[2] 爱德华·杨格. 试论独创性作品 [M]. 袁可嘉，译. 北京：人民文学出版社，1998.

[3] 保罗·戈尔斯坦. 国际版权原则、法律与惯例 [M]. 王文娟，译. 北京：中国劳动社会保障出版社，2003.

[4] 保罗·戈斯汀. 著作权之道：从谷登堡到数字点播机 [M]. 北京：北京大学出版社，2008.

[5] 彼得·达沃豪斯，约翰·布雷斯韦特. 信息封建主义 [M]. 刘雪涛，译. 北京：知识产权出版社，2005.

[6] 彼得·德霍斯. 知识财产法哲学 [M]. 周林，译. 北京：商务印书馆，2008.

[7] 布拉德·谢尔曼，莱昂内尔·本特利. 现代知识产权法的演进 [M]. 金海军，译. 北京：北京大学出版社，2006.

[8] 崔国斌. 著作权法：原理与案例 [M]. 北京：北京大学出版社，2014.

[9] 德利娅·德普希克. 著作权和邻接权 [M]. 联合国，译. 北京：中国对外出版公司，2000.

[10] E. 博登海默. 法理学：法律哲学与法律方法 [M]. 邓正来，译. 北京：中国政法大学出版社，2004.

[11] 汉斯·波塞尔. 科学：什么是科学 [M]. 李文潮，译. 上海：上海三联书

店，2002.

［12］黑格尔. 法哲学原理［M］. 范扬，张企泰，译. 北京：商务印书馆，1979.

［13］胡开忠，陈娜，相靖. 广播组织权保护研究［M］. 华中科技大学出版社，2011.

［14］黄茂荣. 法学方法与现代民法［M］. 北京：法律出版社，2007.

［15］海德格尔. 林中路［M］. 孙周兴，译. 上海：上海译文出版社，1997.

［16］卡尔·拉伦茨. 法学方法论［M］. 陈爱娥，译. 北京：商务印书馆，2003.

［17］卡尔·皮尔逊. 科学的规范［M］. 李醒民，译. 北京：华夏出版社，1999.

［18］克洛德·科隆贝. 世界各国著作权和邻接权的基本原则：比较法研究［M］. 高凌瀚，译. 上海：上海外语教育出版社，1995.

［19］克洛德·马苏耶. 罗马公约与录音制品公约指南［M］. 刘波林，译. 北京：中国人民大学出版社，2002.

［20］莱斯格. 思想的未来［M］. 李旭，译. 北京：中信出版社，2004.

［21］李琛. 论知识产权法的体系化［M］. 北京：北京大学出版社，2005.

［22］李明德. 美国知识产权法［M］. 北京：法律出版社，2003.

［23］李明德，等. 欧盟知识产权法［M］. 北京：法律出版社，2010.

［24］李明德，管育鹰，唐广良.《著作权法》专家建议稿说明［M］. 北京：法律出版社，2012.

［25］李扬. 数据库法律保护研究［M］. 北京：中国政法大学出版社，2004.

［26］李雨峰. 枪口下的法律：中国版权史研究［M］. 北京：知识产权出版社，2006.

［27］M. 雷炳德. 著作权法［M］. 张恩民，译. 北京：法律出版社，2005.

［28］马克·戴维森. 数据库的法律保护［M］. 朱理，译. 北京：北京大学出版社，2007.

［29］米哈伊·菲乔尔. 世界知识产权组织（WIPO）管理的版权及相关全条约指南以及版权及相关全术语汇编［M］. 世界知识产权组织第 891（C）号出版物，2004.

［30］彭道敦，李雪菁. 普通法视角下的知识产权［M］. 谢琳，译. 北京：法律

出版社，2010.

[31] 山姆·里基森，简·金斯伯格. 国际版权与邻接权：伯尔尼公约及公约以外的新发展（上、下卷）［M］. 郭寿康，刘波林，译. 北京：中国人民大学出版社，2016.

[32] 十二国著作权法翻译组. 十二国著作权法［M］. 北京：清华大学出版社，2011.

[33] 苏珊·K. 塞尔. 私权、公法：知识产权的全球化［M］. 董刚，周超，译. 北京：中国人民大学出版社，2008.

[34] 孙雷. 邻接权研究［M］. 北京：中国民主法制出版社，2009.

[35] 田村善之. 日本知识产权法［M］. 周超，李雨峰，李希同，译. 北京：知识产权出版社，2011.

[36] 王迁. 知识产权法教程［M］. 北京：中国人民大学出版社，2019.

[37] 伯恩·魏德士. 法理学［M］. 吴越，丁晓春，译. 北京：法律出版社，2005.

[38] 吴汉东. 知识产权总论［M］. 北京：中国人民大学出版社，2013.

[39] 吴汉东. 知识产权基本问题研究（分论）［M］. 北京：中国人民大学出版社，2009.

[40] 吴汉东. 著作权合理使用制度研究［M］. 北京：中国政法大学出版社，1996.

[41] 吴汉东. 西方诸国著作权制度研究［M］. 北京：中国政法大学出版社，1998.

[42] 吴汉东. 知识产权法［M］. 北京：北京大学出版社，2014.

[43] 吴汉东，胡开忠. 无形财产权制度研究［M］. 北京：法律出版社，2001.

[44] 熊琦. 著作权激励机制的法律构造［M］. 北京：中国人民大学出版社，2011.

[45] 熊琦. 著作权法中的私人自治原理［M］. 北京：法律出版社，2020.

[46] 亚里士多德. 诗学［M］. 陈中梅，译注. 北京：商务印书馆，1996.

[47] 易建雄. 技术发展与版权扩张［M］. 北京：法律出版社，2009.

[48] 约格·莱因伯特，希尔克·冯·莱温斯基. WIPO 因特网条约评注［M］. 万勇，相靖，译. 北京：中国人民大学出版，2008.

[49] 原晓爽. 表演者权利研究［M］. 法律出版社，2010.

［50］ 郑成思. 版权法（上、下）［M］. 北京：中国人民大学出版社，2009.

［51］ LUCASN A, KAMINAN P, PLAISANTN R. International Copyright Law and Practice Scope ［M］. New York：Matthew Bender & Company, Inc. , 2006.

［52］ SHERMAN B, BENTLY L. The Making of Modern Intellectual Property Law：The British Experience, 1760 - 1911 ［M］. Cambridge：Cambridge University Press, 2003.

［53］ VAVER D, BENTLY L. Intellectual Property in the New Millennium ［M］. Cambridge：Cambridge University Press, 2004.

［54］ TRITTON G. Intellectual Property in Europe ［M］. London：Sweet & Maxwell, 2002.

［55］ LADDIE H, PRESCOTT P, VITORIA M. The Modern Law of Copyright and Designs ［M］. London：Butterworths, 1995.

［56］ STERLING J. World Copyright Law ［M］. London：Sweet & Maxwell, 1998.

［57］ PHILLIPS J J, DURIR E, KARET I. Whale on Copyright ［M］. London：Sweet & Maxwell, 1997.

［58］ RICHARDS J. Intellectual Property Rights：Global Consensus, Global Conflict ［M］. Colorado：Westlaw Press, Inc. , 1988.

［59］ LESSIG L. Free Culture：How Big Media Uses Technology and the Law to Lock Down Culture and Control Creativity ［M］. New York：Penguin Press, 2004.

［60］ BENTLY L, SHERMAN B. Intellectual Property Law ［M］. New York：Oxford University Press, 2001.

［61］ PATTERSON L R, LINDBERG S W. The Nature of Copyright：A Law of Users' Rights ［M］. Athens：The University of Georgia Press, 1991.

［62］ SENFTLEBEN M. Copyright, Limitations and the Three - step Test ［M］. Hague：Kluwer Law International, 2004.

［63］ NIMMER M B, NIMMER D. Nimmer on Copyright ［M］. New York：Matthew Bender & Company, Inc. , 2003.

［64］ NETANEL N W. Copyright's Paradox ［M］. Oxford：Oxford University Press, 2008.

［65］ MORGAN O. International Protection of Performer's Right ［M］. Oxford and Portland, Oregon：Hart Publishing, 2002.

［66］ GOLDSTEIN P. Copyright's Highway：From Gutenberg to the Celestial Jukebox

[M]．Palatino：Stanford University Press，2003.

[67] BAUMAN R．Folklore，Cultural Performance，and Popular Entertainments [M]．New York：Oxford University Press，1992.

[68] SCHECHNER R．Performance Theory [M]．London and New York：Routledge，1988.

[69] LEWINSKI S V．International Copyright Law and Policy [M]．New York：Oxford University Press，2008.

## 二、论文类

[1] 曹新明．论知识产权冲突协调原则 [J]．法学研究，1999（3）：72—81.

[2] 曹新明．知识产权主体制度的演进趋向 [J]．法商研究，2005（5）：11—14.

[3] 崔国斌．体育赛事直播画面的独创性标准选择 [J]．苏州大学学报，2019（4）：1—12.

[4] 方新军．权利客体的概念及层次 [J]．法学研究，2010（2）：36—58.

[5] 管育鹰．体育赛事直播相关法律问题探讨 [J]．法学论坛，2019（6）：71—76.

[6] 胡开忠．信息技术发展与广播组织权利保护制度的重塑 [J]．法学研究，2007（5）：90—103.

[7] 姜颖．作品独创性判定标准的比较研究 [J]．知识产权，2004（3）：8—15.

[8] 焦和平．"异体复制"的定性与复制权规定的完善：以我国《著作权法》第三次修改为契机 [J]．法律科学：西北政法大学学报，2014（4）：119—126.

[9] 焦和平．三网融合下广播权与信息网络传播权的重构：兼析《著作权法（修改草案）》前两稿的相关规定 [J]．法律科学：西北政法大学学报，2013（1）：150—159.

[10] 金眉，张中秋．中国著作权立法史述论 [J]．法学评论，1994（2）：79—83.

[11] 金渝林．论作品的独创性 [J]．法学研究，1995（4）：51—60.

[12] 李琛．论作品定义的立法表述 [J]．华东政法大学学报，2015（2）：13—17.

［13］李先波，杨建成．论言论自由与隐私权之协调［J］．中国法学，2003（5）：87—95．

［14］李扬．再评洛克财产权劳动理论：兼与易继明博士商榷［J］．现代法学，2004（1）：171—177．

［15］李永明，王君兰．建筑作品著作权问题研究［J］．浙江大学学报（人文社会科学版），2008（1）：74—1．

［16］李雨锋．从特权到私权：近代版权制度的产生［J］．重庆大学学报（社会科学版），2008（2）：90—95．

［17］卢海君．论体育赛事节目的著作权法地位［J］．社会科学，2015（2）：98—105．

［18］梁上上．利益的层次结构与利益衡量的展开：兼评加藤一郎的利益衡量论［J］．法学研究，2002（1）：52—65．

［19］刘铁光．著作权与邻接权之间的等级关系：《罗马公约》的前因后果［J］．贵州社会科学，2011（5）：132—136．

［20］刘银良．信息网络传播权及其与广播权的界限［J］．法学研究，2017（6）：97—114．

［21］梅慎实．试论著作邻接权的法律保护［J］．中国法学，1989（4）：54—60．

［22］陶乾．论著作权法对人工智能生成成果的保护：作为邻接权的数据处理者权之证立［J］．法学，2018（4）：3—15．

［23］帕特里夏·阿凯曼彻斯特．对《世界知识产权组织保护广播组织条约》及其对言论自由影响的看法［N］．严文君，译．版权公报，2006‐06‐11（2）．

［24］王超政．论广播组织权客体的界定：兼评"广播信号说"的谬误［J］．北方法学，2018（6）：54—62．

［25］王超政．著作邻接权制度功能的历史探源与现代构造［J］．华中科技大学学报（社会科学版），2020（4）：95—103．

［26］王迁．论体育赛事现场直播画面的著作权保护：兼评"凤凰网赛事转播案"［J］．法律科学，2016（1）：182—191．

［27］王迁．论汇编作品的著作权保护［J］．法学．2015（2）：35—49．

［28］吴汉东．财产的非物质化革命与革命的非物质财产法［J］．中国社会科学，2003（4）：122—133，206—207．

［29］吴汉东. 科技、经济、法律协调机制中的知识产权法［J］. 法学研究，2001（6）：128—148.

［30］吴汉东. 法哲学家对知识产权法的哲学解读［J］. 法商研究，2003（5）：77—85.

［31］吴汉东. 财产权的类型化、体系化与法典化：以《民法典（草案）》为研究对象［J］. 现代法学，2017（3）：31—41.

［32］吴汉东. 合理使用制度的法律价值分析［J］. 法律科学：西北政法大学学报，1996（3）：30—38.

［33］吴汉东.《著作权法》第三次修改的背景、体例和重点［J］. 法商研究，2012（4）：3—7.

［34］吴汉东. 中国知识产权法制建设的评价与反思［J］. 中国法学，2009（1）：66—68.

［35］吴汉东. 著作权法第三次修改草案的立法方案和内容安排［J］. 知识产权，2012（5）：13—8.

［36］熊琦. 人工智能生成内容的著作权认定［J］. 知识产权，2017（3）：3—8.

［37］熊琦. 著作权法定许可的正当性解构与制度替代［J］. 知识产权，2011（6）：38—43.

［38］熊琦. 著作权法中投资者视为作者的制度安排［J］. 法学，2010（9）：78—89.

［39］熊琦. 论"接触权"：著作财产权类型化的不足与克服［J］. 法律科学：西北政法大学学报，2008（5）：88—94.

［40］熊琦. 著作权的法经济分析范式：兼评知识产权利益平衡理论［J］. 法制与社会发展，2011（4）：36—47.

［41］熊文聪. 被误读的"思想/表达二分法"［J］. 现代法学，2012（6）：168—179.

［42］许明月，谭玲. 论人工智能创作物的邻接权保护：理论证成与制度安排［J］. 比较法研究，2018（6）：42—54.

［43］徐暄. 知识产权的正当性：论知识产权法中的对价与衡平［J］. 中国社会科学，2003（4）：144—154.

［44］易继明. 人工智能创作物是作品吗？［J］. 法律科学：西北政法大学学报，2017（5）：137—147.

［45］ 张新宝. 隐私权研究 ［J］. 法学研究, 1990 （3）: 56—67.

［46］ ASHBY A L. Legal Aspects of Radio Broadcasting ［J］. The American Law School Review, 1930 （8）.

［47］ GINSBURG C. From Having Copies to Experiencing Works: The Development of an Access Right in U. S. Copyright Law ［J］. Journal of The Copyright Society of The USA, 2003 （50）.

［48］ MCMANIS C R. Database Protection in the Digital Information Age ［J］. Roger Williams University Law Review, 2001 （7）.

［49］ GERVAIS D J. The Protection of Database ［J］. Chicago-Kent Law Review, 2007 （82）.

［50］ SCHRADER D M. Sound Recordings: Protection under State Law and under the Recent Amendment to the Copyright Code ［J］. Arizona Law Review, 1972 （14）.

［51］ THOMPSON E. Performers and Technological Change 25 after the Rome Convention ［J］. International Labour Review, 1986 （125）.

［52］ BODENHAUSENG H C. Protection of "Neighboring Rights" ［J］. Law and Contemporary Problems, 1954 （19）.

［53］ SMITH H E. Intellectual Property as Property: Delineating Entitlements in Information ［J］. Yale Law Journal 2007 （116）.

［54］ JEHORAM H C. The Nature of Neighboring Rights of Performing Artists, Phonogram Producers and Broadcasting Organizations ［J］. Columbia-VLA Journal of Law & the Arts, 1990 （15）.

［55］ LIPTON J. Balancing Private Rights and Public Policies: Reconceptualizing Property in Databases ［J］. Berkeley Technology Law Journal, 2003 （18）.

［56］ HAYDEN J F. Copyright Protection of Computer Databases after Feist ［J］. Harvard Journal of Law & Technology, 1991 （5）.

［57］ KURTZ L A. Speaking to the Ghost: Idea and Expression in Copyright ［J］. University of Miami Law Review, 1993 （47）.

［58］ BELOTSKY L. Performers' Rights: Solved and Unsolved Problems ［J］. Tel Aviv University Studies in Law, 1992 （11）.

［59］ DIAMOND M, ADLER J H. Proposed Copyright Revision and Phonograph Records [J]. Air Law Review, 1940 (11).

[60] KENNEYBREW T A. Employing the Performing Artist in France [J]. Tulsa Journal of Comparative and International Law 2006 (13).

[61] NORDEMANN W. A Revolution of Copyright in Germany [J]. Journal of the Copyright Society of the U. S. A. , 2002 (49).

[62] YIJUN T. Reform of Existing Database Legislation and Future Datebase Legislation Strategies: Towards a Better Balance in the Database Law [J]. Rutgers Computer & Technology Law Journal, 2005 (31).

# 后　记

　　本书是在我的博士论文基础上修改完成的。历经多年的思考与探索，才勉强拿出一本绝不完美的研究成果，心中一直惴惴不安，对于本书论题越是思考和探索，越能发现其中问题的艰深。唯一值得庆幸的是，在毕业参加工作后，自己的思考一直没有停止过，其间也有了新的认识与感悟，于是便有了修改过程中的发现问题的欣喜与修改篇幅巨大的苦恼。能够在本命之年将自己的博士论文修改完成并出版，也是对自己近三十年的求学、求知生涯的阶段性总结。一路走来，有太多太多的良师益友值得感激和鸣谢。

　　十年的中南求学生涯，最大的幸运与幸福莫过于成为吴汉东教授的弟子。感谢恩师吴汉东教授，从硕士到博士，多年的谆谆教诲让我受用终生。老师的为人、为学和为文，是指引我在学术研究路上探索的明灯；老师的帮助、鼓励和关心，是鞭策我在生活路上前行的航标。受教于恩师，是我一生的机缘和幸福。本书从选题到论证，从论文结构到整体编排，无不凝聚着老师的心血。即便参加工作以后，在持续思考的过程中，仍时时求教于老师，老师总能用简单的话语让我茅塞顿开，受益匪浅。

　　十年的中南求学生涯，也让我结识了众多的师长与好友。其中有一直倍感佩服的熊琦师兄，硕士研究生期间每每听到师兄之名，读到师兄佳作，总是叹为观止。读博之后更是有幸适逢熊琦师兄回中南，也就有了时时求教的机会。当然还有李瑞登师兄，初到办公室，瑞登师兄总是细心指导我处理日常事务，提点我读书学习，生活上也是多有照顾。每每回忆中南时光，总是能想起向二位师兄求教于论文选题与写作的情景，也总能想起暑假在中心一起写课题报告的情景，一起去西苑、北苑买炒饭的情景。还有詹映教授带领我们写国家知识产权局《信息速递》的情景；王太平教授在办公室里与我们畅谈知识产权客体保护的情景；丛立先教授博士后答辩的情景。还有与王杰、姚鹤辉、高亦鹏、徐小奔、锁福涛、张继文、刘鑫等同学、师弟一起参加南湖论坛的情形，等等。六年的中心生活，既是在中南的美好回忆，也是我一生的财富。

在论文写作和答辩中，曹新明教授、胡开忠教授、黄玉烨教授、彭学龙教授、熊琦教授、梅术文教授提出了许多中肯的建议。来到烟台大学后，又有幸与宋红松教授、张玉东教授、李阁霞副教授、王光明副教授、王圣礼副教授成为同事与挚友，时时交流学术问题，获益良多，也有幸得到他们在生活、工作中的关心与帮助，对于一个初到陌生城市的人来说，是莫大的助益。

如果说老师、师兄和同学的关心、帮助与陪伴为我提供了努力学习和奋发向上的精神食粮，那么多年来家人的关心与支持是我一心为学的精神支柱：妻子张华南肩负着琐碎家务的重任与教育、陪伴孩子的艰辛，感谢她一直以来的理解与鼓励，也谢谢她给了我一个精灵可爱的女儿王乐心，她是我们的开心果。我的父母、岳父母和姐姐也为我提供了各种无私的支持。

此外，本书的出版得到了烟台大学法学院的资助，感谢宋振武院长对我的支持与关心。总之，一路走来，有太多的人值得感谢，有太多的事需要谨记。心存感激，一路前行。

王超政

2021 年 3 月 30 日于烟台大学三元湖畔